鷲田小彌太
書評集成
I［1983-1990］

甦る1980年代

鷲田小彌太＝著

言視舎

まえがき

1　書評を、考え、書く知的活動の中心におくようになったのは、四十代にさしかかるころではなかったろうか。しかし書評とは特別の行為ではない。吟味し、発見し、表現するという標準的な人間の活動である。それをとにもかくにも三十年間、途切れることなく続けてくることができたのである。書かしてくれる人たちがいてくれたからだ。幸運であった。

　書評はつねに楽しかった。好きな本（未知な本を含めて）を熟読玩味できて、しかもその本のエキスを抜き出し、論評できるのである。おまけにいくばくかの報酬がつく。本好きにとってはたまらない仕事である。

2　そう、わたしにとって書評は「仕事」であった。仕事の中心にあった。「本を読むことは世界を読むことだ」といったのはイギリスの哲学者、T・ホッブズである。わたしはこの言葉を愚直に信じ、本を読み、味わい、論じてきた。

　仕事であるからには選り好みしない。どんな注文にも応じる。これがマイ・ウェイである。もちろん書・評である。書に即（つ）く。書の発見・発掘である。同時にそこに自己発掘、新しい自己発見のエネルギーがなくてはならない。書の発掘と自己発掘が火花を散らしてはじめて書・評、書を表現する行為が読者の真情に訴えかけることができるのではあるまいか。

3　そう念じつつここまできたが、念じることと行なうこととのあいだにつねに距離がある。

　本書のほとんどは、わたしが初めて商業誌で書いた書評である。まだマルクス主義の可能性を信じつつ「マルクス主義」を廃棄しようとして必死になっていた時期に当たる。したがって、大小にかかわらず「マルクス主義」の尻尾は断ち切られていないものが多い。ただしこれを否定的にいうのではない。書評を自己発掘の契機と位置づけるわたし自身の立ち位置（スタンス）に関係するからだ。一度つかんだら変わらない確固不動の場（ポジション）など存在しないと思えるからだ。

4　この意味で、書評とはそのときそのときの自画像でもあるだろう。未熟で恥ずかしいが、懐かしくもある。老熟などということを信じることができないわたしにとって、過去の書評は過去のものではない。一つ一つがかけがえのないわたしの分身であると思ってきた。

このたび単行本（既刊九冊）に未収録の書評を集めて上梓する機会に恵まれた。本書はその第一弾である。収録のほとんどは雑誌『潮』で発表したものだ。この雑誌に推挽してくださったのが（当時はまだ未知の）谷沢永一先生（残念ながらこの三月八日に物故された）であり、大量に書かせてくれたのが当時この雑誌のデスクでのち編集長になった背戸逸夫氏（現『理念と経営』の編集長）である。背戸さんとは今日まで途切れることのなく親交を暖めている。書恩というべきだろう。

最後に本書刊行のチャンスを与えてくださった言視舎（前「彩流社企画」）の杉山尚次編集長に深甚からなる謝意を表したい。重ねてありがとう。

二〇一一年四月十四日　春が急速に押し寄せつつある融雪の馬追山から

鷲田小彌太

目次

【Ⅱ】今月の本棚（1987〜1988年）

【Ⅲ】旧刊再読（1984〜1987年）

【Ⅳ】本と人と（1988～1989年）

【Ⅴ】大衆小説の世界（1989～1990年）

【Ⅵ】今月の文庫三冊（1990年）

※本文中（　）内の刊行出版社名は書評当時のもの

I　旧刊再読
1983～1990年

初出：1983～1990年

1 食を語って死におよぶ

▼尾崎秀樹『デザートは死』（集英社）

目次をひらくと全十三章、十三階段への道に擬されているわけだ。「虚構のメニュ」から始まり「最後の晩餐」まで、食の裏に死がひそんでいること一目瞭然だが、どれも食欲をそそるメニュばかりだ。

料理帖は尾崎秀実《ほつみ》の手になる。獄中から家族あてに書き送った「食物考」である。

「ところで僕がせっせと楽しんで書き送った食物にかんする手紙の部分だけをひき抜いてまとめてくれないかね。……食物のことだから誰にもあたり障りはないし、まとめておけば病人だとか特別の趣味のある人には読んで楽しいものだからね」（妻宛、44・8・14）

この遺言を実地に移したのが実弟の尾崎秀樹、著者である。その味覚を通して秀実が生きた世界と時代の極小と極大のコントラストを語らせようと目論まれたのが本書だ。そのために著者は、秀実の郷里（岐阜県白川村）からはじまってゾルゲの生地バクーやスメドレーが活躍した上海、近衛文麿ブレーンが集まったと思われる赤坂山王下の「山の茶屋」、等々をくまなく実見する。食卓が介されていることというまでもない。

「共産主義者として公（昂）然と断頭台に上がった日本人は君一人である」

尾崎秀実と同じ獄舎の中で、中西功は彼の死を痛恨の思いをこめてこう書き記した。十一月七日

（一九四四年）、このロシア革命記念日は、同時に、共産主義者ならびに平和と反戦を求める人びとの「厄日」として刻まれることとなった。その罪名は国防保安法・軍機保護法・治安維持法等違反であった。

尾崎秀実は朝日新聞記者で著名な中国問題研究家として通っており、一九三八年から翌年にかけては近衛内閣の嘱託の地位にあった。その尾崎が、ソ連赤軍第四部直属の諜報員であったリヒャルト・ゾルゲの在日グループに情報提供したという事件は、いわゆるコミンテルンの陰謀による売国的スパイ事件として、その発覚当時から大いに流布されてきた。

この事件を知る材料は、大冊全四巻『現代史資料――ゾルゲ事件』（みすず書房）をはじめ、諸回想、諸研究等枚挙にいとまがない。著者自身、すでに四冊をものにしている。『**生きているユダ**』（角川文庫）、『**ゾルゲ事件**』（中公新書）、『**越境者たち**』（講談社）、そして昨年（82）出した『**ゾルゲ事件と現代**』（勁草書房）。この最後の本と本書は、いわばポジとネガの関係になっており、事件自体の客観的・社会的意義に対する著者の見解は前者によって詳しく知ることができる。

「腹のことを考えない人は頭のことも考えない」とは、S・ジョンソン博士の言葉として**開高健**が快著『**最後の晩餐**』（文藝春秋）の冒頭に掲げた文句だ。マルクスの「先生」で哲学者L・フォイエルバッハは「人間の何たるかはその食うところのものによる」と吐いた。尾崎の「食物考」は、よく尾崎の何たるかを語りえているだろうか。本書の成功も失敗も実にこの点にかかっているといってよい。

快食快便というと聞こえはよいが、要するに早メシ早グソ、素食（素グソはないから）素マンのことだ。これを行動基準としたのが日本陸軍。もっとも主義者も同じ格律を課した。尾崎は独立した主義者であったが、その食卓の情景もすこぶる異質であった。尾崎の食通ぶりを上流社会に参入した成り上がり者、知的インテリの特殊趣味とみなす向きもあるが、それはヒガ目だろう。尾崎は自宅では実にアッサリした食事をとっている。

様々な食卓をかこんでの、地球的規模で展開してゆく人事万般にわたる食談議こそ、尾崎の真面目であった、と著者はいう。

飛騨の山菜・精進料理や父の赴任地で中学までをすごした台北の粥には、妻英子が結びつく。好物中の好物だった「ひなどりの丸焼」には、ひとり娘楊子が添う。ゾルゲにはその妻石井花子とともに、連絡場所として用いたレストランや料亭が配される。著者はユーゴにとび、ヴケリッチの故郷サグレブでその遺児山崎洋と墓標の前に立つ。

ワインをなめつつ、そこから美食家だったヴケリッチの話に進むのだ。貧しかった北林トモや宮城与徳には食事の話はない。

グレープ・フルーツの味は、何よりもアグネス・スメドレーを喚起させる。石垣綾子が戦後尾崎の死を彼女に伝えたとき、「あの人は私の大切なひと、私の夫、私の夫だった」とつぶやいたという。

近衛グループの朝食会は、近衛にとっても高くついた。近衛自身、この事件をねたに訊問を受けることになる。

材料、申し分なし。料理担当者、代わるべき者いまい。構成よし。しかもメニューがなにより秀抜だ。

しかしだ。食べてみるとピリッとしない。一つ一つの味が舌にのってこない。頭にまで登ってきて像を結ぶことは稀だ。食のむこうに緊張した人間結合の実相がたちあらわれない。きれいに並んだだけの食卓。どこかで二度三度を出会い済みの食味。料理ならやり直しも可能だ。しかし、……。著者にも「デザートで死を」とつぶやかずにはおられない。

（月刊「潮」１９８３・10・１）

2 ソ連における黒幕政治の力学

▼ジョレス・メドベージェフ『アンドロポフ』（毎日新聞社）
▼H・E・ソールズベリー『黒い夜白い雪』（時事通信社）他

▼『アンドロポフ―クレムリン権力の道』をめぐって

ソ連を過剰防衛の国とみなすレーガン政権や日本政府、あるいは大部分のジャーナリズムのソ連対応は、文字通り過剰感情反応をベースにしている。その基本認識は歪んでいるだけでなく、認識以前という場合が多い。事あるごとに、ソ連を暗黒・閉鎖・不可解な国であると論難し、藪から棒式の対応に終始しているといって過言ではない。整合的なソ連理解の下に策定される戦略なしの、カーター「人権外交」やレーガン「力の外交」のいずれも、出たとこ勝負で、世界の緊張緩和にいささかでも寄与する実質に欠けていたのは、当然であった。そして、ブレジネフ政権がその死とともに終焉を迎えた事態の推移を、ことごとく見誤ったのも、いたしかたない事であった。

一九八二年十一月十日、六五年以来政権の座にあったブレジネフが死去した。間髪を容れずに、同月十二日、アンドロポフが書記長に選ばれた。これは、三重の意味で予想外であった。第一に、この選出はブレジネフの死以前に決着がついていた。第二に、それはブレジネフの「選択外」であった。第三に、KGB議長が選ばれた点でだ。

一九七五年ブレジネフ第一回目の心臓発作以来、その後継者問題が俎上にのぼった。アンドロポフは最も可能性の小さい存在だった。一九一四年生まれで、ヤロスラフ州党委コムソモール第一書記を皮切りに、五四年ハンガリー大使、五七年中央委国際局局長、六一年（第二十二回党大会）中央委、六二年中央委書記へと速足で駆け登ってきたが、とくに強いグループに属してしたわけではない。しかも、KGB議長は、その創設者ジェルジェンスキー以来、当然国民に極端に不人気で、多くは数奇で不幸な運命をたどった（ヤコダ、エジョフ、ベリア、アバクーモフを想起せよ）。

ところが、彼は「KGBの歴史上、最も出来のよい、きわめて洗練された、そして最も法律を重んじる議長」であることを証明した。彼は、スターリンとは異質の「社会主義的合法主義」を採用し、反体制やユダヤ人活動家に対して、裁判のための証拠集めに力を注ぎ、名の知れた反体制者にはむしろ国外移住をすすめた。このため、KGBは、ソ連の文芸界、インテリゲンチャと「接触」を保ち、また、外国のジャーナリストに枢要な事項を故意に漏らすという手段をとって、これらを利用した。反体制派に対するこの相対的な寛大さは、ソ連に出現不可能な大量の出版物を外国で出版・逆輸入させ、ソ連の過去の誤りとともに、現政権に対する批判の声を高めるように作用した。しかも、反体制運動は時間をかけて、「効率よく粉砕」されてしまったのだ。

一九八二年初頭、ダイヤモンドの海外密輸、賄賂、為替投機などにより、ソ連国営サーカス団長とボリショイ劇場の歌手が逮捕された。団長の妻はブレジネフの娘ガリーナの友人であり、歌手は恋人であった。このスキャンダルは当局筋から流され、国内外で一大センセーションをよんだ。ブレジネフの息子ユーリ（外国貿易次官）も関連し、ブレジネフの妻の妹の夫、KGB第一副議長ツビグンはこの事件に関連し、自殺したと伝えられた。しかも、その死がスースロフとの会見直後であり、スースロフもこの会見数日後死去した。ブレジネフ親族を狙いうちしたこの連鎖の背後に、アンドロポフがいたことはまちがいない。この事件は、権力闘争の一階梯であったのだ。

ソ連にとって七〇年代は他の時代に比して、比較的安定した時代であった。経済危機も西側で喧伝されるほど致命的なものではなかった。ソ連経済が崩壊の淵にあるとする西側のマスコミや、それに基づくカーターやレーガンの「経済制裁」は、誤った認識によるものであることが、八二年十二月末突如公表されたCIAのソ連経済に関する膨大な報告書が自証してみせた。六〇年代の中ソ対立、チェコ事件等を契機とする国際的孤立は大幅に改善され、ベトナム戦争の終結を始めとして第三世界やヨーロッパ集団安保等で前進があった。しかし、七〇年代の半ばから、政権が動脈硬化をおこし、積極的な経済政策や外交方針を展開し難くなったことも事実である。農業の打ち続く不振、都市への人口流入による消費、流通、住宅等を始めとする問題、経済の非効率性、官僚主義の横行、ノーメンクラツーラの拡大等、権力集中と個人礼賛者の輩出と併行した、工業、農業運営の悪化、生活水準の低下が生じた。国民は変革を期待し、ブレジネフ路線の継続を望んでいなかった。

スターリン、フルシチョフ、ブレジネフと異なって、アンドロポフは権力闘争に勝利した後に、政権の座についた。西側が予想したのとは異なり、政治局内でも、軍の支持がある点でも、また国内の安定度からいっても有利な出発であった。その政権基調は、だから過度なものを約束するという過去のスタイルから程遠い。もし国民がもっと食べたいなら、もっと働かねばならない、外国からの買付けで食料不足をごまかすより、集団農場を活性化、効率化するというものだ。まず最初にとりかかったのが、第二経済（地下経済）の取締りと労働規律強化、汚職追放という、いわば綱紀粛正的政策であったことはいたし方ない。しかし、これだけで経済の効率性の回復をはかるのは不可能だ。この点、第一歩で大きな失敗の道に足を入れた危険がある。

外交政策の展開は、これに比してめざましいものがある。なるほど、アフガニスタン侵攻の処理、ポーランド問題等をかかえている。しかし、八三年西欧に予定されている米の巡航ミサイルおよびパーシングⅡ型ミサイル配備に対しては、積極的に対案を示すとともに、「ソ連にとって西欧とミサイルを同数に保つことは最低条件であり、それ以下の条件には決して応じない」原則を貫こうとしている。

一九八二年ソ連邦成立六十周年記念演説は、この平和問題とともに、少数民族問題解決を訴えたことにも注目をうながしておきたい。

著者ジョレス・メドベージェフは、反体制の立場から、しかも「できるかぎり学問的」なものをめざして、本書を執筆した。七三年ロンドン滞在中にソ連市民権を奪ったKGBの議長に関する記述ではあるが、弟ロイ・メドベージェフの協力もあって、「亡命者」的とは異質の整合的なソ連分析の模範を示している。アンドロポフ政権を事前に占い得た数少ない一人であったことも偶然ではあるまい。

▼権力闘争小説

ブレジネフ権力末期に生じた第二経済を支配するシンジケートの暴露を推理小説仕立てに構成したのが**『消えたクレムリン記者——赤い麻薬組織の罠』**（中央公論社）である。ソ連から亡命した**E・トーポリ、F・ニェズナンスキイ**の手になる。その第二作**『赤い広場——ブレジネフの賭け』**（中央公論社、邦訳はこちらが先）は、八二年初頭のブレジネフ一族の汚職をめぐるアンドロポフ陣営とブレジネフ陣営の熾烈な戦いを描くフィクションだ。巨大な国家権力がその末端をまで二分する、しかも、一検察捜査官と一民警少将を主人公にした探偵ものは、アメリカ製とはいささか異質だが、十二分に活劇調で、ロマンありセンチメンタルありなのだ。実に泣かせるといってよい（なお、『アンドロポフ』と対比して読むと楽しさが倍加する）。

アンドロポフは民族問題の解決を訴えた。ソ連で一番うまくいっているのが民族問題だと長く公式表明されてきたのだから、とくに注目してよい。

ソ連は「民族問題という袋小路」に入りこんでいるという指摘がある（**ダンコース『崩壊した帝国』**新評論）。**V・モンテイユ『ソ連がイスラム化する日』**（中央公論社）は、ソ連のムイスリ（イスラム教徒）が今日すでに五〇〇〇万人以上に達し、その増加率はロシア人に比してはるかに大きく、しかも極端に移動をきらい、民族固有の言語や習慣を守るのみならず、最近積極的に行政権力に参加してきた等を根拠にした、ソ連＝イスラム化＝帝国の崩壊という主張に反撃を加えている。ただしその反証はかなり公式主義的で、ダンコース批判も的確な資料にもとづいたものとはいい難い。また叙述もレポート的で散漫だ。ソ連の少数民族問題を知る上で簡便だが、その邦訳名は原題『ソ連のムイスリ』とも内容とも異なる商売用語だ。

アンドロポフは、地方行政機関等への少数民族の登用を指示した。民族統合（「ロシア化」）をめざし、労働力移動等を容易にするためだ。その象徴がアリエフ政治局員の第一副首相への登用である。彼がイスラム教徒の代表という資格を持つこともあって、これは歓迎されている。

▼ロシア革命論難のスタイル

権力の交代は、常にソビエト権力の発生という問題と二重写しになって語られる。つまり、レーニンの権力奪取の問題とだ。多くのレーニン論が書かれてきた。アメリカのソ連通ジャーナリスト、**ハリソン・E・ソールズベリー**の最近大作**『黒い夜白い雪――ロシア革命一九〇五―一九一七年』**（時事通信社・上下）はその最新作だ。

ロマノフ王朝の崩壊とレーニン、さらにロシア文学のアバンギャルドを三つの軸としたこの本は、かならずしも成功した作品とはいえない。政治（革命）の哲学も美の哲学もない。登場人物はキラ星の如くかつ多弁だが、像を強く結ばない。とくに不信なのは、レーニンの政治路線をもっぱらレーニンの「人格」、「資質」から展開する（三文小説風の）粗雑さである。しかも、レーニンの「人格」もただただ頑固で協調のない――だから勝利したといわんばかりの――描写に終始する（この逆が、ニコライ二世の敗北でもある、と）。しかも要の点で単純化や誤りも多い（例えば、対独講和交渉の経緯）。この本を**ロイ・メドベージェフ**の大冊『**共産主義とは何か**』（三一書房）と比すのは酷かも知れないが、次の点だけは言い添えておこう。レーニンに対しても、ロシア革命に対しても、どれほど冷徹かつ厳しく批判してもよい。しかし、その批判の先がまさに自分に対しても向いているのでなければ、どんなに資料や証言調べに時間と労力をさいても、ただの大冊で終るしかないのだ（なお訳者がロイの前掲著邦訳を誤記〔?〕しているのはいただけない）。

（月刊「潮」［本の周辺］１９８３・12・１）

3 ノン・フィクションの流行

▼柳田邦男『撃墜』（講談社）　▼大野芳『オリンポスの使徒』（文藝春秋）　▼佐山和夫『史上最高の投手はだれか』（潮出版社）

▼大韓航空機事件「情報戦争の13日間」を追う危機管理はいかになされたか――柳田邦男『撃墜』

ノン・フィクション物もフィクション（仮構）の一種なのに、フィクション離ればかりを志向するものだから、つくりものがもつ多様性がとんと薄れてしまい、「証拠」や「証言」の断片の寄木細工の観を呈してきたのは、寂しいかぎりだ。たとえば、立花隆がひとをひきつけるのは、その抜きがたい学術趣味、それもほとんど哲学者的な大雑把さにあること、そのことを立花自身が痛いほど良く知っていることにある、といったら言い過ぎであろうか。これ、決して立花の欠点のこととしていうのではない。その魅力の一源泉なのだ。

ひさしぶりのどしゃ降りで、高速道路の渋滞につかまり、予定の便に寸刻まにあわなかった。次便までには六時間半ある。この機会にと思い、『撃墜――大韓航空機事件』を、ふくらんだバッグから取りだす。上・下二巻、まことに手に重たい。それにしても、よくも書きましたね、というのが読後の第一感。

一九八三年九月一日に「事件」が生じ、下巻のあとがきの日付が、八四年九月一日。まるまる一年間の仕事である。上巻は、この「事件」に対処した、日米両政府のシナリオを解説するという主旨のものだ。下巻は、この「事件」の原因をさぐるという形になっている。さすがに航空関係の専門ライターだけに、その行論、結論に恣意的な飛躍もなく、情緒的、煽動的テーゼに振りまわされず、落ち着いた書きっぷりに終始している。

サハリン沖で稚内の航空自衛隊のレーダーから消えた大型機、それが、通常航路から大きくそれた大韓航空機で、しかも、ソ連機によって「撃墜」されたという「証拠」をたてに、日米が共同してソ連の非人道的犯罪行為を国内外で追求してゆく。ソ連は防戦一方においこまれる。しかし、日米のトップ筋は、ソ連をトコトン追いつめ、孤立化させる強靱な具体措置をとらずに、事態を収拾していく様が、ドキュメント・タッチで描かれてゆく。つまり、日米―ソの軍事現状を大きく変更せずに、セーブをかけた極東情報戦争の一環として、柳田はこの「事件」を追跡するのだ。実に説得的だ。

下巻は、事故原因が、高性能の自動操縦装置を過信するあまりの人為ミスにありとする、いささか専門家っぽい、技術的解説が主筋だ。著者は、アレもこれも、多角的に論究するという姿勢に徹しているのはよいとして、冗長でしかも私（たち）はこんなに苦労して取材しましたよ、研究・分析しましたよ、という表情があまりにも前景に出てしまったため、書物の重量ばかりでなく、読者に訴えかける力において、消化不良をおこしているのである。その推論や結論に大きく学ぶところがある分だけ、この点は残念である。

それに、柳田は、すさまじい政治駆け引き、情報合戦、等々、幾重にもすさまじさを強調する。しかし、どんなに呑気そうにみえても、有史以来、政治の世界は、文字通りすさまじいのだ。しかも、この悲惨な「撃墜」事件を、これだけの取材と労力を費やして書きあげた書物が、ちっとも迫真性に富んでいないのは、どうしたわけなのだろうか、といぶかしいのである。事実に即するという姿勢が、書き方のフィクション性（物語性）をかえりみないということに行きついているのではあるまいか。

▼「スポーツと政治は無縁」だと世界中に信じさせた一人の日本人がいた——大野芳『オリンポスの使徒』

しかし、柳田の書物には、それでも読者に伝えたい「真相」の核にたいする独自な論点と接近への多角的試みがあり、それなりに成功をおさめている。ごく単純にいえば、この書物を閉じたとき、あぁ少しかしこくなった、という実感を持つことはできる。

ところが大野芳『オリンポスの使徒——「バロン西」伝説はなぜ生まれたか』には、フィクションがもつ構成の擬集力に欠けるため、きわめて印象の薄いものになってしまった。

一番気になるのは、若者がなにかにつけ、社会的・政治的背景と、特異な一人の男の行動と思考を、無理にも結びつけようという、視点である。

「オリンピックの英雄、バロン西、出てきなさい。あなたを死なせるのは惜しい……」

硫黄島で、西が戦死直前に米軍が発したとされるよびかけが、どのような経緯で生まれたか、その「伝説」の謎を解くことで、スポーツと政治とは無縁であるという主張のまやかしを明らかにした、と著者は印象づけたいらしいのである。しかし、高校野球の「純真」さや、オリンピックに政治を介入させるなどという類の標語が、なんら事実に依拠したものでないことぐらい、歴史的「伝説」の解明なぞおおぎょうに持ち出さなくても、分り切っていることくらい、著者も知っていよう。だからといって、「純真」さを汚すなとか、政治の非介入とかを要求することが、無知で呑気なもののなせるわざにすぎぬ、といいたいのではない。それは、プロレスがどんなにいんちきなショーにすぎないかを熟知しているからといって、それに面白味を感じる必要も声援を送る気にもならないなどということにはならないのと、本質的に同じだからだ。

西竹一は、知るごとく、五十二年前、ロスアンゼルス・オリンピックの馬術で優勝した「英雄」である。しかも、男爵家の妾腹の子に生まれながら、偶然にも大きな財と名誉を受けつぎ、著者も語るように、軍人として型破りの半生を送る、まれな性格の持主である。著者は、西の幼時からの特異な行動を語るときには、実にいい味を出していながら、それをその属する集団や政治構図の中に据え直す段になると、とたんに筆が硬直してしまうという、態なのである。ましてや、「伝説」がもつある種の共同幻想的観念の分析となると、てんで歯もたたず、一通りの俗論を反復するにすぎなくなる。

乱暴で孤独で、大胆で浪費家で、皇族を友人にもち、モダニストでニヒリスティックな、しかも美丈夫で社交家、十分の財力と名誉を若い内に手中にし、国際人であると同時に、有能な軍人で（もあるらしかった）、そして時代の動きの前には無力であった西の個体に、充分ゆきとどいた筆を集中したら、「伝説」打破などというわずもがなの事柄から、一歩も二歩も抜け出た境地を描きえたであろうことを、おしまずにはいられない。

鎌田慧は『ルポルタージュを書く』（光村出版、84年9月）の中で、最近の感動ばかりを追うノン・フィクションは、社会的・歴史的視点が稀薄で、現実をみる眼に欠けている、という。とはいえ、社会的・歴史的視点を持ちこむことで、かえってその作品がもつ、社会的・歴史的個性が消去されてしまうというのも、もう一つの事実なのだ。

▼四十二歳で大リーグ入り　最後の登板は五十九歳　アメリカ球界伝説の人物―佐山和夫『史上最高の投手はだれか』

ノン・フィクションのかかげる標語は「事実に即して」であろう。くりかえせば、これが、事実や素材がもつ感動や一般的通念に下駄をあずけてしまい、仮構がもつ構成力に欠ける作品になりさがる大きな原因だ、ともいえる。

この微妙でむつかしいバランスを、かろうじて、徹底的に素材のもつ一過性の驚きによって保ち切り、いかんなきエンタテイメント作品を提供したのが、快著『史上最高の投手はだれか』である。

最近の若者、その論じ演じる中身の高度さ成熟度に驚くことは、まれのまれである。何がなんでも、一所懸命なりふりかまわず演じ、口説きにこれつとめると、驚いてやろうかなどと、同情心を示すのである。この本、野球ずきなら、ホッホッと驚きの声を連発する数字と事実で埋めつくされているのである。それも、柳田のような専門的で組織的な追跡を要しない、また大野のような微妙な人間感情のひだの具合にまで切りこんでいく必要もない、いたって無手勝流の、いってよければ行き当たりばったりの、僥倖をたのみの取材の結果なのである。オジさん、ガンバッタね、と素直に拍手したい気持にさせる良さをもっている。

しかし、著者もいうように、サチュルという投手、その素材が良いのだ。著者の心は、この素材をどんな風に料理したら、美しく皿にのせられるか、などというスケベ根性をみじんも見せないのである。

主人公は、黒人大リーグのナンバー・ワン投手であった。勝利数二千以上。年間百勝以上もしている。四十歳をすぎてはじめて大リーグ入りをする。最後の大リーグ登坂が五十九歳だ。しかも、野球殿堂入りをはたしている。そのサチュルが一九八二年六月十日死去する。

こんなすごい投手の名前さえ、チラとも耳もとをかすめたことはない。佐山は読者の一人ひとりと同様な疑問と驚きをもって、はじめは半ば冗談に、話題を拾いはじめる。それがどんどんふくらんで一冊の本となる。これは、いわゆる「社会的・歴史的視点の稀薄」なエンタテイメントにすぎない。しかし、興味深いのは、このような傑出した投手（もちろん彼一人ではなく、そのまわりに無数の有能な黒人プレーヤーがいた）が、日本の野球愛好者に紹介もされず、その存在さえも知られてこなかったのかという点になると、これはもう立派な社会的視点へとつながってゆくのである。いわゆる

「人種問題」である。もっとも、著者は賢明にも、この問題の政治的・社会的視点に枠組みのこととして、また、サチュルとそれをとりまく黒人リーグのことに関して、言及するにとどめている。竹に木を継ぐという難点からのがれているのだ。

ただし、こういうことは付加していなければならない。題材の良さ、材料の良さで勝負するのは、田舎料理と同じで、一回切りだということだ。そんなにゴロゴロと金鉱石がころがっていたら、苦労はいらない。天も与えたまうのは一回である。この意味で、エンタテイメントをノン・フィクションでおいかけるのは、至難事に属するといえよう。佐山にとって次作が本当の作家としての岐路に立つわけである。

蛇足として、口絵の「サチュル・ペイジの華麗なピッチング・フォーム」の写真がいい。米大リーグの投手は、どれもゴツゴツしたロボット投法。しかし、このしなやかな全身笞のしなりを想わせるクラシック投法こそ、この作品のどの一行よりも、如実にこの投法の非凡さを語るものだ。

＊

ノン・フィクションの流行は、「事実の時代」の流れとは、本当のところ通底してはいない。ただのフィクションがもつ迫真力の稀薄化の反作用にしかすぎまい。結像力の強いフィクションが書けないから、「事実」らしきものに頼らざるをえないというのが、その実態ではあるまいか。自分の抽象力以外は信じないというくらい、自負にみちたノン・フィクション作家の輩出を待ちたい。

（月刊「潮」１９８４・12・１）

4 トーキョーを読む三冊の本

▼松山巌『乱歩と東京』（パルコ出版）　▼小林信彦『私説東京繁昌記』（中央公論社）　▼富田均『私を愛した東京』（筑摩書房）

▼乱歩の街　一九二〇年代東京　仮面の下の素顔がのぞく

地盤沈下をはじめたり、それが決定的となると、きまって、その都市、その地域、地区を哀惜する声があがる。そこには、たしかに愛惜の情、ほろぶものに対する謙虚な哀悼の意がいくぶんかは含まれている。しかし、はっきり見てとれるのは、すでに再起不能になって歩みを停止したものを看とるという、相手に対する余裕のある対応、対処様式である。もうどうにもならないよ、だから、優しい言葉の一つでもかけておこうか、などという嘗めた態度でのぞむものも、けっして少なくないのである。

だからというわけではないが、ここ数年、東京ものについての高説、巷説あるいは私説のたぐいが、列をなして印刷機から出てくるのは、おおいに歓迎すべきことだ、といっておこう。古い江戸とつながる街々が死んで、高潮提と高速道路にガードされ、人の住めぬ高層ビル群に見下ろされる砂漠と化した東京よ、と嘆く声から、日本中の金と力と「文化」をすいあげて膨張しつづけた不遜なメガロポリスに対する長い恨みの感情を中和さすに足るものを、地方人は察知するからである。すでに不治の病に侵された東京の話をきいて、心を弾まされずに済まない方々も、多いのだ。こんな気持を底においた、関連の三冊を選んでみた。東京出身の、そこを愛することではぬきんでた三人の手になるものである。

松山巖『乱歩と東京』は、文学作品の中にみる東京・都市論などという手軽な、はやりの手法を使っているが、群を抜いてオーソドックスな、恣意的でない立体感あふれる都市論を展開している。「1920 都市の貌」と副題されたこの本で、著者は、江戸川乱歩の作品の変遷に、東京の変移を重ねあわせ、あわせて、乱歩と東京いずれに対しても、新しいとよんでよい発見をもたらしている。

関東大震災後、国策として鉄筋コンクリート造りのアパート建設がなされた。同潤会アパートである。著者松山は、昭和三年、「新青年」に連載された乱歩の「陰獣」の「犯人」大江春泥の転居地と同潤会アパートの建設地を重ねあわせ、それらが、当時東京に散財したスラムあるいはその隣接地である、と指摘する。十八年間に十六カ所、総戸数二八〇〇にすぎぬ、堅牢かつ建築費のかさむこのアパート建設に国がこだわったのは、東京各地に存在したスラム浄化を担っていたからであった。乱歩は、春泥の転居地を結んだその中心に、犯人がいると推理する。それが浅草山の宿なのだ。つまり、当時、浅草は東京の最大の中心繁華地で、そこを中心とした円周上にスラムが存在した。しかも、この中心から円周線上まで、十数分の距離であった。現在、東京の東端に近接する、ある種の場末に他ならぬ浅草は、昭和初年までは、紛れもなき東京の中心地だったのだ。

明智小五郎は初登場「D坂殺人事件」では、上京した独身者の書生風として描かれている。それが、昭和五年には「日本の中産階級者の住宅として指導的なるアパート」(森本厚吉)たるお茶の水アパートに入居している。そして、少年探偵団と怪人二十面相が活躍する。しかもこの少年団員たちが住む場所は、高い掘の続く、人気のない住宅街である。松山は中井英夫の言葉を引く。

「さてこの『怪人二十面相』と『少年探偵団』にあらわれた〝麻布〟と〝世田谷〟とは、周辺の〝麹町〟と〝渋谷〟を織りこみながら、その後長くオリジナル作品の終焉まで引き続き登場する。事件の舞台といっては、あと宝石のある〝銀座〟のほかは〝豊島区〟と〝不忍池〟が二度ずつ現われるくらいで、まるでもう東京には他に町がないみたいだけれど、これは必ずしも乱歩の無精のせいではない。それどころかこの麻布志向、世田谷志向、そして銀座志向には、隠されたもうひとつの夢、東京という雑多な町への、深い哀惜が秘められている」

松山とともに言葉を継いでいえば、推理小説が近代都市＝大衆社会の成立を背景にして生まれたこと、この担い手であった乱歩の、それを生みだしたトポス（とりわけ浅草）の沈下に対する愛惜、といってもよい。下町がもつ、職と住を一体化した開放性が失われていったのだ。乱歩の小説の力も、人気とは逆比例に、失われていったようにである。

建築家松山のこの本の成功は、乱歩小説へのなみなみならぬ読解力にささえられていることを、いいそえておこう。

▼自伝としての東京　変貌を遂げた東京の姿　比類なき都市論
小林信彦『私説東京繁昌記』は、出だしが秀抜だ。

小林はその戸籍（両国＝現在は中央区東日本橋）から、自分を〈下町の人間〉であると信じこんでいた。ところが昭和三年に出た「大東京繁昌記」には、両国や深川は下町篇に入っているが、神保町や上野近辺は山の手篇に参入されているのである。

それで、大正六年生まれの福田定良の文章を想い起こす。

〈「男はつらいよ」のおかげだとおもうんですが、東京の下町というと、「葛飾柴又」が頭にうかぶという人がいる。東京市深川区でそだった私は、そんなもんかな、とおもうんですが、そんなものなんでしょうね。

それで思いだしたんですが、子どものころ、というと、五十年以上も前になりますが、かなり長いあいだ、山の手というのは上野や浅草のこととおもいこんでいたことがあります。たぶん、上野の山というだけのことではなかったでしょう。上野や浅草には深川にはない「文化的」なものがあった。それよりずっとあとになりますが、うちにきていた職人さんなどは「昨日、銀座の〝処女林〟へ行ってきたんだ」などといって晴れがましい顔をしていたものです。事実、銀座も下町だったのか、と気がついたのはかなりあとのことです〉（傍点・小林）

高度成長以降の、とりわけマスコミ感覚で東京を区切るやり方に、やんわりと訂正を申し込んでいるわけだ。

とはいえ、小林は、下町に対する憧憬などを主題としているわけではない。逆である。〈下町を伸び伸びとした天国〉であったなどというのは、戦前の松竹映画、戦後のラジオ・テレビがつくり出した幻想だ、という。

小林は、息苦しい下町から脱出することで〈人生をスタート〉させた者として、そこに嫌悪感をこそ持つ、と断言するのだ。

「下町育ちの人間にとって〈下町風の町並み〉など面白くもなんともない」、「私にいわせれば、神保町は、もう少し身ぎれいにした方がいいと思う。弊衣破帽がイキだった時代なら、町や店のきたなづくりがマッチするが、いまは、そうではない。大阪にアメリカの古本屋の造りを模した店があり、若い人で混んでいるが、あの程度の営業努力が必要なのではないか」、と下町にキツイことをいうのである。

ところが、小林は、東京オリンピック（昭三十九年）を〝町殺し〟の一応の完成とみ、その後、完全にこの作業がすんでいることを、東京歩きの観察によって確認し、告発しさえするのである。古いだけも、新しいだけも嫌な、嫌一元論者なのだ。生きている、自力で立っていることをよしとするのだ。だから、憧憬一方、近代化一方に、ノンを発するのだ。東京が雑々たる混血児であることが失われていくことを、惜しとするのである。そして、こう敷衍する。

「私流にみれば、この時代〔20年―30年代〕の浅草の魅力は、浅草寺や仲見世といった古い物が、デパート、カフェー、シネマ、レビューといった超新しい物と隣合わせになっていたことから発していたと思われる。新旧の並立に人々が群がる好みは、はるかのちの新宿花園神社＝黒テント、明治神宮＝原宿・表参道、下北沢の闇市の名残り＝ブティック街にまで、奇妙なほど一貫しており、日本人の本能ではないかと思えるほどだ」

至言である。「人間の本能である」とまで極言してよいのではあるまいか。だから猥雑たる町が消失したのだから、東京なぞ死んでもよいではないか、というのかというと、そこは小林にはもう少しひっかかる所がある。

▼一名東京水景紀行　過激な散歩者の故郷としての東京

冨田均『私を愛した東京』は、自分が、しかも少年期に描いた〝東京絵図〟に徹底的にこだわる。自分のイメージだけで縁取りした空間と時間以外のものを、いわば無断侵入する敵として指弾する。意識的に稚気をふりかざしているといってよい。

「私は十二歳の時、郷土といふ言葉も知らずにその概念を手の内に入れた。そのときから郷土を歌ふ詩人が私の中に巣食つた。私は中学生にならぬ前に早くも過去追慕の情を胸に宿してしまつたのだ」

旧名、荒川区屋久町出生の冨田も、東京の中心は、浅草で、中心が西へ移ることで、東京の生あるすべてのものが死んでいった、と告発してやまない。とりわけ、川に沿って、水路を伝って、この破壊の歴史と現況を微細に言葉にしていく様は、そのあまりに執した、もうイロニーとしか思えない、しかし、その文体はイロニーを展ずるというのとは異質の、郷土愛の吐露にたいしては、どうぞお好きに、としかいいようがない。

戦後生まれの冨田は、「今はしつてゐることだけが美しいのです」「立派な風景とは立派な思想のことなのだ」などと、恐ろしいことを平気でいう。まあ、それは良いだろう。しかし、冨田が、歩き、思う情景は、少しも、立像として、輪廓をもった絵図としても、そして決定的なことに、生きた人間たちに訴える思想としても、現前することがないのである。ボンヤリとした言葉の羅列にすぎぬという感を与えるのだ。かえって、「東京は口ではおいしいこと、うぶなことを言ふが、その実、舌を出してゐる。汚れ切つた美しい令嬢よ」などという、きまりの文句の定型口調のほうが、妙に生々しいのである。

（月刊「潮」「今月の新刊抄」１９８５・３・１）

5 書評の愉しみ

1

書評の愉しみについてお話ししたいと思います。平凡なことですが、書評の愉しみのそもそもは、読むことの愉しみに由来します。読むとは、もとより書を通じて世界の万般のことがらを読みとる、ということです。君主の第一のたしなみは、特定の諸個人、諸地方等の局部・局所・時局的事柄を読みとるのではなく、むしろ、よろず一般のこと（university 大学）を読みとることであり、そのためにこそ君主は読書人＝学者知識人（君子）をかかえていたのです。かつては、君主のたしなみが昨今、普通人の愛好物になったのですから、慶賀すべきことといえるでしょう。

しかし、客観的現実性（リアリティ）を読むとは別に、虚構（フィクション）の現実性を読んで愉しむことも、人間に特有なあり方です。人間だけにといってよいと思います。しかも、書かれた虚構の世界は、コトバという観念的であると同時に物質的なものによって表現されるのです。ごく単純にいえば、この世界はコトバのリアリティによって担われる時にこそ、その虚構本来が持つ愉楽がより強く私達に伝達される類のものだとさえいいうるのです。ともかく、人間は自分を精神的存在として自己規定してきたのですから、これなくば、人間ではないといえるのですね（この点は**小林秀雄『様々なる意匠』**を、そしてその意義を克明に説いた**亀井秀雄『小林秀雄論』**〈塙書房〉を参照ください）。

2

読むことの愉しみは、様々な角度から実に豊かな色彩がほどこされ、論じられてきました。他方、評することの愉しみはどうでしょう。ひどくうとんぜられて来たのではないでしょうか。あるいは、評するとはなにか気の重くなるうっとうしいことのように受けとられてきたのではないでしょうか。

私は、坊主と警官と教師にはなりたくありませんでした。ごく小さい時からです。しかし、教師になってしまいました。教師になりかけの時に、評論家にだけはなるまい、と考えました。他人の揚足をとって何ごとかをいうというのは、どうもまじめに仕事にするにふさわしくない、と思ったからです。

ところが、私が哲学科に入って最初に読まされる破目になった、十八世紀から十九世紀初頭にかけてのドイツの哲学者**カント**の三主著には、『**純粋理性批判**』をはじめとして、すべて「批判（クリティーク）」（「評論」と同語です）という語がついているのです。ちなみに十九世紀中葉以降に書かれた**マルクス**の主著『**資本論**』の副題も「政治経済学批判」というものですが、本来は、この副題の方がマルクスの体系をよぶにふさわしい名なのです。

では、カントが考えたより包括的な「批判」＝批評とはどのような意味なのでしょうか。批判（クリティック）は審判（クリトス、ギリシア語）という本来の意の他に、形容詞が同じな危機（クライシス）＝深淵（critical）という意味があります。カントの場合、批判＝批評とは、客観的真理いかん（それは何であるか）の前に、まず私たちはそれを知りうることができるのかの主観の認識能力を問う＝審理する、ということなのです。その視線は、より強く、対象それ自体ではなく、対象をつかまえようとする主観ならびに、対象をつかんだとする主観の産物＝作品に向かっています。そして、審判し、その主観ならびに作品と評者の主観との間に境界線＝深い溝（クライシス）を引くことこそ、批評の批評たるゆえんなのです。小林秀雄の言をかりていえば、「批評するとは自己を語る事である、他人の作品をダシに使って自己を語る事である」ということになります。

そうだとすると、批判＝批評とは、客観的真理を追究する諸科学（sciences 学問）ではなく、主観的真理いかんをもっぱらとする哲学にこそふさわしいといえます。私は少し落ち着きました。ある時以来、評論家とか文芸評論家と他称されることに、ほんの少しですが、自己肯定する理屈めいたものがついたのです。もとより、ヨーロッパにはクリティックス、つまり文芸評論とよばれるジャンルの立派な学問分野があります（スは複数をあらわし、諸科学＝学問であることを表示するものです）。この場合、文芸＝文学とはリタラチャー（文字で書かれたもの）のことで、狭い、日本語感的な小説を中心とした「文学」ではありません。

事柄をもう少し卑近なところに近づけてみましょう。評することの愉しみを知るようになるバロメーターは、他人の悪口を愉しむことにある、といってよいと思います。私は、ごく若い時、他人の悪口で愉しんだり、それをだしに酒を飲んだりするのは、何か一段と低い精神構造のありようを表示するようで、なんて低い志の人たちだ、などと侮蔑していました。ところが、悪口もホガラカなものがあるのです。これは精神衛生に実によいのですね。この愉しさが分らないと、多分、評することの愉しさは分らないと思います。つまり、対象に首までスッポリと浸り、そこで楽隠居をきめこんだり、あるいはのたうちまわったままでとどまるのではなく、わが拘泥する対象から脱出して、一呼吸おいた状態、彼と我との間に一本の流溝をしつらえる気脈をつくることは、人間の自由な精神（＝最上の愉楽の時です）にもっとも適合しているのです。

評して書くということは、この精神の運動を、コトバによって物質化し、二重に対象からのスタンスを明らかにしてくれるのです。わが塔はここにたつことを知らせてくれるのです。それに、書くことは、悪口よりもズッと見映えがよいのですから、なおのことおすすめできるのです。

3

読むこと、評することの愉しさをのべたのですが、しかし、読むことが大きな困難を伴う時代になりました。第一に、活字が文化に占める割合がますます小さくなってきています。しかし、このことを、活字離れとか、読むことの減退・消滅とかを含意していうのではありません。逆に読むことの完全なる日常化が実現しているのです。今や、読むことは、君子はもとより知識人の特権的な行為ではなくなりました。読むことによって自分の精神が高揚せしめられるのだ、などと意識する必要はなくなったのです。読書人という言葉が放っていた、いくぶん高貴めいた、他に誇りたいという気配は極小になったといっていいと思います。つまり、読むこと自体がもっていた人間固有の意味が、ずっと稀薄になってしまったのです。本当のところ、これは喜ぶべきことなのですが、読書が人びとを引きつけてきた稀少性の価値に大幅な減価が生じたのです。

しかし、より本質的な困難は、コトバが虚構のもつリアリティを放棄する流れがますます強くなってきたことにあります。つまり、現実が提示するリアリティによりかかったコトバが流出し、現実のリアリティに虚構のリアリティが完全に制圧されてしまっているのです。おおげさにいうと、人間固有の精神という独自世界の独立が侵犯されているのです。これはもとより書き手の不勉強からも生じていることです。このことは、知識人のインフレとも強く関係がありますが、すでに述べたことがあるので、はぶきたいと思います。

4

読むことの困難さよりも、さらに評することの困難さは大きくなっていると思います。第一に、評論が細分化・専門化したことにあります。先にのべましたように、評論（クリティックス）とは、元々、分科のない領域をさしていわれたのでした。哲学＝見識の広さを問われたのですね。ところが、今日、諸々の書き物を読解して時代を読むなどという作業は、例外中の例外をのぞいて、最初から断念されているのです。これと対応するのですが、第二に、評論家の不勉強があげられます。評論家とは素人とみつけたり、というのがいつわらない昨今の実態ではないでしょうか。時代の最先端の知と拮抗するような（拮抗であって、知とのたわむれではありません）仕事をする批評家はまれのまれです。端的にいって、現代ではかつての小林秀雄のようなあり方は不能のごときなのですね。せいぜい立花隆というところなのです。

5

しかし、私は、困難な時代であるからこそ、これを突破する論者たちが登場して来る機運を招き寄せなければと考えます。けっして、この困難さを時代の不毛や不能のせいにしたり、旧来の読書の特権的な享受にあとずさりする気配をもたないようにすることが肝要だと思います。そのためには、読書人になるだけでは駄目です。論理のスッと通る、しかも、人びとの情意にかなった文章で、世界を、書物を介して、腑分けしてゆく必要があります。書評することですね。評論を専門にするといわれる人びとの専売行為に、書評をゆだねておく時代はすぎつつある、と私は断言したく思います。読み、書く愉しみとしての書評を、読書会の重要な一分子としてみようではありませんか。

＊参考──すいせんすべき書評集の諸モデルについては拙著『何を読んだらいいか』（三一書房）

（「鷹」8号、1985・12）

6 苛烈と余滴

▼関曠野『資本主義』(影書房)

関は、《謂わゆる「マルクス主義」なるものはドイツ社会民主党のイデオローグが彼のテキストからでっちあげ、第一次大戦までに理論的に四分五裂して崩壊してしまったものなのである》と、拙著書評でのべている通り、「マルクス主義」にはこだわっていない。しかし、マルクスにはこだわると言明している。資本主義と唯物論に強くこだわるからである、と。私が、「マルクス主義」にこだわり、マルクスにこだわり、資本主義(もとより、その揚棄と社会主義と)にこだわり、唯物論者として自らをたのむ理由は、関とそれほど理由を異にするわけではない。もとより、自らを非マルクス主義者と規定すること(関)と、マルクス主義者として規定すること(私)との間には、たんに出自や身につけた教養コースの違い以上の重要な違いがある。そのことを前提した上で、関の冒頭論文『資本主義――その過去・現在・未来――』について、いくつかの私見を述べてみたい。

第一の論点は、近代資本主義は「一つの歴史的偶然」によって誕生した、という関の見解にかかわる。物知り風に「偶然とは外的必然性に他ならない」を援用すれば、堀川(哲)の関見解に対する疑問は、関がそれを未展開であるにしても、本質的なものではない、と考える。私は別のことを言う。

①『ドイツ・イデオロギー』でのマルクスの歴史叙述は実証科学の水準でいうと、きわめて粗雑なもので、私は「仮説」(唯物史観)以外のものをとりはらって、マルクスの見解として整理する必要を主張している。②史的唯物論の「公式」なるものは、経済主義的史観の限界内にあるのであって、

これをマルクスのトータルな社会分析の史観におきかえることは誤りである。③したがって『資本論』は物質的生活過程の生産様式を分析したもので、そこに上部構造的契機が単なる第二次的・派生的要因としてしか登場しないのも当然である。④「公式」も『資本論』も、近代資本主義以前の歴史構成に適応するととんでもない誤謬におちいる。もっとも、関もいうように、マルクスは自分でたてた思考原則をよく「逸脱」したが。

以上の点をふまえて、マルクスは『資本論』で資本主義の歴史的発生を論究しなかった、少なくとも「科学」的水準としては論究しなかった（私は、マルクスにその意志さえなかった、と考えている）、といいたい。さらにいえば、その没落の「必然性」もである。

だから、関の歴史議論は私にはきわめて説得的に思えるが、マルクス批判としてではなく、今日的なマルクス解釈（改釈）批判として（こそ）妥当するのである。

第二。マルクスの理論的限界は、十九世紀産業資本主義の過渡期性格を分析したことにあり、近代資本主義の究極的パラダイムはアメリカの資本主義である、という見解。その論拠づけは別にして、この見解は今日きわめて流通しているものだ。その通りだが、マルクスが『資本論』を完成できなかった理論的理由を推測してみるに、マルクスの限界を指摘しながらも、その限界を突き抜けようとするマルクスの意志の存在をも私は論じたいのである。単に、関がいうようにマルクスの理論的（逸脱）としてではなくてである。

第三に、労働価値説に対する否定見解。私は、マルクスを労働価値説の批判的克服者とみなしたいから、関の見解は大層教えられるところが多い。

第四に、「現代資本主義は社会学的な意味では階級社会を過去のものにした」という見解について。この点でも、関が含意するかぎりでは、そう異論はない。ただし、私はマルクスは「階級」の経済的規定に一端を披瀝したにすぎないと考えているので、マルクスのその限りでの「階級規定」が社会存在的意味をなくしたという点と、「階級」社会の消去云々という点とを、あまり歴史主義的な単純化と連接したくない。マルクスの、「労働者」観と区別された労働者階級観が構成される必要がある、と私は考える。もとより、資本主義社会の揚棄主体いかんという含意をもってである。

以上の点で、私は、関との間にいわゆる「マルクス主義」者から、マルクスの理論的可能性を分離したり、奪還するという大筋で共同戦線めいたものを設定することができる、と考える。

しかし、問題はやはり「未来」にかかっている。マルクスは、関もいうように、誰にもまして、共産主義とは現在の運動である、と語った。しかし、共産主義の理念（イデー）を語ることをさし控えたわけではない。ある時から、私は、エンゲルス的なイギリス経験論的唯物論に対して、マルクス的なドイツ観念論的唯物論という、正確にいえば、ドイツの観念的（イデアーラー）唯物論という名称を使いたく思ってきた。すなわち、理想や理念を語ることは、それがイデオロギーであることを承知の上で、唯物論者にとって必要なことである、と考えるのである。

機械体系の身体からの自立化という（マルクスも予知していた）現代技術学の成立によって、「人間が技術的に生産する対象は、ますます物質の暫定的な特性よりも人間が自分自身についていだく思想によって決定されるようになる」。この事態を、関は、資本と国家の専制下における、銀行・大学・大企業のイデオロギーと利益の一元的支配・腐敗状況として描く。そこに誤りはない。しかし、「物象化」された意識こそが、自分自身についていだく思考こそが、この「物象化」状況を揚棄できるのであって、その逆ではないのである。そうであるなら、資本主義社会の技術がもたらすさまざまな破局的ですらある矛盾は、それがどんなに危険と災厄に満ちたものであれ、この技術のコントロールによってしか制御・揚棄できないのである。これを楽観主義者の言として理解して欲しくない。

なるほど、私個人についていえば、現代技術を破棄して、伝統的なコモンセンスにもとづく「相互のチェック・アンド・バランス」がある「中世的」社会に「向かって進歩」することは、厭ではない。より好ましい。しかし、技術の問題を、技術それ自体を破棄することによってではなく、技術的に解決することなしには、歴史過去に向かって進むことさえできないのである。それが出来なければ、「北」世界は破壊、あるいは自壊するであろう。その確率は五分五分か、一分九分かは別として、そうだと思う（関は「北」が、「中世的自由農民の世界に向って進歩」する可能性をほとんど認めていないようであるから、結局、「北」は自動崩壊する他ないのかも知れないが）。しかし、私は、関が予告する「北」の漸進的窮乏や「第三世界」化を、悲観主義的に予想できない。私には、デリケートな科学的神経が不足しているのだろうか。

結局、私が、エコロジストでもフェミニストでもなく、これらを含むより広い意味で、自分を単にコムニストとしてばかりではなくマルキストとしても呼びたい理由は、未来イデーにかかわっているからである。資本主義の矛盾を内在的に超出してゆく（弁証法的にとか、必然的にとかにまつわる「イメージ」と重なることを覚悟の上で）以外に選択する道はないと考えるからである。それが私にとっての唯物論である。

＊

ただし、これだけは言っておこう。一句、一節だけを拾い読みすると、関の言説は、人をしてギョッと眼をむかせるに足る奇異性に満ちている。これは確かである。しかし、全体を読むと、その論述に一面的で欠けている点も含めて、展開はきわめてデリケートで、整合的ですらある。その主張が誤りなくスッと頭に入ってくるのは、そのゆえである。ただし、その思考はあまりに「健全」しすぎて、あるいは「清潔」しすぎて、批判的言葉の破壊力が論理にではなく倫理に起因するのではという思いを抱かすのである。

「文は人なり」というが、大西巨人と関曠野とを同一視して、たいそう好ましく、またうらやましくも思うが、今少し唯物論的猥雑さがあっても、と期待したいのだ。自分がどれほど「マルクス主義」的でないかという遠心力を自分にかけながら、だましだまし「マルクス主義」にもどって来るという力を、私は自分に期しているから、とくにそう思うのである。こんな風にいうと、マジメな関は、またムッとして口をとがらすであろうが。

（クリティーク通信［青弓社］1986・2・18）

7 社会科学再生への重量級的試み

▼山之内靖『社会科学の現在』（未來社）

流行から超然たる姿勢を保つ書物が、流行を超出しえていることは稀である。本書が、その稀な一例である。

著者は、フォイエルバッハ・マルクス問題に、ニーチェ・ヴェーバー問題を重ねあわせることによって、マルクス・ヴェーバー問題の今日的位相を明らかにしようとする。こういうと、ああ、おきまりの「社会科学」の思想史研究という名の解釈陳述が、またはじまるのだなあ、と首をすくめるひとも多いであろう。たしかに、終始するのはまぎれもなく解釈である。読解・再審・エクリチュール、なんとよぼうと、事柄は同じである。

しかし、著者の視線は常に一点を指して動かない。十九世紀から二十世紀にかけて地殻変動をおこし、一九二〇、三〇年代の危機対応において形態変化（ケインズ、パーソンズ、フランクフルト学派）をとげてきた社会科学が、七〇年代を通じて対応能力をうしない、機能停止におちいっているという現状を突破しようとする志向こそ著者のものである。これはおよそ誰もが口にする課題ではある。文化人類学（レヴィ＝ストロース）ばかりでなく、およそ現代思想になんらかの形でかかわる思考者の念をとらえているものである。この課題をやり抜く方法は多様であっていい。流行を追うからといって馬鹿にする必要はない。つまりはポスト・モダンなのである。

一見すれば、著者ほど、ポスト・モダンの潮流から身をひきはなしている思考者は稀である。著者の思想的出自である「市民派社会理論」や現代産業社会の中枢を占める「システム的社会理論」の同時的のりこえを、マルクスの中にフォイエルバッハ的原理を貫徹させ、ヴェーバーにあるニーチェ的モメントを強調することで、実現しようというのであるから、いかにも古風なのである。鍵概念（キー・ワード）は、自然、とりわけ「人間の身体的自然」であり、「市民ないし民衆のミクロの日常性」である。これをいかにしたら社会科学体系に包摂できるか、というのが著者の問題意識の中心にあるものだ。

なぜフォイエルバッハであり、ニーチェであるのか。第一「フォイエルバッハにいわせれば、疎外の根拠は生物的類としての人間の外側にある制度的・階級的機構としてあるのではなく、生物的類としての人間の属性それ自体のうちに潜在している。制度的・階級的機構はこの潜在的根拠の顕在化された外化された表現に他ならない」からである。フロイトの先駆者としてのフォイエルバッハ（「精神病理学としての人間」）である。「フォイエルバッハにとって、歴史とは、むしろ、人間的本質のレヴェルに内包される疎外が展開しては、その本源的根拠たる生の基盤の反逆によって文明そのものが解体してゆくという、この生成と崩壊の永遠の繰り返しとして認識されるべきものだった」。つまりは、ニーチェの「永遠回帰」である。従来、個体の生理・性愛主義的、非歴史主義的負性とみなされていたフォイエルバッハの思考原理こそ、社会科学再生のキー・ポイントである、とされるのである。

第二。人間の属性＝類的本質の両義性のゆえに、「文明と社会が『自分のおかれている場所を自覚』し、〈場所としての自然概念〉あるいは〈自然概念としての場所〉という視点を掘り進めてゆけば、物象化された体制への批判は、現にあるわれわれの生活基盤と密着した形で――前衛党によって外側から注入されるものというよりは、大衆の日常生活の営為のなかから――その姿を現わしてくるであろう」からである。

大塚史学から出発した著者が、ほとんど吉本隆明と同じ地点まできていること、あらためて驚かされる。著者は、廣松渉（「社会関係の第一次性」）にきわめて批判的であり、むしろ、竹内芳郎や丸山圭三郎に近い問題意識に立つ、と言明する。しかし、構造主義者のいく人か（例えば、アルチュセール）がそうであったように、廣松は意外にニーチェに近い要素を持っているのだ。（栗本慎一郎がすでに寸言しているが）ヴェーバーにニーチェをみる著者なら、この点に今少しデリケートであってもよいだろう。

私は、マルクスが、フォイエルバッハを下敷きにしつつ、スピノザに学んだ理由について考えてきた。アルチュセールが言った「スピノザの《理論》は、人間たちが彼らの身体の状態によって《表現された》世界にたいしてとる関係にもとづいてこの理想的なものの体系をうちたてる」（『自己批判の諸要素』）という点にかかわってだ。これは、スピノザ―フォイエルバッハ―マルクス関係に新しい照明を与えるだけでなく、きわめて現代的視点なのである。

もっとも、大衆の自然成長的な意識の形成がいかなる理路を持つのか、本書においてこの点は不明である。また、素っ気なく言えば、著者が提出した論点は、社会科学を再生させるというよりは、科学とは異なるロジックの下ではじめて構成可能なのではないのか、という根本疑問もいだかざるをえない。しかし、現代思想の焦点が拡散しているようにみえて、凝集力をもって生動しつつあるさまを、重量級の思考はこびによって知らされるのは、気持ちのよいものである。

（「エコノミスト」１９８６・５・27）

8 ヘーゲル左派論叢（全四巻）の刊行――マルクスと同時代の思考者たち

▼良知力・廣松渉編『ユダヤ人問題』（御茶の水書房）

当事者意識というものがある。それとは逆に、非ないし反当事者意識というものがある。そのいずれか一方に片寄る場合、総じて同一の傾向に陥るものだ。ともに、生きた思想がもつ内的ダイナミズムを把握しそこなうということにだ。つまりは、一寸見には筋道だってキレイに論じ切っているが、自己弁証の証文として用いることに終始するという具合にである。マルクスの思想は、マルクス主義者にも、非ないし反マルクス主義者にも、おおむね右のように取り扱われてきた、といってよい。

もとより、私は中立者の意識などをすすめたいのではない。およそ、バランスの上で生きる思想なぞ、思想とよぶに値しないものだ、とみなしている。端的に非思想なのだ。マルクスのように大きな――思想に大きな思想と小さな思想があるわけではない。しかし、あえて――思想の場合、その内部に、マルクスの理念とか志向とかを否定する反対契機をかぎりなく持つというのが本当のところである。だから、当事者は、可能なかぎり反当事者を自らの内に巣喰わすような仕方で、当の思想を受容・展開・発展させる必要があるのである。これは言うは易く、行なうは難しである。

最も基礎的で必須なこと――しかし、最も遅れてやってくるのが常なのだが――は、マルクスの思考を、それが現に生きた時代の思想境位に戻して取り扱うことである。意識的に、マルクスを当の時代の思考者たちのワン・ノブ・ゼムとして遇することである。そして最も大切なのは、このように遇して、マルクスの思考が当時の思想潮流の波間に消え去る類のものであるならば、そのようなものをマルクスの——に固有の——思考などとみなさないことである。

このような仕方でのマルクス評価が本格的に始まったのは、一九六〇年代からである。良知力と廣松渉は、その先駆け者であり、しかも終始トップ・ランナーでありつづけてきた。もとより両者に判然とした相違はある。良知は、マルクスの固有な思考を跡づけようとして出発しながら、マルクスを同時代の先行・併走者群のきわだってはいるがワン・ノブ・ゼムとして遇するというところまでたどりつく。廣松は、マルクス周圏の思考者たちを独立の思考者として丹念に跡づけながら、その思想圏をマルクス一人に収斂するかのような仕方で論究する。二人の一応の到達点は、**良知『向う岸からの世界史』**（未来社）と**廣松『マルクスの思想圏』**（井上五郎補注、朝日出版社）である。

この初期マルクス研究の泰斗が共同して、ヘーゲル左派論叢（全四巻）を編むという予告がなされて、待望久しかったが、まず第三巻**『ユダヤ人問題』**が発刊された。

内容は四篇から成る。①「ユダヤ人問題」論争の火蓋を切ったB・バウアー『ユダヤ人問題』。②それに対する反論、K・グリューン『ユダヤ人問題。ブルーノ・バウアーへの反論』③バウアー論文を批判したK・マルクスを批判する、G・ユリウス「可視的教会と不可視的人間教会の争い。または批判的批判の批判の批判」。④この論争の歴史的一帰結を示すM・ヘス『ローマとエルサレム』（一八六二年）。各篇には詳しい解題が付き、全体の解説を野村真理が書いている。

野村が述べるように、マルクスの「ユダヤ人問題について」（『独仏年誌』）や『聖家族』からのみ「ユダヤ人問題」を論究するだけでは「問題」を単純化し矮小化してしまうことになる。さらに、ヘーゲル伝来の哲学的抽象概念で事柄を論究するだけでは、「問題」の把握にたどりつくことはかなわない。この点で、当時のライン地方を中心としたユダヤ人の平等権要求運動等、具体的問題背景が浮き彫りになるよう編集されている。さらに、バウアーやマルクスの意識になかった、現実の民族（解放）問題としてのユダヤ人問題が、M・ヘス論文によって展開されている。これらが本書の特徴点だ。

理論的にいえば、「ユダヤ人問題」を媒介にして、「政治的解放」と「人間解放」と「民族解放」の内的連関、宗教の「揚棄」問題、市民社会と国家の連関と揚棄等、旧くて新しい問題が十九世紀中葉のドイツを中心としたヨーロッパ的視野で再検証される一次資料を提供したといえるであろう。さらに、今日の問題との連関でいえば、バウアーやマルクスに色濃くみられる「西欧中心的普遍史」が問い糾されるという構成となっていることも注目に値しよう。

しかし、当の思想を、それが現に生息した時代状況に還元できないことも事実である。とりわけ、マルクスはそうだ、とみなしたい。ヘーゲル左派論叢の刊行が、ワン・ノブ・ゼムという認識をくぐり抜けて、時代を超えて生き続けるマルクス思想の再発見へとうながすかどうかは、もとよりそれを手にとり活用する者の責務ではある。続刊を心待ちたい。


（「週刊読書人」１９８６・10・27）

9　青春像書き続ける寺久保文学

▼出世作「停留所前の家」から蕪村論まで

▼言葉を武器にする職業を選んだ人

寺久保さんの生原稿は、とてもうつくしい。書きそんじがないという風で、大げさに言えば、シミ一つないのである。行李いっぱいの完成原稿があると聞いていたので、その一編を読ませてもらった時の、一種病的なほどにまできれいな字体に、たじろいてしまったことがある。

小説に好き嫌いはもとよりある。私は、この折、生原稿で読んだ三百枚余の、俳人蕪村の少年期の謎をおったものが、寺久保さんの作品の中で一番好ましく思われる。昭和六十二年一月号から『潮』で連載されることになった、「**イースト・オブ・ザ・ムーン**」（『蕪村の風影』潮出版社）である。深読みを許してもらえれば、青年期をすぎた一人の男が、蕪村に仮託して、自己の再発見を目して、言葉をつみあげてゆく静かな情熱が痛切に伝わってくる作品である、と評してよい。

言葉を武器にすることを職業として選んだ寺久保さんの作家歴は長いが、その「出世作」は、第八回北海道新聞文学賞を受賞した「**停留所前の家**」（「北方文芸」昭和49・8）である。無駄のない文体で、老人ホームで生き死にする老人たちの生態の断面を、若い女性ヘルパーの眼で切りとった、いく分理の勝った作品である。しかし、言葉を武器にするもう一つの職業人―精神科医―でもある寺久保さんの面目は、「**棄小舟**」（昭51・12）「**陽ざかりの道**」（昭52・5）「**火の影**」（昭52・10）と、連続四期、芥川賞候補となった作品群に躍如としている。

▼精神科医の心象風景を描く作品群

自意識の強さを抑え殺すような簡潔な表現をえらびながら、若い精神科医の心象風景を描いた作品群である。たとえば「棄小舟」の冒頭の医師に、寺久保医師をつい重ねたく思うのは、小説読みとしては邪道に違いないが、いたし方ないのでもある。それほどまでに、二重うつしの主人公である、といってよい。

《外来が閑なのはこの暑さのせいか、いつもだとライラックの葉をゆらした涼しい風が、開け放った診察室の窓から吹き込んでくるのだが、今日はそよりともしない。診察机に向い、椅子に背をもたせていると、小沢先生は白衣を脱いでしまいたいぐらいに暑かった。それでもこの暑さの方をとるか患者さんがわんさかとくる方をとるかといわれたら、躊躇なしにこの暑さの方をとる。たまにしかないこんな閑な日は、天の恵みのような気がしたからだ。》

時も場所も異った、しかも現実の診察室で寺久保さんと対面していると、作品中の○×先生のことがつい浮かび上り、そこで話しがとぎれて沈黙ということになってしまう。もちろん、現在の寺久保さんは、いくぶんクタビレ（失礼！）てしまったようだが、仕事のことを考えだすと、フッフッと楽しさという苦業をおもしろがる表情に一変するのである。

書くとは、魂を投げ出すことだろう。言葉――沈黙も言葉の一つである――だけを信じて治療にあたる寺久保さんの精神科医としての営為もまた、魂を投げだす行為である他ない。仕事を終え、魂を奪い去られたような体であらわれる寺久保さんの表情は、肩の力が抜けて、私にはとても好ましい。

▼フロイトのタブー論、父親殺し

『停留所前の家』（講談社）に収録され、角川文庫で再刊された**『恋人たちの時刻』**に新たに加えられた「**青磁の糸**」（「くりま」昭40・6）は、寺久保作品を流れるもう一本の「糸」を象徴的に描き出している。簡単にいえば、フロイトのタブー論、父親殺しである。

刺青をした男（これは代表作「**翳の女**」「新潮」昭53・4にもでてくる）への嫌悪が、刺青をしていた父親への嫌悪と重なって、男の死が父の死と二重映しになってクローズアップされている。父―たくましい獣の匂いのする（刺青の）男対子という性的競争者の対立図式がそこにある。しかし、フロイトと違って、寺久保作品では、子は父親殺しの想念を持つが、常に性的敗北者の位置にとどまり、だから神経症をまぬがれている、という結構をもっている。子は子にとどまる、それが寺久保作品を切なくするほどに侵している青春性ということであろう。

好調な売れ行きを示している『恋人たちの時刻』『**恋人たちの季節**』を一読して感じるのは、①よい眼でみている②女性ばかりをみている③自分の能力だけを信じ（たがっ）ている④身体的―感性的人間が主人公であり⑤それらすべては、しかし、いずれも燃焼し切れないまま宙づり状態になっている、ということだ。一言でいえば、青春像という、変わりなき姿である。

▼青春の中で獲得したものを見いだす

この種の作品を書き続けることは、惰性をいとわない性癖の持主以外には、たいそう困難なのである。一見すれば、「翳の女」は、らくらくと書き上げられているようだ。しかし、ハイライト、つまり、清純なマリ子が、自堕落な典子と同一人だったと判明するシーンに、熱がなく、読者に肩すかしを食わすような仕儀で終わっているところからも分るように、作者が自身を引っぱってゆく力に欠けるところが見受けられるのである。その力を信じかねているのでは、と思われるのだ。

「イースト・オブ・ザ・ムーン」を私が好ましく思うのは、いま一度、作家の中にある、熱度を保ち続けている言葉を、ひとつひとつ拾い出し、そのひとつひとつを指でなぞるようにして作品へと表出せしめようという意志をそこに感じ取ることができるからだ。「自己の再発見」といったのは、青春に失ったものではなく、青春の中でこそ獲得したものを見いだすことなのである。

作家寺久保さんの、旺盛な執筆活動の再開という門口で、なんの偏見もなしに出会うことができた機縁を、私自身は大切なものと考えている。出会いの形は、本当に天与としかいいようのないものなのだ。

（「北海道ブッククラブ」１９８６・12・20）

10　夫の獄死後逆境を歩む

▼塩沢富美子『野呂栄太郎とともに』（未来社）

野呂は、空知管内長沼出身の共産主義者である。その偉業については多くのことが語られている。塩沢は、すでに伝記『**野呂栄太郎の思い出**』（新日本出版社）を出している。『日本資本主義発達史』（昭5）をはじめとするいくつかの論稿に対する、無批判的な、個人崇拝の臭気をただよわす取り扱いに、私は大きな疑問を表明してきた。しかし、西田信春（新十津川）や関矢留作（野幌）とともに、野呂を敬愛してやまない肌身に近い共産主義者の先人と思うことに変わりはない。

本書は、野呂伝ではない。塩沢は、複雑な家庭環境の中で育ち、常に人間として自立をめざして学ぶことをやめず、労働運動に加わり、弾圧を受け、党の指導者野呂と秘かに結ばれ、一児をはらみ、しかも、生誕をみることなく野呂は権力の手におちた。野呂の獄死後、母は薬学生となり、娘を失う悲しみを超えて、研究者の道を歩む。野呂の革命的情熱を引きのばすようにして生きる女性の成長願望を静かに語り切る。細菌の研究者（東大助手）として、女性ゆえの、助手ゆえの差別に抗して生き抜く稀なおのれの姿を率直に語ってやまない。

一読して強く印象に残るのは、野呂同様、どのような逆境にあっても、塩沢をはげまし支援する人びとにかこまれていることである。それは、親族、近隣の人、外国の友人、運動関係者等をひきつけた、野呂とその夫人の美質ゆえである。現在、共産主義はさまざまな試練にさらされている。その点との接点で野呂のことが語られる日がくることを、私は切望している。（「北海道新聞」１９８６・12・29）

11　八柳のエッセイは滴り落ちる言葉の雫

▼八柳鐵郎『ふりむけば薄野』（財界さっぽろ）

『すすきの有影灯』（北海道新聞社）『薄野まで』（朝日新聞社）に続く、三冊目のエッセイ集である。特に、良質な掌編小説を思わせる趣をもっている、最終章「女たちの詩」の十六編が絶品である。

エッセイを書く人はたくさんいる。エッセイならば書ける、書いてもいい、という人にもよく出会う。しかし、本当のところ、エッセイは、難しいのである。複雑である、といってよい。なぜか。

体験が豊富だから、人をうつようなものが書けるか、というとそうではないのである。語り尽くせないほどの体験をもつ人に限って、その体験が、特権意識のような押し出しで語られる、ということがよくあるからである。よくても悪くても、自慢話になるからである。

だから、エッセイに必要なのは、作者が自分自身に対して取る距離のとりぐあいの微妙さに敏感である、ということになる。それは、とりもなおさず、他者に身を寄せる仕方がデリケートである、ということでもある。

しかし、いくらデリケートな心ばえの持ち主であっても、切断するような、未練を振り払う〈勁さ〉がなければならない。言葉の本当の意味での、男気、である。

しかし、いかにデリケートさに満ちていても、男気があっても、知的でなくてはならないのだ。知的であるとは、言葉の力の無力さを十分に承知しながら、しかし、言葉が人間の精神の奥底のことにかかわることをわきまえている人のことである。

そして最後に、これらすべてを備えていても、洗練されていなければ、ぶち壊しなのである。スマートである、ということだ。

八柳さんのエッセイを読むと、これら必須の要素がみな含まれていることが分かる。あまりうまくまざりすぎていて、ちょっと呆気に取られ、そんな簡単なものか、等と誤解してしまいそうなほどなのである。

しかし、良質のエッセイは、試してみたらよいが、けっして真似など出来ないものなのである。それは、天性から生まれたのではなく、長いあいだかかって仕込まれた酒と同じだからである。つまりは、複雑にブレンドされたものなのにもかかわらず、一見すると、単純明快な味と香りしか醸さないからである。

このようなエキスが、いったん零れ落ち始めたら、もうとまらないと思った方がいい。仕事のひけた深夜、ペンを握る八柳さんの姿を想像してみる。しかし、残念ながら、像を結ばないのである。よい酒は、造り主を呼ばないという。八柳さんも同じなのだろう。

最後にもう一度、八柳さんのエッセイを真似ても無駄ですよ、と自分自身をも含めて、いっておきたい。


（「北方文芸」１９９０・10・１）

12 書評を通じて時代を読む

▼藤原肇『アメリカから日本の本を読む』（文藝春秋）

書評を通じて時代を読むという試みの最も高い到達は、昭和五十七年十月から六十一年九月まで、きっちり四年の間「週刊文春」に連載され、その後**『時代を読む』『最後のコラム』**（ともに文藝春秋）に収録された、鮎川信夫のコラム「時代を読む」の全一七二編である。そのコラムの目覚ましさは、鮎川が長い間かかって獲得したアメリカ理解の確かさに負っているとみてよい。

藤原肇は、鮎川の達成に比べようもないが、収録の「書評」の大部分が「加州毎日」（California Daily News）に掲載されたことと、アメリカ在住という地理的条件を生かしていることで、それなりに特徴をだしているといってよいだろう。

小室直樹『日本「衆合」主義の魔力』と**西尾幹二『ヨーロッパの個人主義』**を、「戦後日本で出版された十大名著」に数えあげていることからも明らかなように、著者の思想的立場は明確である。一言で言えば、リベラリズムである。軍国主義や、いかなる意味のものでも、全体主義に反対の立場を取る。しかし、リベラリズムというのは、非常にやっかいなものなのではある。

著者がさまざまな本を読み解いてえた現代日本の基本的な姿は、次のようなものである。

「一つ確実なのは、官産複合体として攻撃の矢おもてに立たされた通産省の神通力が衰え、代って、日本が国家主義を前面に出す、警察官僚主導型の政治を推進し始めたことである。

勢いづいた国粋主義が、戦後の総決算とばかり民主主義を踏み散らすこの動きを、アメリカ人が全体主義の悪魔だと理解した時の敵対と破局」。言うまでもなく、中曽根内閣を正面に据えての批判である。著者は、「ソフトファシズム」とか独裁体制がこの日本ですでに始まっているというのである。この惨状を見ないで能天気に浮かれているニセの言論人を指弾するのである。「書評」執筆の動機もそこにあると明言している。

これに対して現代アメリカに対する評価はどうか。

アメリカは若い人工国家である。そこには社会や文化の軛を乗り越える変革の意欲が健在である。だから、実利性を求めてエスタブリッシュメントを構成する拝物主義者たちと、精神の自由と独創性に価値の中心を置く草の根型エリート集団が、二極を作ってぶつかり会い、バランスを保っている、と。

著者は、日本には、その内の一極しかない。すなわち、権力亡者と拝物主義者がエスタブリッシュメントを構成し、自国中心主義的大国主義の幻想にとりつかれており、それが、つぎつぎと出る「日本人論」の俗悪な内容をなしている、という。私などは、もしかして、藤原は、隠れ「進歩派知識人」ではないのかと思いたいほどに、その批判の声は激しいのである。

しかし、そうではない。田中角栄型の金権主義政治を生み出したのは、自己懐疑心を失った大衆民主主義の拝金主義に他ならないと述べ、「進歩派知識人」とともに懐疑なき「保守主義」を根底から批判する**西部邁『大衆への反逆』**を最大限に評価するのであるから、オーソドクスな、いってみれば、保守的自由主義者でありたいと思っているのは明らかである。

著者は、日本にいればその「ソフトファシズム」に浸ってしまい、日本の本当の姿は見えないといいながら、アメリカの空気を吸わなければアメリカの真の姿は分からない、という。私は、このような精神構造は、拝米主義と呼んでもよいと思うが、それほど大げさなものではない。

私も、鮎川がそうであったように、アメリカをおおいに評価する。しかし、日本も評価すべきはするのが当然なのである。「現代日本はソフトファシズムである」といういいぐさは、天皇がいるから天皇制である、自民党は政権を長期的に独占しているから独裁である、という類のことと同じように、情緒的で無規定な命題にすぎないのである。藤原の評価視点は、旧左翼なみに歪んでいるとみなした方がいい。せいぜいよくて、狼少年なみである。

このような視点の偏向は、**猪瀬直樹『ミカドの肖像』**を「戦後日本の言論界において、ひとつの記念碑的存在たり得る役割を演じている」と評価するところに現われている。実の所、猪瀬の作品は、天皇（制）をスキャンダラスな「事実」をつなぎあわせて構成することで、天皇（制）を拡散させて無化し、その核心的本質を見失わせてしまう類いのものなのである。かつて猛威をふるった「一木一草に天皇制がある」の現代版なのである。天皇制ですべての日本の特質を論じたやり口である。

書評はどう書いてもよい。しかし、精神的貴族を任じ、異端であることを隠さず、民族や国家という狭い枠組を超え出ることを希求する著者であるならば、中曽根を罵倒することで、現代日本に見切りを付けたりする低水準の所にとどまっていることは本意ではあるまい。著者の評した本は六十一冊。その内私が読んだことのある本は三分の一ほどであるから大きな事はいえないが、私とは余りに異なった評価なので、偏向はこちらに在りと思ったほどである。

（月刊「クォリティ」1990・11・1）

13　夢現つの世界を楽しむ

▼堀切直人『日本夢文学志』（沖積舎）

千枚の大作を貫く著者の意図（志）は明快である。「夢」を唯一の媒介にして、日本近代文学史の結節点を読み説くことである。

短くいえば、こうである。この結節点に位置するのが、萩原朔太郎である。ボードレールは、民衆の笑いに活気づけられた古代的な集合意識が個人の恐怖にこわばった近代的な自意識によって、祝祭の陶酔状態が変屈者の飢餓状態によって、晴朗な生の世界が陰暗な死の世界によって乗り越えられ制圧されていく過程を余すところなく表現した。

このボードレールの位置をしめるのが萩原である。萩原を中にはさんで、「古代的」至福を表現したのは蒲原有明、北原白秋、室生犀星らであり、近代的死の世界をどん詰まりの終点としてではなく起点として生きぬき、新たな生の世界を発見しようとしたランボーに比すべきは、吉田一穂、小野十三郎、安部公房等である。

しかし、著者は、文学「史」の一齣を展開しようとするのではない。主題は、「夢」である。「夢」とは何か。人類が、個が、そこから発した始原、無意識、能産的自然に他ならない。しかし、「夢」は悪夢でもある。始原の生が、ズタズタに切り裂かれる世界なのだ。夢は、悪夢を胚胎しており、始原から悪夢への転化は、人類史においても、個体史においても必然的である。著者の試みは、では再び、彼の始原の「夢」を再生することは可能なのか、ということを探ることにある。

しかし、著者の「志」をいかように解説しても、虚しい気がする。本書の面白さは、著者が、意識的に二元論的対立図式を持ち込んで、夢を、女を、性を、食欲を、景観を、そして何よりも、漱石に始まって島尾敏雄にいたる作品群を読み解く、通時と共時が重層する夢現つの世界に読者を遊ばせる饒舌さにあるからである。

夢は、森である。森（自然・生命）は、庭園（人工・死）に対立する。しかし、いかように無機化されても、庭園もまた自然の変形・変屈である。放置されれば、荒々しい生命力（悪魔の森）を回復する。だから悪魔の森を通って、始原の森に到達する道筋はある。

始原の森は、女性である。母性である。この母性と嬰児期に不幸な接点しかもちえなかった者は、悪夢に終生悩まされる。漱石が、芥川が、萩原がそうであった。

女性は、生の源であり、至福の源泉だ。「花」である。しかし同時に、悪夢の産みの親でもある。「蛇性」でもあるのだ。漱石は「花」に、鏡花は「蛇」につく。

圧巻は、食欲であろう。視覚の文学ではなく、触角の文学、しかも、皮膚感覚ではなく、臓器感覚を尊ぶ著者は、あらゆるものを食べ、しかも食べあうこと（グロテスクなカーニバル）に、生の始原を見いだそうとする。そして、自分の足を食べるだけの、貧血症に悩む日本近代文学の主流を見事に足蹴にするのである。実に痛快である。

さらに言うべきは、著者自身が、いかにも、即物的な意味において、大食漢であり、臓器等の柔らかい一番おいしい部分に目がないことだ。いやしいだけではない。漱石は相当に食い意地がはっていたが、よく食べれなかった。著者は、人間とは食うところの者である（フォイエルバッハ）をまさに地でゆくのである。なべて、容器が大きいのである。

本書は、意識的に、文学的時流から距離を置いているように見える。書きたいことを、書きたいように書いた、という面持ちである。しかし、明らかに時代の書なのである。七〇年代以降、網野善彦等によってなされた「中世史の発見」を機縁とした新たな歴史意識の展開に棹差す試みなのである。この新意識との共振なしに、本書が陽の目を迎えたとは思えないのである。

稀にみる才能と、著者が吉田一穂について書いたような、極北の氷原をさまよう労苦によって、本書は生をむかえた。著作は、著者にとってまさに夢の森であり、しかし何よりも悪夢の森である。著者がこの悪夢の森の一端から抜け出る死闘を読み取ることも、欠かしえない読者の楽しみとなろう。

(「東京人」1990・11・3)

II　今月の本棚
1987〜1988年

初出：月刊「潮」　今月の本棚　1987.4〜1988.6

1　ソ連を知るための三冊

▼ジョレス・メドベージェフ『ゴルバチョフ』（毎日新聞社）　▼デービッド・シプラー『ロシア――崩れた偶像・厳粛な夢』（時事通信社）　▼森本忠夫『ソ連交渉術・71の原則』（ＰＨＰ研究所）

ソ連、という言葉を発してみる。不可解、という言葉が返ってくる。秘密主義だから、という理由づけが追いかけてくる。

しかし、もう少し胸の奥のところでしばらく自問してみる。不可解、というのは本当なのだろうか。分からないというが、では分かるとはどういうことをいうのだろうか。米国について、比較して、ソ連についてよりもより分かっていると確信をもっていえるのだろうか。そして、日本については……。事はそう単純ではないことに気付かざるをえない。

ソ連について、もとより不可解なことはある。しかし、不可解さを重ねあわせて、ソ連像を作りあげることに終始していないであろうか。

このような方法によって得られたものは、分からないではなくて、分かりたくないという心性に発するものなのだ。分かるところ、分かりうるところを丹念にひろいあげてみると、さまざまな不分明を残しつつも、多様ではあるが、クッキリとしたソ連像が浮かんでくる。これは、相手を理解しようとする場合の平凡だが不可欠な手続きなのである。

ひるがえってみれば、ソ連を理解する材料にはこと欠かないのである。他の国と比較して、この理解材料の量において劣るところはないといってよい。

だから、ソ連＝不可解という印象は、主として、ソ連を漠然たる不気味な国ということで、そこから遠ざかりたいという、厭ソ気分から発しているとみなした方がよい。
漠然たる厭ソ気分によってソ連という国や人びとを不可解とし、この印象でもってソ連とつきあうということになると、おのずと結論がでる。これは、つきあいとして、最も不幸な部類に属する。

▼ジョレス・メドベージェフ『ゴルバチョフ』

ソ連の政治・経済体制を知るための最良の本は、今日でも、**ロイ・メドベージェフ『歴史の審判。スターリン主義の起源と帰結』**（邦訳『共産主義とは何か』三一書房）である。ソ連共産党二十回（一九五六年）、二十二回（一九六一年）大会のスターリン批判の中から生まれた第一級の成果である。後にスターリン「復活」の反動によって、反体制派に追いこまれてゆくロイには、双児の兄がいる。イギリスに亡命を余儀なくされている生化学者のジョレス・メドベージェフである。ロイとジョレスは、思想的にもまさに双児とよぶにふさわしい兄弟である。

ブレジネフ政権は、その死（一九八二年十月）に先だつ数年、完全に動脈硬化をおこしていた。経済成長は減速し、農業生産高は低下し、おまけに、ソ連の国際的地位は、アフガニスタン侵攻、ポーランド事件発生のため、あらゆる厳しい非難にさらされて沈下した。デタント（緊張緩和）から「冷戦」へという様相をみせていた。ブレジネフの死後、権力の頂点に立ったのは、ブレジネフの選択以外にあったアンドロポフであった。ジョレス・メドベージェフは、このアンドロポフの出現を、スターリンからフルシチョフへの移行と重ねあわせる仕方で、そこに過大とも思える「ソ連史における新時代の始まり」の可能性を語った（**『アンドロポフ』**〔毎日新聞社〕）。

ジョレスが最新刊『ゴルバチョフ』（毎日新聞社）でいう。彼の祈念というにふさわしい「可能性」は、一部は経済政策（規律強化策を主体した）等の失敗により、一部はアンドロポフの病気（執務不能）と死（一九八四年二月）によってくだけた。彼の後を襲ったのは、ブレジネフが後継者と目していたチェルネンコであり、明らかに健康を害していた。ブレジネフ政権の晩年が再現される様をみて、国民は大きな失望と当惑を感じざるをえなかった。アンドロポフが始めた反汚職キャンペーンも有名無実化した。

もとより、指導者たちすべてが老衰していたわけではない。政治局・書記局員の中で一番若かったのが、ゴルバチョフであった。しかも、彼は、党内ナンバー2の地位にいたのである。チェルネンコの急死（一九八五年三月）によって、ゴルバチョフが権力を手中にする。これで、三代続いて、前書記長の意中外の人物が頂点にのぼったことになる。ゴルバチョフの登場は、アンドロポフへと振り子が戻ったことを意味するのか。

ジョレスがゴルバチョフに期待するのは、第一に、その若さである。党の中枢に権力が集中しているソ連において、その頂点に立つ者が誰であるかは決定的に重要である。チェルネンコの死をいわば拍手で送った国民が、この若い指導者に期待するところ、大なのである。一九三一年生まれ、革命も戦争体験も持たぬ、文字通り初めての指導者である。

新しい波は起りつつあるか。第一に、軍縮をはじめとする平和攻勢であり、外交手腕でなみなみならぬ力はすでに示された。第二に、いわゆる「自由化」、「雪どけ」である。

サハロフ博士のモスクワ追放解除をはじめとする人権問題、文学や芸術部門での大幅な「自由化」が急速に進行中である。第三に、官僚組織の合理化・一元化である。行政改革といってよい。

しかし、若さにはもう一面ある。ゴルバチョフをはじめとする新リーダーは、スターリン的抑圧に直接手を染めていないが、生粋の特権的な党官僚として、その政治生活を始めたのである。イデオロギー的締め付けによって「経済的効率」を犠牲にしない合理主義は、官僚特有の限界を持つということだ。
だから、ジョレスの結論は、けっして楽観的なものではありえない。《ゴルバチョフは自由主義者でも大胆な改革主義者でもないことは、相当はっきりしてきた。彼は構造的な改革よりも、小さな修正や行政手法、経済の調整を好む。しかし彼がまだ最終的な選択をしていないことを示す徴候がいくつかある》

亡命を余儀なくされたジョレスの本は、きわめて説得力の強い本だ。われわれにとってだけでなく、ゴルバチョフにもとどくようなデリケートさを持っている。自国の未来を誰よりも正確に、しかも熱い視線をもって語りうるのが、反体制家であるということは、偶然ではない。反体制派とは、ジョレスにおいて、反社会主義派を意味するのではなく、社会主義がかかげる理念をこの地上で実現することをはばむスターリン的抑圧体制に対する反対だからである。ジョレスは、ゴルバチョフに対して、同志というよりは弟に語りかけるような口調をもってする。そして、何より望むのは、支配者となるな、指導者たれということである。

ここには、自らを異国へ放逐した者たちに対する憎悪によって曇ることのなかった、革命的知識人の望むべき光が放射されてある。

▼デービッド・シプラー『ロシア——崩れた偶像・厳粛な夢』

ソ連について、自国人の立場から最も貴重なソ連像を提供しているのが、反体制派知識人たちであるとするなら、異国人の立場から多様で立体的なソ連像をもたらしてきたのは、米国人、とりわけその優れたジャーナリストたちである。古くは**ジョン・リード『世界をゆるがした十日間』**(岩波文庫)が、最近では、一九五六年のソ連共産党第二十回大会におけるフルシチョフの秘密報告(スターリン批判）をスクープした、ハリソン・E・ソールズベリーの『黒い夜白い雪――ロシア革命一九〇五―一九一七年』（時事通信社・上下）がある。書かれた時代も立場も異なる、いわば対極的な両者だが、歴史のネジ棒が最も強くしぼりこまれた時代の光と影を伝えて間然とするところがない。

リードやソールズベリーは一流のジャーナリストであったが、同時に一個の独立した思想家でもあった。

デービッド・シプラー『ロシア――崩れた偶像・厳粛な夢』は、あくまでも新聞記者としての広角的な、いくぶん野次馬的な態度を持して、ソ連の子供たちから最高指導者まで、シベリアの原始林からモクスワの特権層の居住区まで、犯罪から宗教、新しいロシアからスターリン神話まで、等々、さまざまなテーマを丹念に展開してみせる。その方法は、シプラー自身がいうように、《いきあたりばったりの断片をかき集め、それをあとのためにとっておけば、それに他の断片が加わって、ついには首尾一貫したモザイク画を描くことがありうる》というところにある。

彼は、四年間の特派員時代、実にさまざまな階層、年齢、地域の人々と会っている。彼は、ジョレス・メドベージェフのように指導者たちがかかえこんでいる矛盾について、多くを語らない。ソ連の広大な地域に住むごく普通の人びとの苦悩やおろかな欠点を語る。まるで真の友人のようにである。友人の言葉には、優しさと厳しさが同居する。

ソ連の人びとの誰もが、「われわれの子供はわれわれの未来です」という。しかし、この標語がゆきつくところは、若い精神をきまった型に鋳込む画一化教育である。

さらに問題なのは、自分の国についてあまり知らされず、「政治的繭」にすっぽりくるまれて体制の温情的な面だけを見るように教えられる。だから、秘密警察の膨大な役割にまるで無知なロシア人がいる。

しかし、よく考えてみると、自国の、あるいは両親の未来を子供たちにたくし、教育熱心という保護・指導によって「政治的繭」にすっぽりくるまれる温情に浴しているのは、米国でも、日本でも本質的には変わらないのである。シプラーは、このような本質的同一面を見ずに、ソ連の子供にたいする画一教育を批判するのか。そうではない。

日本でも、米国でも、画一教育は存在する。ただし、ソ連には、それだけしか存在しないのである。そこが問題だとシプラーはいうのだ。だから、子供たちに、創造力が芽生えなく、批判的精神が育つ契機がほとんど与えられなくなるのである。しかし、だから終わりなのか。そうではないのだ。この書物に登場する人びとの大部分は、有名、無名をとわず、大いなる不満家であり、批判精神に富んでいるのである。とりわけシプラーが注視するのはこうだ。

《息が詰まりそうだが安全な服従から抜け出る決意は、若者らしい生意気が昂じて反抗心へと燃え上がる瞬間にやってくるとは限らない。静かな悲しみがゆっくりとコップに満ちるように、それは徐々に、ほとんど気付かないうちに、積年の妥協の生活のなかに溜まってくる》

これを証明するように、ソ連の反体制派はほぼ中年をすぎた人びとからなっている。シプラーは、反体制派や国外移住希望者に温かい視線を送っているか。ロイ・メドベージェフとの信頼に満ちた四年間の友情が語られる。人間が人間とつきあう最も美しく静かな状景が語られている。これに対し、反体制派の象徴ともいえるサハロフ博士に対しては、厳しい評価を下している。シプラーの手法は、ソ連社会で特権を享受している人びと（サハロフもその一人）により厳しい。彼らは、その特権（国家的保護）をあたり前のものとみなし、国外移住によって獲得した「自由」が、その特権の消失を意味することを決して認めないのである。だから、移住は彼らに新たな不満（特権の消失）をもたらし、絶望のあまり自殺へと追いこむことも生じるのだ。

さまざまな悩みをかかえながら、なおかつ絶望せずに生きるにはどうしたらよいのか。シプラーは、この生活則を求めてソ連各地を飛びまわる。資本主義米国の「自由」を、何よりも貴いものとするシプラーの超楽観主義を割引いてこの本を読んだなら、体制の違いにもかかわらず、濃淡の差こそあれ、かの地とこの地に共通な問題群を発見することができるだろう。

▼森本忠夫『ソ連交渉術・71の原則』

日本のソ連への関心は、反ソ感情をふくめて、なみなみならぬものがある。政治・経済・文化等々の諸分野で、すぐれた数多くの書物が出版されてきた。日本現代文学の源流が、ロシア文学であるということは、忘れてもよいことではない。しかし、ここではとびっきりのユニークな本を紹介しよう。

商品の自由な売買は、人間を相互に結びつけ、相互理解をもたらす基であると強く主張したのは、経済学の生みの親であるアダム・スミスであった。売買は、相互ダマシという外観をとりながら、リーズナブル（理性的）な関係を樹立する、と主張したのである。森本忠夫『ソ連交渉術・71の原則』（ＰＨＰ研究所）は、右の主張を最も簡明に展開した好著である。

経済人でもある森本のソ連分析の道具だては二つ。分析の包丁にあたるのが、森本が訳した**G・ヴォロノフ『ソ連版　貿易必携』**（日本経済新聞社）である。材料にあたるのが、主として、ゴルバチョフ政権登場以来、「朝日新聞」が報じてきたニュースである。切る料理人の森本は、訪ソ六十六回の経験者である。

ふつうには、その言うこととその行なうこととは、建前と実際とは、異なるといわれる。とりわけ、イデオロギー色の強いソ連の場合はそうである。ところが、森本は、ソ連の主張にしたがって、客観的なソ連像を描いてみせるとタンカを切っているわけである。

だが、森本はソ連のエージェントなのではない。もとより、眉に唾する必要もない。理由は簡単である。

商売取引（貿易）の原則は、アダム・スミスがいうまでもなく、万国共通的なものでなければ、交易原則として役立たない。「ソ連流」といっても、原則的な違いではなく、濃淡の差、つまりにニュアンスの、量の違いにすぎないのである。一般に、この程度の差を指して、ロシアの属性とか民族性とみなしたがるが、本質的なことを忘れた議論にすぎない。たとえば、ヴォロノフは、〈経験を積んだ交渉者は、相手の譲歩に対して感謝しない〉という。これを評して、譲歩という「善悪」をまったく信じない「悪意」ある態度であるとみなすのは、相互理解の原則をふみはずしたものだ。国家や公的機関の交渉ごとで「善意、好意、友情」などが価値の尺度になると考えている交渉者がいるとしたら、それは資本主義国においても失格である（本当にそうであろう）。

森本は、ゴルバチョフ政権の登場性格、日ソ領土問題、ＳＤＩ（宇宙戦略防衛構想）等のホットなテーマを、ヴォロノフが提示する貿易交渉の原則にもとづいて、実に明解に分析する。それは、ソ連を独特のイデオロギーを身にまとった不可解な怪物とみなすのではなく、国益を第一とする、しかし特徴的にいえば過剰安全保障癖の強い、あたり前の国とみなすのである。こういう行き方は相互理解にとってきわめて重要である。第一義的にといってよい。

しかし、以上のことと矛盾するわけではないが、人間の営みを経済的原則で分析して終わるのは、やはり単純化なのである。分かるということの背後には膨大な不可解が潜んでいることも事実なのであるから。

（１９８７・４・１）

2 政治を読む

▼広瀬道貞『補助金と政権党』(朝日新聞社) **▼高畠通敏『地方の王国』**(潮出版社) **▼佐々木毅『保守化と政治的意味空間』**(岩波書店)

戦後四十年が経過した。日本列島を襲った激震は数かぎりなくある。かつて日本国中に根を張っていたものが、跡形もなく消失してしまったという事例にさえことかかない。家父長制家族がそうであり、最近では「国有鉄道」がその仲間入りをはたした。しかも、「万物は流転する」とおおげさに言わないまでも、変化のスピードは高まるばかりなのである。

変転やむことなき世界で、きわめつけとされるのが、政治である。「一寸先は闇」というのは、まさに政治の世界を指してのことである。

ところがである。戦後四十年、自民党は異例の長期政権を持続中である。しかも「永久独裁」を誇るという事態でさえ生じているのだ。八六年衆参同日選で獲得した三百議席(衆院)という数字がなによりもそのことを如実に物語っている。憲法改正を国民に問いうる三分の二議席数までは、指呼の間なのである。なぜに自民党はかくまで強いのか、この問いにまず答えなければならない。

▼広瀬道貞『補助金と政権党』

右の問いに、自民党サイドに立って、しかも総合的に答えようとしたのが、**佐藤誠三郎・松崎哲久『自民党政権』**(中央公論社)である。また、激烈な派閥闘争を通して、膨張し活力を増してゆく自民党内の政治ドラマを展開してみせるのが、かつて宏池会(池田派)事務局長であった**伊藤昌哉**の手になる『**自民党戦国史**』（朝日ソノラマ）である。ともにユニークな、必読に値する本だ。

「自民党はなぜこんなに強いのか」を批判的かつ単刀直入に追求したのが、広瀬道貞『補助金と政権党』（朝日新聞社）である。端的にいえば、選挙に強いからだ。なぜ選挙に強いのか。補助金制度によるのだ、ということになる。

日本の補助金は国家予算の三分の一にのぼる。イギリス、フランスの四～六％、米国の八～一〇％にくらべて、けた違いに大きい。それが、公共事業、農業補助、教育、福祉等々という名の下に地方自治体、諸団体、諸個人に流れてゆく。この配分をつかさどる政権党が、公の金の力をエサに集票活動し、権力の座をほしいままにしている。

例えば、農業補助金である。昭和五十五年度で一・六兆円。「専業農家戸数で割れば一戸当り二五〇万円」（経団連）がばらまかれる。その内、土地改良事業費が四六〇〇億円。広瀬は、この改良事業費を分配する農水省構造改善局の次長が打って出た、昭和五十五年参院選をとりあげ、府県別に、集票構成比と分配構成比を割り出し、それにパラレルな関係をみいだす。福島県は全国得票比三・〇％、事業費配分比三・四％というぐあいにである。全国平均では、事業費百億あたり一万票ということになる。補助金を得るために、各自治体、団体、農家はそれに見合った集票数字を確保しなければならない。ちなみに、この無名の新人候補はタレント議員に次いで八位という高位当選をはたすのである。

また別な例。和歌山市の市民会館建設工事費四四億円。その内「地方文化施設整備費補助金」が文化庁から二％つくことになった。文化庁は、この二％補助金によって、「市民会館」ではなく、「文化ないし「芸術」会館という名称をつけることを要求する。わずかな補助金でひもをつけ、文化庁の意向を通そうとするわけだ。こういう補助金の類は無数にある。「自治」を奪う補助金だ。

こんな補助金もある。「児童福祉法施行事務費補助」。A市が受けたのが、二・一万円。申請書三種、実施報告書四種作製の人件費等が、二・二万円。なんの補助にもなっていない。しかし、各省庁の縄張りや予算実績を維持するためということで、断ることができないのだ。

地方自治を空洞化し、農家や事業体等の自主的活力を奪い、無駄な冗費をバラまいて、自民党は膨大な票を招き寄せ、政権を維持している。しかも、野党もまた、この補助金の「増額」をさえ要求しているしまつなのだ。日本政治の縮図を「補助金」を材料に分析する広瀬の手腕は冴えわたる。

しかしである。政治は分析ではない。分析から何を引きだすかに力点がおかれるべきだ。この点で、広瀬の眼は常識的なのだ。二点だけ記しておこう。

第一に、自民党が長期政権を維持できたのは、政策が一貫して正しかったがゆえではない、といわれる点。第二に、例えば農家に対する手厚い補助を廃して、低利融資に切りかえ、競争＝市場の原理にまかせ、米価等の引下げをはかるべし、といわれる点。第一の点はおよそ正反対とみなした方がよい。第二は、すでに食管制度をやめ、農業保護政策を撤廃することが、実際の政治プログラムにあがってきている、というのが実勢である。もとより自民党においてである。広瀬の分析による提言は、自民党の真の強さを見誤り、自民党の今後の政策方向を誤認するという点で、きわめて政治的に無力なのである。反政権的立場をつらぬくという点でだ。

▼高畠通敏『地方の王国』

自民党政権の強さを正確に計測するためには、もう少し成熟した眼が必要である。

高畠通敏『地方の王国』（潮出版社）は、八〇年代中葉の地方政治の動向を、ある断面から切り取ってみせる。断面とは、自民党政権の長期化かつ強大化の底流で静かに、しかも抗し難い力をもって胎動しはじめた流れである。端的にいえば、かつて長期政権を可能にした力が、いまや桎梏と化しつつあるという実態をドキュメントで提示するのである。

高畠は田中角栄（新潟三区）、中川一郎（北海道五区）、浜田幸一（千葉二区）、山中貞則、二階堂進（鹿児島三区）ら自民党の実力者を地方政治の舞台にすえなおす。彼等は、戦後、革新政党とともに、旧い「旦那衆支配の保守党の体質や〈封建的〉イデオロギーの打破と改革」を旗じるしにして、その政治活動を始めた。一言でいえば、〈民主化〉〈大衆の生活利益の確保〉と〈近代化〉〈開発〉をかかげたのであった。

彼等は、民主化と開発の遅れた地元大衆の利益と輿望を担って国政レベルへと駆け登り、自民党のリーダーとして君臨するのである。

たとえば、新潟三区。人口比あたりの公共事業費が断然トップを占める新潟県は、高度成長下に生まれた利益誘導型政治の典型である。しかし、これだけのことならば、広瀬が分析したように、全国津々浦々、利益誘導型政治は枚挙にいとまがない。例外を探す方が難しい。田中と新潟三区を結ぶ、今一つ重要な線がある、と高畠はいう。「利益」という次元に対して「風土」という次元を導入するのだ。つまりは、第三世界が直面したのと同様の、南北問題である。

《第三世界諸国の多くが今日、先進諸国から援助による上からの開発、近代化を遂行する過程で、誘導者民主主義は大衆の伝統的権威主義の感情に支えられて〝偉大な〟指導者がそびえたつ開発独裁の政治体制に転化してしまった。しかも、その内側では、援助と開発の上まえをはねる側近たちの利権争いと腐敗が進行し、外側からは、実力者の専横ぶりを批判する民衆の抵抗運動に揺さぶられて、どこでも支配体制にひびが入りつつある》

高畠は、フィリピンのマルコスの運命を新潟三区の田中角栄の運命に、ひいては自民党独裁政治の運命に重ね合わせて見ることを、強く暗示するのである。ひとまず、民主化と近代化の担い手として機能した自民党独裁長期政権は、今やデッド・ロックにのりあげつつある、と指摘するのだ。

高畠の論理を引き伸ばしていえば、こういうことになる。「戦後政治の総決算」をかかげる中曽根政権は、たんなる反動ではない。それが対峙するのは、田中型利益誘導型政治である。「地元民主主義」である。だから実のところ、自民党長期政権を可能にしてきた原因に手をつけようとしているのである。国鉄解体だけでなく、農業補助金のカットをはじめとする財政分配方式の転換である。端的にいえば、南の切り捨てであり、合理化である。「地元民主主義」に対していうなら「一国民主主義」にウェイトをおくのだ。まさに「戦後民主主義」の総決算である。それは、これまでの自民党軌跡の単純な延長線上にはない。ニュー・中曽根に対する異常人気や期待と大衆的危惧心の同時存在は、自民党長期政権の根底からのゆらぎに端を発しているのである。

高度成長の終焉が、田中型・戦後民主主義型利益誘導型の終焉のはじまりであるとしたら、利益誘導型政治の今一つの典型である組合民主主義も、その生命力を枯渇させて当然であった。自明のごとく語られた、保守対革新、資本対労働、企業対組合という対抗は、戦後民主主義をささえた車の両輪たる相補関係であったことが判明するのである。そして、高畠は、最後の社会党王国と目される横路北海道政と、全党から支持を受ける「大政翼賛体制」たる武村滋賀県政をリポートし、そこに、ポスト・田中、すなわちニュー中曽根と同根の政治路線の可能性を示唆さえしているのである。つまり、戦前の大政翼賛会へと率先してなだれこんでいった「革新政党」と「新官僚」グループの再版をそこに見ざるをえない、とするのだ。

「地方王国」とは、「地域ナショナリズム」、すなわち「地元民主主義」と同義である。戦後民主主義の実体といってよい。自由民主党は、敗戦当初から、基本路線として、このデモクラシィを一貫して保持してきた。そこに、その政権の勝利があった、といおう。しかし、この路線を可能にした高度成長が終焉した現在、そこにたてこもることは不可能になったのである。では、中曽根的な「総決算型「一国民主主義」に未来はあるのか。

▼佐々木毅『保守化と政治的意味空間』

戦後政治論を、その端初と一応の結末という点で眺めてみると、一方に**丸山真男**（**『戦後政治の思想と行動』**〔未來社〕）がおり、他方に**京極純一**（**『日本の政治』**〔東大出版会〕）がいる。西欧民主主義の実現を基準におく丸山的視点に立てば、「地元民主主義」や「一国民主主義」は、戦後デモクラシィ理念の「空洞化」に他ならない、ということになる。京極のように、戦後民主主義を「洋式舶来」を「日本式」に仕立てる過程としてみれば、それをデモクラシィの「定着化」であるとみることもできる。一方を理念主義、他方を現実主義といって批判することは、そんなにむつかしくない。

佐々木毅『保守化と政治的意味空間』（岩波書店）は、京極の「定着化」をふまえつつ、新たなコンセプト（概念）を導入して、政治において今もっとも欠けている理念を熱く語りかけるのである。昭和十七年生まれ、東大法学部教授の職にある。

佐々木の念頭に強くあるのは、「地元民主主義」や「一国民主主義」の隘路をいかに突破しえるかである。ワガ地域だけが良ければ、それでヨイのだ。ワガ日本だけが良ければ、それでヨイのだという「利益第一主義」が政治に固有な意味を奪い去ってしまった、とみなすのである。

《ギリシアの哲人プラトンは、政治術とは政治社会全体に配慮する包括的な知恵であると規定したが、この規定は今日なお有効性を持っている。この規定によれば政治は社会全体に気を配り、バランスの取れた決定を下す、類いまれな知的活動である。これに対して利益の個別性がほとんどそのままの形で横行する入力システムは、こうした政治観念を破壊し、あるいは破壊することを体質としている》

佐々木がいう「政治的意味空間」とは、個別利益へではなく社会全体に配慮する政治に固有な特性を指しているのである。だから、地元への利益誘導型政治は、実のところ政治の否定なのである。では、国益を第一におき、地方の個別利益を第一義としない「一国民主主義」はどうか。政治の復権なのか。そうではない、と佐々木はいう。経済の国際化と政治の一国主義という構造的ギャップは、いかんともしがたいところに来てしまっているのだ。経済の国際化に見合った政治の国際化がはからなければならない。正確にいえば経済の国際化をはばむ政治の一国主義的枠組を取り去ることである。

佐々木の立論によれば、完全な貿易自由化は、消費者大衆に安い米や肉等の輸入品を提供するのみならず、国内産業や農業に活性化をもたらす、ということになる。この説明原理として佐々木が導入するコンセプトが、「横からの入力」である。「外国」からの入力といってもよい。

国内政治が分断化され緊張感を喪失した昨今、期待しうる好ましい力は「横」から来る。アメリカを先頭とする日本経済活動に対する疑念や批判、靖国神社公式参拝に対する中国等の批判が、まさに国内政治に緊張と争点を生みだした。

《国内の反対運動の持つ影響力の小ささと、「横からの入力」の巨大なインパクトの対照は明らかである。入力とは国内からのみ来るはずで、それ以外の入力はすべて内政干渉だというような、浅薄な一国民主主義論のアナクロニズムは誰の目にも明らかである。内と外とを分け、内の圧力が一方的に外に向って出ていくといったイメージで政治をとらえることはもはやできない。外国は日本の政治の重要なアクターとして、既に舞台にデンと腰を据えているのである》

「地元民主主義」と「一国民主主義」によって解体された、政治本来のダイナミズムを回復するために提起された「横からの入力」論は、大見得切ったというより、切羽詰まったものである。きわめて高い政治理念を語っているようでいて、日本政治の活力に絶望した論者の声がそこからきこえてくる。もし、この「横からの入力」を巧みにとらえて、政治に活力を与えなければ、「一方で日本人の大国意識に巧みに訴えつつ、他方で孤立的状況に対する心理的武装を準備する」という新国家主義、中曽根的「一国民主主義」の「不幸なシナリオ」が現実化してしまうのだという、論者の暗い予想が透けて見える。ここまでくると、丸山真男が敗戦直後に立論した論点に皮一枚まで接近する、といってよい。

日本政治の現状は、「地元民主主義〃エゴイズム〃」と「一国民主主義〃ナショナリズム〃」の対立の中で、いかに「横からの入力」を利用して後者を優勢に導くことができるかを模索している中曽根政治の段階にある。だが注目しておいてよいのは、中曽根的一国民主主義は、本当のところ、貿易の完全自由化と手をたずさえて進みうるということである。そういう一国主義をこそ中曽根的政治は模索しているのだ。新国家主義とは、だから孤立主義とは異なるコースにおいて可能でもあるのだ、と知っておくべきだろう。

（1987・5・1）

3　大前研一、堺屋太一、長谷川慶太郎を読む

▼長谷川慶太郎『日本の革命』（ネスコのち文春文庫）　▼堺屋太一『千日の変革』（ＰＨＰ研究所）　▼大前研一『新・国富論』（講談社）

今では想像するのさえ困難となったものの一つに、共産主義革命の理念がある。ここで革命とは、文字どおり、過去から連続する微温的な変化と対置された、断絶と破局とを随伴する変化を意味した。ロシア革命や中国革命を直接の範型とするような革命の理念が多くの青年たちの胸を熱くしめつけたのである。

高度産業社会の進展の中で、「断絶」は「ずれ」とか「差異」、「破局」は「脱構築」という概念（コンセプト）におきかえられた。そして、近代資本主義社会を超える未来への展望も、明確なネーミングによってではなく、「ポスト・モダン」という、きわめて消極的で曖昧模糊としたコトバでよばれるようになった。近代のあと（ポスト）というだけで、どんな性格のあとなのかは、それを語る人にまかせるというところが本当なのである。

では、「革命」というコトバは消えてしまったのか。そんなことはない。ここに、「日本の革命」を標榜する三人の男がいる。三人が次々と出版する著作は、「ポスト・モダン」派を名のる論者にくらべ、けた違いの売れゆきを示している。つまりは読まれ、共感されているわけだ。それぞれ単独では、ミリオンセラーに届きかねるが、三人を合算すると、優に超えるのである。

▼長谷川慶太郎『日本の革命』

第一の男が長谷川慶太郎である。昭和二年生まれ、いわば長男である。処女著作『韓国の経済』(教育社)から十年、長谷川は走りに走って、論壇世界の気圧配置図をいっきに書きかえてしまった、といってよい。五十冊におよぶ全著作リストは、やはり最近刊の一つである『日本はこう変る』(徳間書店)に収録されている。

池田内閣の「所得倍増」政策を、たんなるリップ・サーヴィスにすぎないものとしてあざ笑った経緯が忘れ去られたころ、石油ショックが日本列島を襲った。戦後はじめて経済成長率がマイナスに落ちこんだ。またしても日本丸沈没を予想し、あるいは期待する論調が舞い上がった。長谷川は、ただ一人(といってはいささかオーバーだが)、日本丸の浮上はおろか、石油ショックを奇貨として、最新鋭の船体に改造可能なことを、事実提示と簡明な叙述とによって証明したのである。

長谷川の魅力は、その切れ味のよい断定口調にあるが、その断定をささえているのは、デリケートな時代感覚なのである。『日本の革命』は、二十世紀をまず「戦争と革命の時代」としてとらえる。第一次大戦はロシア革命を、第二次大戦は中国革命を生み出した。しかし、一九八〇年以降、世界はまさに「平和と安定の時代」に移行した。この時代には、世界的なインフレが沈静し、デフレが定着する。戦争へと突破口をみいだした戦前のデフレとも本質的にことなる事態に向かっているのである。

このような時代感覚は、強い反発を招いている。保守化の時代を、戦前の天皇=大政翼賛体制と重ねあわせて読みとろうとする人びとばかりではない。経済大国を政治大国(自主防衛力の確保)にまでもたらすべきだと考えている人びとからである。長谷川は、常に、旧左翼的な立論や、ウルトラナショナリズム的主張に自説を対置して論をすすめる。だから、その断定口調に比して、その論理の奥行は深いといわなければならない。それを見てみよう。

長谷川は、現実主義者、保守主義者とみなされている。しかし、彼は、「日本の革命」の駆動力を、円高と財政危機に求めるのだ。「矛盾」こそ運動と発展の原動力とみなす論理を根幹にすえるわけだ。これを、普通は、弁証法の論理とよぶが、革命の論理といっても同じである。第二に、急速な経済の発展にくらべて、政治の立ちおくれ、すなわち政治と経済のずれを指摘する。この場合も、長谷川は、粗野な「政治大国」なぞをふりかざさない。純然たるエコノミストにふさわしく、徹底した自由化政策を主張するのである。

「戦時経済」の遺物ともいうべき多くの経済制度は徹底的に廃止し、あらゆる分野の経済活動に政府の介入を許さない自由体制を構築することこそ、「日本の経済の発展を保障する唯一の方策」である、と断定するのだ。だから、関税障壁、農業保護、免許制度、はては民族主義や社会主義経済も、統制と特権にあぐらをかき、自由化と国際化にブレーキをかけ、ついには発展する活力を失わせる腐敗化の原因だとして、「革命」の対象にされるのである。

長谷川がいう「自由化」とは、苛烈な国際競争社会へ、いわば丸腰で船出することを要求するに等しい。こんなことが「革命」とよびうるとして、しかし、はたして可能なのか。うなぎのぼりの円高基調にもかかわらず、貿易黒字は拡大するという現状の中で、外圧を防ぐ最も根本的な道を長谷川は提示するが、それは日本丸の沈没をただちに意味するのではないのか。

長谷川は、それを可能だとする。可能であるだけでなく、最良の道だという。どういうことか。「平和と安定の時代」に最も有利な地位にいるのが日本である。このデフレ基調の時代、石油、食糧を含む一次産品は値下がりする。「省エネ」と「円高」は、まさに資源不足の日本にとって最も有利なわけである。さらに、日本にとって比類なく有利な要素は、この「平和と安定の時代」に、「経済大国でありながら軍事小国」であるという点である。

《日本の「平和憲法」に象徴される「軍事小国路線」は、まさしく人類最初の「実験」であったが、その選択の正しさが、ようやく認識される情勢が到来した。こうして世界の流れを先取りした路線を(中略)いっそう堅持することが、戦後日本のすすめてきた「制度改革」をいっそう拡大する前提条件である》

このように見てくると、長谷川は、戦後憲法下でおこなわれた諸改革の変革を求めているが、それは、諸改革に反対してのものではなく、諸改革の徹底した遂行、完全な自由体制とデモクラシィの実現であることが分かる。この点で、長谷川は、いささかも保守主義者、現状肯定者ではなく、変革志向者である。私が、その相貌に、モノ・エコノミストではなく、歴史変革者としての意志を読みとりたくなるのも、無理からぬことなのである。

▼堺屋太一『千日の変革』

次男の堺屋太一は昭和十年生まれである。長谷川が、懐の深い歴史感覚で歩を進めるのに対比していえば、いささか直線的であり厚みに欠けるといってよい。長男が、歴史談議に流れることを極端に警戒し、きわめて分析的な、いささか要素主義とでもいうべき乾いた語り口で論をはこぶのに対比していえば、かなり無警戒に、歴史の個別事象でもって立論の証拠となし、はた目にみても、大雑把な印象を与えるのである。

堺屋のいう「革命」とはなにか。「知価革命」である。これは、堺屋自身によるネーミングである。オイル・ショック時、高度成長と賃金上昇に酔いしれていた事態に冷水を浴びせる形で評判をとった『油断!』の著者にふさわしいネーミングだが、特別に斬新なことをいっているわけではない。

物財の生産を中心とした社会から、情報や知識の生産を中心とした社会への転換を志向する流れは、かなり以前から、脱工業化社会論、情報化社会論、知識産業化社会論という形で展開された。広義にいえば、「ポスト・モダン」論の一種である。山崎正和が「柔らかい個人主義の時代」と規定するのも、この延長線上にある、といってまちがいない。

しかし、堺屋の「知価革命」論を、このようにくくって終わり、というのでは身も蓋もないであろう。

「知価革命」の必然性を、もとより、堺屋はそれなりの立論によって基礎づけているわけである。『千日の変革』（PHP研究所）は、「知価革命」が、千日のうちに実現する必然性（？）を語ろうとするわけであるから、そんなにあやふやな論拠によってはどうしようもない、ということになろう。

堺屋の現実認識は、まず、日本が高度に発達した近代工業社会の中でも最適な社会を形成した、という事実をおさえる。つまり、大量の規格的製品を産出するのにふさわしい、平等主義等にもとづく均質社会を形成した、というわけである。この集中化、規格化、大量化を可能にしたものは、西欧に端を発する近代工業社会とその価値意識からくみとったものではなく、主として、「最適工業社会」を受け入れる社会的土壌と精神的風土が日本固有の歴史展開の中で醸成されたのだという点が、歴史談議的論述の中で語られる。例の日本固有主義が、近代西欧社会と比肩しうる政治・経済・文化を生みだしたという論法である。ここで日本人論の亜種談議にこだわっている暇はない。

堺屋の新しさは、このモノ社会、均質・規格社会の典型を、戦後デモクラシィの平等主義・産業主義とともに、その直接の淵源である昭和十六年体制（戦時統制社会）に求め、それを今や革命の要ありとする立論にある。つまりは、「最適工業社会」からの離脱とは、日本的なるものからの離脱ということをも含意しているのである。とするならば、とてつもない「革命」であるといってまちがいない。しかしである。

この立論の大きさと、その立論を可能にする根拠、データとの間には、巨大な壁がたちふさがっているというのが、本書を読んでのいつわらざる印象である。モノの効用ではなく、主観的で多様な価値観にもとづく消費選択がおこなわれ、技術開発やデザイン・イメージ・メーキングなど、「知価創造」に当たる分野が急速に成長していることは、堺屋の指摘するとおりであろう。しかし、それら様々な「軽薄短小」の流れが、千日のうちに、社会構造全体を一変さすに足るものになるというのでは、あまりにも唐突であろう。

むしろ、堺屋の立論は、戦後体制を今なおささえている、各種統制経済的体系——その最たるものが過保護な農業政策——の打破にあるとみてまちがいない。通産官僚出身らしく、いくぶんソフト・タッチとまわりくどい論述を展開する堺屋の著作を貫いているのは、戦後体制の「総決算」の具体的な実行の雰囲気づくりであるとみてまちがいない。

▼大前研一『新・国富論』

そして、三男である。大前研一、昭和十八年生まれ、今もっともホットに売れている論客である。高度成長期にその青年期をおくった大前の現実感覚は、長谷川や堺屋とかなり異質である。正確にいえば、堺屋と対照的である。堺屋は、「最適工業社会」の日本で、効用を主とするモノの消費が飽和期を迎えたという認識に立っている。大前は、モノの時代に育った人間にふさわしく、日本人が消費の過剰やモノの過剰をいうには早すぎるという。貯蓄性向をやめて消費拡大に走るなどは、できる相談ではないとする。まだ十分に豊かになっているとはいいがたいのだ。それで、『新・国富論』である。

多国籍企業の経営コンサルタントたるにふさわしいやり方で、大前は、経済効率と国際化を一点張りに主張する。

その経済理念にしたがえば、日本が国境線に固執するなぞは、ナンセンスである。たとえば、「北方領土」である。まず、それは本当に日本の固有の領土だといえるのか。また、それをいったい何に使うのか。少数の漁民と一部の観光業者だけが儲けるだけではないのか。「北方領土」返還は国民のコンセンサスだというが、少数の利益がそこなわれるというのが本当ではないのか。すべてこの伝である。

農業に対する過保護もこの論法で徹底的に批判される。第三次農地解放が『新・国富論』の根幹にすえられるのは、かならずしもエコノミカルな原理からだけではない。「最大多数の最大幸福」という、民主主義の原理にかかわらせて主張されるのだ。

「最大多数の最大幸福」の原理に立ちふさがっているのが、「地元民主主義」である。大前の議論をきわめて単純に整理すれば、民主主義の原理を一票に還元し、それで多数を占めるところを第一義とするということだ。食糧安保＝自給策（農村保護・地元民主主義）をたてに、大多数の日本人の利益をそこなうことを、反デモクラシィとして批判するのである。

この論法に、正面から反論できるであろうか。経済的にも政治的にも合理的な反論はしにくいといわねばならない。この世代は、少数者に対して身も蓋もない言い方をするが、しかし、本当のところ、デモクラシィの原理をのべているにすぎないのだ。

大前の歯切れのよさは、しかし、その経営コンサルタント的手法を、衆参同日選挙に応用し、自民党圧勝をはじき出した実績に裏打ちされているから、なおのこと反論し難いのである。だが注意しておくべきは、大前がなにか斬新な手法によって、三百議席以上を予想したのではないということである。大前の結論は簡単明瞭である。

「自民大敗」の五八年選挙と六一年の「自民独裁」との違いは、もっぱら戦術の違いであって、むしろ事実は、六一年選挙で国民の自民党支持率は五八年に比べて下がっているのであり、これを「保守化」とか「野党ばなれ」としてつかまえることはできないのである。

つまり、自民「大勝」はいつでも自民「大敗」に直結する、というわけだ。

大前は、もし自民党が「最大多数の最大幸福」を原則とするデモクラシィにもとづいた安定多数を確保しようとするなら、「地元利益誘導型」の「地元民主主義」を根底からくつがえし、最大多数のサラリーマンを第一義とする政策を実施しなければならない、とする。そして、それを中曽根政権に期待するのである。つまりは、「戦後政治の総決算」の中味を提案するわけだ。それは、大前のいうごとく、けっして「保守反動化」の要求ではなく、むしろ、ベンサムが提起した民主主義の原理の徹底した実施を要求するわけである。

このようにみてくると、はたしてミリオンセラーを出すおいそが三人男の実姿は、「保守反動」の提灯持ちということにあるのではなく、高度産業社会の成熟の中で焦眉の問題と化してきた、戦後デモクラシィの転換をはかる論調につらぬかれていることが分かる。もっとも、国際主義者長谷川、一国民主主義者堺屋、コスモポリタン大前の違いはある。三者ともども、「地元民主主義」を主敵に論陣を張ってひるむところがない。

（1987・6・1）

4 マンガで読む経済とブッダと憲法と

▼石ノ森章太郎『マンガ日本経済入門』(日本経済新聞社)

▼手塚治虫『ブッダ』(潮出版社)

▼吉田英一『マンガ日本国憲法』(けいせい出版)

▼石ノ森章太郎『マンガ日本経済入門』

各種書店・取次店調べのベスト・セラーズ欄を、石ノ森章太郎『マンガ日本経済入門』(日本経済新聞社)がにぎわし、そのパートⅡも発売そうそう好調な売れ行きを示している。二つの点で注目しておいてよい。

第一は、これまで、テレビ司会者やレポーターの放言集、醜態録の類、たとえば『**和田アキ子だ文句あっか!**』(日本文芸社)などが、きっちりとベスト・セラーズ欄に収録されていたのに、マンガ単行本は除外されていたことである。マンガは、書籍としての公的認知をえてこなかったのである。マンガ差別されていたのである(私は、マンガのために、この差別を撤廃すべし、などといいたいのではない)。第二は、しかし、この本が、他のマンガと区別されて、書籍の仲間に数え入れられたことである。マンガが書籍のベスト・セラーズ欄に登場したのではなく、この本が一般書籍あつかいをうけていることである。

「マンガ」と銘打ってあるものを、非マンガとみなすこの取り扱いが、たんなる例外的なものであるか、それとも今後の流れを決定づけるような端緒たりうるのかは、きわめて興味あるテーマだ。

『マンガ日本経済入門』は、純然たるマンガである。内容は六章からなる。「貿易摩擦」「円高対策」「産業構造」「財政赤字」「金融革命」「エピローグ」である。内容目次からみると、エコノミスト長谷川慶太郎や大前研一が書くテーマと同じである。内容自体も、現在の日米経済摩擦や、産業構造の転換の問題点や解決の方途がきわめてヴィヴィットに描かれている。この点で、なみの経済書など、足元にもおよばない、といってよい。だが、どこまでもマンガなのである。

主人公は、三友商事という総合商社の若い二人の社員。大学が同期で、きわめて対照的なキャラクター設定になっている。一人は、徹底した経済合理主義者であり、もう一人は、経済の論理と医療や教育の論理を調整しようと悩む青年である。

前者をエコノミック・アニマル、後者を理想主義者とみなすこともできる。しかし、著者は、商社の論理こそ、二人で一人前なのだという点を浮彫にしようとする。各章が、この二人の青年とそれをとりまく上司や同僚・後輩社員のドラマとして展開してゆく。

たとえば第六章「エピローグ」である。章題とともに掲げられているのは、**山崎正和『柔らかい個人主義の誕生』**からの一文である。それは「抽象的な組織のシステムよりも、個人の顔の見える人間関係が重視される社会の到来」を予見し、三百年経過してきた産業化時代の社会とは歴然と違う時代の門口にわれわれが立っていることを宣した文章である。

経済合理性が一元的に支配する(すべきであるとみなす)産業社会から、この経済合理性をあくまでも保持しながら、家族、教育、医療、農業等のもつ独自な論理を打ち立てる社会への転換。本書が、経済合理主義者の青年とそれと対照的な青年とを、どちらがどちらという具合にではなく、歴史の推移の中で形成された二つの異なる典型人格として描く眼は、きわめて成熟したものだ。

日本が、商社が、一人の社員が、とことん経済合理性を追求すれば、国際的な経済摩擦を引き起こして逆に孤立してしまい、下請企業をふみたおして働く人々から職を奪い、妻をアルコール中毒に追いやって家庭破壊にいたる。しかし、経済合理性を無視したり、放逐することはできない相談である。

一本の鉛筆でさえ、その原料の木や芯でさえ、それぞれ膨大な人の手と資材の流れを前提としているのである。

しかも「その一人ひとりは鉛筆のために働いているのではない……全ての人が自分たちの欲しいと思う品物のために働いているのだ」。つまり、「経済的利己心は神の見えざる手に導かれて世の中を豊かにする」（**アダム・スミス『国富論』**）のだからだ。商社とは、この人と資材の流れの媒介項なのである。

まさしく「経済学入門」という趣さえ本書は持っているのである。

しかし、焦点は経済大国日本の現在と未来であり、その尖兵たる商社とは何であるか、何であるべきか、である。総合商社大手九社が占める取引高はＧＮＰの三一％、通関輸出の四四％、輸入の六八％である。本書の結論は、エコノミストや山崎の著作と同様に、けっして悲観論ではない。

むしろ、商社に未来の日本の夢をたくしているというふうに読めるのである。日本をとりまく矛盾や軋轢が大きければ大きいほど、それをのりこえてゆく人間たちの力の結集が必要なことを説き、しかも、そのような人間たちが日本に存在していることを語るのである。

ビジネスマンたちの可能性を勇気づける本が、すぐに売れるわけではない。ただし、興味ある二つの点だけを指摘しておこう。

このマンガの内容は、きわめて高度である。知的な点で、けっして、ふつうの子供が消化できる類のものではない。本書の種本（「参考図書」）である**『ゼミナール日本経済入門』**（日本経済新聞社）と、知的水準では同じなのである。

一九七〇年は、大学生の間にマンガ雑誌が広くゆきわたった画期的な年でもあった。大学生の低俗化を叫ぶ人もいたが、マンガ自体も、マンガの内容自体も高度化の時代を迎えたのである。それから十五年、マンガ世代が四十歳の前半を上限として、膨大な量を形成している。ハウ・ツウ物をはじめとして、あらゆる分野で当然、マンガ形式による知的伝達が登場してもよい時代になっているのである。いくつかの類書がすでに出版されている。かなり売れているのもある。

松本享作・久松文雄画『マンガ株式必勝入門』（徳間書店）や、**赤塚不二夫『五輪書』**（ダイヤモンド社）をはじめとする「ビジネス古典コミックス」などである。各種料理の本などもある。

これら類書と『マンガ日本経済入門』とが決定的に違うのは、知的興奮度の違いである。その内容と表現の両方にわたって、いわゆる「社会科学」の分野で、マンガによる知的伝達を可能にしたのである。

第二は、七〇年代といえば、オイル・ショックを契機に、「悪徳商社」というフレーズが蔓延した時代である。「高度成長経済」を悪とみたてる論法が大手を振った時代である。七〇年代後半から八〇年代にかけて、「経済」を悪とみたてることができるのは、「経済的豊かさ」のささえがあってのことだということが、いく分わかりかけてきた時代である。

では、ふたたび経済合理主義にもどるのか。本書は、かつて「悪」の印とみなされた「商社」を表舞台にして、この時代が解答をせまる人間の生き方の選択に接近しようとしているのである。こういう巨視的でしかもデリケートな主題に、糖衣をまとった箇処が散見されるとはいえ、社会科学的にせまった努力こそ、多くのマンガ世代に迎えられた根本因ではあるまいか。この点で、マンガ本が、書籍のベスト・テンに登場しても何のおかしいところもあろうはずがないのだ。

▼手塚治虫『ブッダ』

『マンガ経済入門』は「悪」の象徴とみなされてきた「商社」を、日本の未来をたくすに足る動力として描くのに成功した。実のところ、「絵に画いたような悪（人）」などという筆法で現実や人間たちを表現できなくなった時代に、私たちは生きているのである。

こういう時代に、極度に省略化して描くマンガ家たちが困難を感じているのは、納得のゆくことである。悪と善を、二極的に、「画」の中で、デフォルメされた形で表出するのは簡単だが、そうはいかないからである。

手塚治虫は、人も知るごとく、日本現代マンガの第一人者である。昭和二十一年に登場し、翌年の**『新宝島』**がミリオン・セラーにせまる売れ行きを示し、現在なお健筆を振うだけでなく、「週刊文春」に連載した**『アドルフに告ぐ』**などという問題作を書いているのだから、消耗の激しいマンガ界においてまさにバケモノ的な存在なのである。

しかし、ここで強調したいのは、手塚の膨大な量の旧作をも含めて、彼の作品がこれからますます多くの読者を招き寄せるであろう、ということである。

仏陀の生涯をつづった手塚治虫『ブッダ』（全14巻、潮出版社）は、大国の支配下にあった小族シャカ族の王として生まれたブッダの数奇な生涯を追った大河ドラマである。七〇年代のなかばから、八〇年代のなかばにかけて連載された作品である。

沢山のキャラクターを創作して、ブッダをとりまく世界と時代をダイナミックに描いたこの作品の中心思想は、次のようである。

人間が自然と共生し、自然のただの、それも微少の一員として生存しているあいだは、人間は、自然と、とりわけ他の動物と人間の相違を強調する。人間中心主義的な思想は、むしろ、近代社会に特有なものというよりも、人間社会、人間生存にとって特有なものだといってよい。だからこそ、人間たちは、他の動物や普通の人間たちと違う、苛烈な生き方――修行（禁欲や難行苦行）――をすることを、高貴なこと、至高なこととみなしてきたのである。この高貴の生き方のためには、一切のものが、犠牲に供されてもよいとみなしてきたのである。近代社会の人間中心主義（ヒューマニズム）は、この考え方のどんづまりに位置する、といってよい。

ところが、人間社会が高度に人工化し、文化が発達、進化するにつれ、逆に、人間と他のもの――人間と人間、人間と動物、人間と生物――とが連続してあることがむしろ強調されだしたのである。仏陀の教えがその最も存在化した典型的端初に当たるといってよいだろう。

以上のような考え方を、従来はむしろ近代西欧中心主義に対して、東洋（とりわけインド）に特有な思想であるとみなしてきた。しかし、事柄はそれほど単純ではない。近年の人類学をはじめとする知見の展開が強調しているのは、未開社会の復権とか自然へ帰れなどではなく、高度な文明社会の展開が、ますますその内部に未開で不分明な「無意識」を蓄積してゆくのだという事実である。科学的知見の拡大が無知を駆逐してゆくだけでなく、科学では把握不能な「無知」の、正確には「非知」の領域を拡大してゆくということである。

手塚の最近の科学・SFのものも、歴史、神話のものも、この人類の知的堆積と不分明領域との拡大を語るのである。もとより、『ブッダ』は実在の歴史をベースにおいて語られるのであるから、右の構図が単純な形であらわれるわけではない。しかし、その展開も素材の処理の仕方も、きわめてモダン、否、超〝ポスト〟モダンなのである。本来からある、きわめて価値中立的で、知的な教養主義を思わせる作風をぬけでるかどうかは別として、私として手塚のマンガがこれからこそ迎えられうる大きな可能性を持つもの、とみなしたいのである。

▼吉田英一『マンガ日本国憲法』

石ノ森や手塚のマンガは、どんなに高い理想や歴史的事項を追っていても、画とコトバがそのオリジナル（脚本）から自立しても、十分な存在感をもっている。つまりは、マンガなのである。多くのテーマ・マンガは、そうなっていないのが実情である。先にあげた『五輪書』などは、宮本武蔵の『五輪書』の言葉を、きわめて御都合主義的なベンチャー・ビジネスの処世訓に焼き直して、終わりなのである。

もともと『五輪書』は、きわめて抽象的な行動訓を含んでいるのだから、ビジネス訓話に応用できるのは当然だとしても、ことわざを引いてつまらない教訓を披瀝し、とくとくとしている経営者の態度が、みえすいているのである。これでは、オリジナルもマンガとしての仕上がりも相殺されてしまう結果となってもいたし方あるまい。

右の典型が、吉田英一『マンガ日本国憲法』（けいせい出版）である。憲法条文がちくいち明示されているからというので、マンガではない、というのではない。二人の若い男女が狂言まわしである。旧憲法との対比、憲法を空洞化する政府や警察等に対する批判、今日の憲法精神につながる歴史的貢献などが、ふんだんに指摘されている。しかし、比較や対比が鮮明な分だけ、現憲法が現在の私たちの生活にたいしてもっている固有の意味や欠陥が見えてこないのである。

つまり、現憲法を批判、改悪（改正）、空洞化する人びとの意図めいたものは一見して分かるが、現憲法を空気のように生きてあることの重要な意味が稀薄になるのだ。ごく単純化していえば、自由民主党政府は、もっぱら憲法をふみにじり、改悪をはかっている主体であることが強調されて、実のところ、自民党が憲法を保守してきた不可欠の主体であることが見落されているのである。前者は、歴史経過に照らしても誤りである。

つまり、このマンガは、憲法を守れ、平和を守れという、ごく一般的なスローガンを説明するプロパガンダ以上のところを出ていないのである。しかも、マンガ自体の展開も、きわめて存在感の薄いものだ。〝写真でつづる昭和史〟の類と同じなのである。色々な、反憲法的事例にぶつかって、二人の男女が、駄目だ、厭だ、恐ろしい、と叫ぶスタイルで終わっているのだ。少しも知的でないのである。きわめて素気なくいえば、批判精神に欠け、もっともヴィヴィッドな現実感覚に欠けているのである。

政治家は私利私欲にふけり、内閣は議会の多数派をいいことにしたい放題を重ね、司法の自立を侵す、こんな反憲法状況が出現している、と繰りかえし表現される。

しかし、ごく単純にいって、日本の政治は、不法が大手を振ってまかり通るような地獄図を呈しているのであろうか。どうも、そうとはいえないのだ。作者は、一見して明らかな政治家たちの無理無体の行動と、世界でも稀にみる秩序ある政治状況をもたらしているこの事実の間に、せめてものこと橋をかけなければ、何も説明したことにはならないのである。私なら、むしろ、民主主義の成熟や定着をきちんと跡づけて、その上で、現憲法やそれに反対する論理や根拠の双方にわたって、批判点を加えてみたい。

『マンガ日本国憲法』のような、憲法論としても、マンガとしても中途半端なものよりは、むしろその内容に疑問をもつとしても、**『憲法マイルド考』**（北泉社）の方がすすめられる。

（1987・7・1）

5　女たちの戦争体験

▼加納実紀代『女たちの〈銃後〉』（筑摩書房）　**▼藤井忠俊『国防婦人会』**（岩波書店）　**▼女たちの昭和史編集委員会編『女たちの昭和史』**（大月書店）

▼加納実紀代『女たちの〈銃後〉』

加納実紀代著『女たちの〈銃後〉』（筑摩書房）を一読して、かの十五年戦争を諸国人の体験レベルにまでおりてしっかりと理解するためには、やはりベトナム戦争の結果をみすえることのできる、長い時間の経過を必要としたのだ、ということがよく分かる。

どのような戦争であれ、絶対的な被害者とか、絶対的な加害者の立場は存在しえないのだということを、ベトナム戦争は世界的な規模で如実に示したからである。

昨日まで大国アメリカ侵略に抗して「正義」の戦争を闘っていた（とみなされていた）、北ベトナムと南ベトナム解放戦線は、この解放戦線が北ベトナムへと解消され霧散してゆくのと同時併行して、カンボジア侵略をはじめたのである。これは国家レベルのことであるが、諸個人、諸集団にとっても同じ図式があてはまるといってよい。

かの十五年戦争において、無抵抗なままにまき込まれ、泣かされたのは女や子どもたちであるなどというのは、事実として正しかったのであろうか。これからも正しいのであろうか。加納が問いかける根本問題である。戦争体験の意味は、戦後四十年余を経過して、一方で空洞化現象を示しながら、他方では、その真正で根本的な核心において語られはじめたとみるべきである。

十五年戦争は総力戦であった。前線ばかりでなく、〈銃後〉の組織化が必須であった。とりわけ女たちの組織化である。〈銃後の女〉たちの尖兵となったのが、大日本国防婦人会である。昭和七年、大阪港区の一角で、出生軍人を激励する奉仕団が産声をあげた。軍の強力なてこいれをバックに、大陸への戦火の拡大とあしなみをそろえるようにして、国防婦人会は全国へとひろがった。白いかっぽう着にたすきがけの女たちは、十年で、一千万の女たちを糾合したのである。

しかも注目しておいてよいのは、その活動が、強制的でいやいやながらのものにつきなかった点である。加納は二つの視点を提供する。第一に、〈銃後の女〉、とりわけ国防婦人会は、女性の社会進出、女性解放の契機をもっていた。〈家〉というくびきにつながれたまま黙々と耐えてきた女たちを、街頭へ、生産現場へ、前線へと〈解放〉していったのである。

第二は、大衆的平等の契機をもっていたことだ。婦人の軍人援護団組織としては、すでにしにせの愛国婦人会（明治三十四年創立）が存在した。しかし、皇族を総裁にいただくこの会は、有産階級や名流婦人を主体としたものであり、その会員であることが、一つのステータスシンボルとみなされてきたのである。これに対して、国防婦人会は、その構成員資格、活動スタイルのいずれにおいても、大衆的であった。その制服であるかっぽう着は、主婦の台所着である。活動内容は、寄付金に主力をおく愛国婦人会に対して、自分の手足を使った労力奉仕であった。それは、遊郭の女たちをもまき込んだ。文字通りの大衆運動体であった。

つまるところ、国防婦人会は大衆的〈革新〉運動を担ったのである。戦争とか軍国主義の本当の恐ろしさは、強制され弾圧されてあることにとどまらず、むしろ、そのなかに、国民を生き生きと結合させ、目的を集中させ、個々の自発性をさそい出す契機がわかちがたく含まれていることにある。だから〈銃後の女〉とは、女が戦争加担に組みこまれるとともに、その加担に、一つの女性解放の契機を夢みたという意味をあわせもっているわけだ。〈革新〉とは、まさしく、銃から革命が生まれるという「昭和維新」のことを指す。直接に銃をとらなかった女たちに、〈革命〉――女性解放――への幻想が大きかったことはいうまでもない。

著者がいう〈銃後の女〉たちの「草の根軍国主義」とは、ファシズムの不可分な要素である。戦争の被害者＝女という視点からは、故意にも、無意識にもみおとされてしまう要素だ。戦中期を「暗黒の谷間」として一色に塗りつぶして、現在の平和と無縁だとする見解に、著者ははっきりと否と答える。もとより、軍国主義に、解放や平等の契機があるからといって、いくぶんかでも、かの戦争を肯定的に語ろうとしているのではない。まったく逆だ。著者が暗黙のうちに語るのは、解放とか平等とかの、それ自体としては少しも問題のないスローガンや目標も、それを実現する方法や手段（＝軍国主義）とわかちがたく一体となっているのを忘れてはならない、ということである。

相応の年輩の婦人たちの胸には、国防婦人会での活動が、〈わが最良の日々〉として今なお温存されている、と著者はいう。あのオイルショックで現出した「品不足」のとき、急に生き生きと輝いてみえた戦争体験者たちの顔に、その胸のうちの一端を著者は読みとっている。私がさらにつけくわえていえば、戦後民主主義の担い手として生気あふれる姿であらゆる分野に婦人たちが進出しえたのも、かの「草の根軍国主義」という経験があってのことである。「草の根」とは「民主主義」と同義なのだ。

このようにみてくると、最近の「反動化」――国家秘密法や天皇在位六十年の動き――のなかに、「戦前」や「戦後」とも違う、ほかでもない「戦中」状況を読みとろうとする著者の意向も理解可能となる。この「戦中」という言葉を、「民主主義の空洞化」とか「反権力意識の希薄化」というような、消極的標語で語るだけではなく、かつて「草の根軍国主義」から反転して「戦後民主主義」が現出したように、現在、「民主主義」から反転して「草の根軍国主義」が現出する可能性との結びつきで理解しなければならないのだ。本書は、このことをこそ私たちにつきつけている。

加納のこのような〈銃後の女〉観は、昭和十五年生まれで、広島で被爆体験をもち、その体験の核を冷静に分析しえた著者自身のキャリアと密接に結びついている。小さな子どもにとって、遊びは生きることそのものだ。その子どもとして被爆した著者の「原爆の図」には、丸木夫妻の描く戦争悲惨＝被害者たちの姿はなく、無機質な、さわればコチンと掌をはねかえす黒焦げの死体がある。その死体をついばみ、たわむれている一羽のカラスがいる。そのカラスこそ、子どもの「私」にほかならない。

著者の戦争の原風景、しかも、最も苛烈であるとみなされた「原爆の図」において、子どもでさえ、加害者の位置を占めるものとして登場するのである。まことに厳しくも一貫した視点であるといわなければならない。底深い感動を味わうのは、私だけではあるまい。

▼藤井忠俊『国防婦人会』

鋭い問題意識に富んだ『女たちの〈銃後〉』を、国防婦人会に焦点をあてて日中戦争の銃後形成史をおった、藤井忠俊著『国防婦人会――日の丸とカッポウ着』（岩波新書）にかさねあわせて読むと、より納得のゆく理解をえることができる。

藤井がいうように、銃後とは、戦争における民衆の支持体系である。国防婦人会は、唯一下からつくられ、庶民的性格をもち、かつ最多数の会員を得た銃後の組織として、民衆が戦争にかかわる場合の典型例であった。著者が自認するように、本書が国防婦人会のまとまった研究としては最初のものといってよい。

国防婦人会は下からつくられた。しかし、その急激な拡大と発展を可能にしたのは、戦火の拡大とともに、軍から強力な支持と指導があったからである。だから、その創立から、大日本婦人会へと組織統合＝解消されてゆく全過程において、下からの草の根運動と、上からの統制との間には、常にけっして小さくない溝があった。

それは創立趣意書にも端的にあらわれている。「私達女性として尽忠報国の折半の任務を負い、婦人団結の力に依り積極的に皇国のため奉公の誠を致すことが急務であると存じまして日本国防婦人会を設立致す事になりました」（創立の中心メンバー、三谷英子や安田せいの考えが反映している――八月趣意書）「純乎たる伝統日本の婦徳を発揮し、国難を打破し国防を安固にし以て皇国興隆の為一生を捧ぐるは日本婦人の使命であると存じます」（陸軍省恩賞課で練られたもの――十月趣意書）

国防婦人会のモットーは「国防は台所から」ということであった。下からの婦人たちの活動では、「台所」から出て国防へというところにアクセントがおかれ、陸軍のほうでは「婦徳」としての「家族主義」＝台所にとどまることにこそ「台所から」の意義があるとしたのであった。もとより、この二つの方向が「国難」打開を旗じるしにして、うまく統一されてあることこそ、その組織の生命力のみなもとであったとみなしてよい。国防婦人会が陸軍のたんなる一方的下部機関になってしまっては、その自発性も創意性も失われる。もとより、陸軍に、婦人解放（家からの解放）の意向があったわけではない。

だから、戦火の拡大とともに、組織が膨張してゆくに従って、軍の統制が強固になり、婦人の国防参加は、鉄の銃をもつことではなく心の銃をもつことにあるという主旨が徹底され、同時に活動の相対的低下がもたらされたのである。その活力は、やがて大日本婦人会（昭和十七年創立）へと吸収され、霧散してゆく。

国防婦人会が発揮した活力はここに停滞を余儀なくされたが、戦局の拡大一途によって、むしろ生活の場における婦人の役割は「ほとんど専権的」なものになってゆく。男の軍事動員によって、家族構成がくずれ、家は母を柱にした結合へと変容してゆく。家の解体が生じたのだ。女性は、すべての戦線へと進出してゆく。それは、けっして上からの統合力にまで達しなかったが、身近な政治・経済・文化の戦線の主体と化してゆく。女性解放を〈銃後〉のうちにみた幻想が、部分的にせよ、奇形なものであったにせよ、このようにして実現していったのだ。

戦後、女性たちが、敗戦をなにごともなかったかのようにくぐり抜け、ただちにたくましく起ち上がりえたのも、このような戦時体験があったからである。総力戦の一翼を担って戦い抜いたればこそである。

そして、ここで再び強調しておきたいのは、だから、戦時体験をもっぱらマイナス的悲惨の姿で語りつぐのは誤りで、戦争の肯定的側面を発見すべきだ、ということではない。人間の解放的契機が、戦時下においても、平和時においても厳として存在するという深刻な事実なのである。戦争における解放的契機を語るのは、解放を理由に、あえて戦争の必要事を説くいかなる主張にも同調しないためにこそあるということだ。

『女たちの〈銃後〉』と『国防婦人会』がもつ、今日的かつ現実的意義は、右の点にこそあるというべきだ。

▼写真集『女たちの昭和史』

加納が提起した視点から、いま一度、戦時下の女たち、ならびにその悲惨の終極的頂点たる広島や長崎をみるとき、おのずと戦争風景が変化し、現在の「平和」時へと連続する核心がみえてくる。

写真集『女たちの昭和史』（大月書店）は、敗戦をさかいにした生き方の百八十度転換とともに、昭和時代を通じての連続性にも目配りしている。「戦後の変化が大きければ大きいほど、私たちはこうした変化が戦後にわかにあらわれたものではなく、戦前・戦中を通じて、平和で豊かに生きたいと願う女たちの模索であったことに気づ」く。「戦争は、だれの目にもみえるような軍靴と進軍ラッパと戦火の嵐をともなってやってくるばかりではなく、女たちの解放への期待をかきたてながらやってくる」、と。

昭和十二年、日本は戦時景気で、工業生産高が最高水準に達した。昭和十年、銀座を晴れ着で闊歩する庶民婦人たちの姿や、軍需景気でひともうけしたらしい工場主一家の写真には、まだ戦火の影もない。「かっぽう着と日の丸」「男たちのいない村」「大陸の花嫁たち」「切符・配給・行列」「女性の職場は勇士の戦場」等の表題の下に、戦時下の女性の社会進出の姿が多様な形で登場する。昭和十二年以降である。その写真一枚一枚から、注意深くかの十五年戦争がもった未曾有の意味を読みとるのは、私的にいってもきわめてむつかしいことである。私たちの母の若かりし時代がそこに素顔で登場しているからである。〈銃後〉の女たちが、現在の母たちと連続してあることの意味をこそ、否、母においてばかりでなく、私たちにまで連続してあることの意味を、この写真の裡に読みこまなければならないからである。

さらに困難なのは、広島・長崎の体験である。**朝日新聞企画部編『母と子でみる広島・長崎』**（草土文化）は、戦争のあるいは人類の悲惨を一点に絞りこんで背負いこんだ現場写真集である。その苛酷な爪痕は、今なお三十七万人余（昭和五十七年現在）の現存する被爆者として残されている。とりわけ注目すべきは、六万とも七万ともいわれる朝鮮人被爆者のことである。適切な治療も保護も受けないまま、彼らは現に苦しみのなかで死につつある。

この写真集は、いうまでもなく、被爆を通じて、「ノーモア・ヒロシマ」「ノーモア・ナガサキ」を訴えている。その力は有無をいわせぬものだ。それは、世界に平和を刻む責任を訴えてやまない。

しかし、それにしても、否、そのためにこそ、被爆者たちを、戦争の絶対的被害者に位置づけて、「ノーモア・ヒロシマ」を訴えかけるのでは不十分なのである。これは、加納実紀代が「広島」（彼女の原風景）と「ヒロシマ」（核廃絶と平和の象徴）との間には、距離があるとしたことにつながる。戦争加担者を被爆した子どもたちのなかにさえ発見することは、少しも加虐趣味などを意味しないのである。

個々人にとって戦争がもつ恐ろしさは、平和時における恐ろしさと連続している。戦時における解放的契機は、平和時における抑圧的契機として作動しえることこそ、かの戦争が教えた最大のものだったのだ。

昭和四十三年の「物不足」の時、急に生き生きと輝き出した母たちの顔が、今も私の脳裡にも焼きついて離れない。

（1987・9・1）

6　生と死を考える本

▼山田風太郎『人間臨終図巻』（徳間書店）　▼鯖田豊之『生きる権利・死ぬ権利』（新潮社）
▼水野肇『夫と妻のための死生学』（中公文庫）

▼山田風太郎『人間臨終図巻』

現在（昭和四十五年）、私は四十五歳である。四十五で死んだ人に、安政の大獄の井伊直弼、日本陸軍創設者の大村益次郎、『浮き雲』の二葉亭四迷、ロシアの怪僧ラスプーチン、『カインの末裔』の有島武郎、『チャタレイ夫人の恋人』のD・H・ローレンス、『黒死館殺人事件』の小栗虫太郎、三島由紀夫、トップ屋の梶山季之、歌手の江利チエミがいる。こうみると私もずいぶん長生きしたものだ。橋本左内（二十五歳）、高杉晋作（二十八歳）、山中貞雄（二十九歳）、高山樗牛（三十一歳）、正岡子規（三十五歳）をはるかに越してしまった。しかし、荒畑寒村（九十四歳）、ファーブル（九十二歳）、石橋湛山（八十九歳）、志賀直哉（八十八歳）らのやっと半分に達したばかりだと考えれば、まだほんのネンネということになる。

山田風太郎『人間臨終図巻』（徳間書房・上下）は、十五歳で死んだ八百屋お七から、百二十一歳で死んだ泉重千代まで、総計九百二十三人の臨終にまつわる記録を、年齢別順にならべてみせる。英雄・貴人ばかりでなく、犯罪人や奇人のたぐいまで、その死に臨んだ絵図はまさに人さまざまである。

人はかならず死ぬ。さまざまな苦痛や労苦は、すべてとりかえ可能である。他のもので相当程度すますことができる。最愛の恋人を失うと、お先まっくらにおちいる。しかし、時がたつと、いつしか別な恋人が現われないともかぎらない。だから諦めもつく、という具合に自らを納得させてゆく。

だが、死だけは別である。そこですべてが終わりなのだ。代替も、とりかえしもきかないのである。泣こうが悔もうが、どうしようもないのである。その瞬間にいたって、人はどう処したか、それを記す山田の観察眼は、医者と作家の中間ぐらいのところにある。ところどころにはめこまれた警句や箴言の類も、深遠さをねらったというよりは、死を送る、妙にうきうきした気分から発しているとみなしたほうがよい。

《地上最大の当然事——他人の死。
地上最大の意外事——自分の死。
——山田風太郎》

生を不自然に長らえることは、近親者も含めて、他人にはかならずしも幸せではない。いな、多くの場合、積極的な不幸でさえある。右の警句は、この点を裏側からアイロニカルに表現しているのである。

『瞼の母』の長谷川伸は、風邪から肺炎を起し、危篤状態におちいる。回復して退院した。《しかし、「このころ、伸は死のうと考えた」と弟子の戸川幸夫は記す。

「はっきりと自殺とわかる死に方は嫌だし、人に迷惑をかけるので、食を断とうとした。そのことが門下生たちにわかったとき、一同は泣きながら翻意を促した。伸が食を断って死のうと考えた理由は、自分個人のために多くの人たちが自分の仕事を置き、貴重な時間をさいて見舞いに来るが、そのロスは総計すると大変なものになり、国家的な損失になる。自分が死ねばそれが食いとめられる、という考えからのようであった」

生きている意味を、他人とのかかわりあいに見る人間なら、つきつめるとこういうことになる》

このような伸の死生観は、他人の死を「当然事」とみなす考え方からいちばん遠いようにみえる。

しかし伸が、自分の死もまた他人にとっては「当然事」と思いなすからこそ、自分の死をこそまったく代替不能のものとみなしたいのが人間のごく普通の情動だと知るからこそ、右のような挙に出たと推量できるのである。

しかし、多くの人はまったく、自分の死を「意外事」としてむかえる。その極端な場合、山田の筆先に棘が生えるのもやむをえない。

ロベスピエールは、弁護士時代は死刑廃止論者。フランス革命の主役となるや、「絶対王政下の死刑には反対だが、革命政府の死刑には反対ではない」と答えた。しかし、三十六歳の時、民衆の眼前で断頭台に立たされた。江藤新平も佐賀の乱に敗れて、四十歳で同じような運命にあう。山田はいう。《人間には、人を断罪することには熱情的だが、自分が断罪される可能性のあることには不感症な傾向があるが、江藤はその象徴的な典型である》

臨終図を描くことは、この断罪に似た所業でもあるわけだ。不感症さを全面的にまぬがれえないのである。

時代が最近に近づけば近づくほど、死の恐怖に治療の恐怖がプラスされる。患者にとっても近親者にとっても、人工延命装置による耐えがたい苦痛が加わるのである。これに比せば、八人の女性を強姦後殺害し、悔いることなく無明の人生を生きた大久保清の「絞首刑」は、いちばんの安楽死かもしれない、と山田はもらすほどだ。だが、あっけにとられるような死もある。

作家の高見順がガンと闘っている病室に、一高時代の同級生であった三島の龍沢寺の中川宗淵師が入ってきた。《彼は巻紙に書いた訣別の辞を病人の、枕頭におき、しばらく高見の顔を見つめていたが、やがて「こんなものは取りましょう」と酸素吸入パイプをはずしてしまった。あっけにとられた医師に会釈して、宗淵師は読経を始めた、それは二時間も続いた》

最後に、「喝！」と叫ぶと、高見は息をひきとる。閉じられた双のまぶたから、はらはらと涙があふれ出ていた。

死は一瞬にしてやってくるのではない。多くの場合、緩慢な死ということになる。七十九歳まで、まことに慶賀すべき生涯を過ごした人間が、最後の一年を糞まみれ、痛みにのたうってその生涯を閉じたなら、その一生をどのように評価すべきであろうか。本書を読んで、他人の不幸を笑うようには快活になれない理由がここにある。つまり、自分も、近い遠いはあれど、けっしてそんな死から逃れえないからである。

やはり、人間は過去と他人には賢く、未来と自分には愚かなのである。その時が来てみないと分かろうとしないのである。しかし、気付いた時はもう手遅れなのである。山田の膨大な臨終図巻は、この愚かしくも切ない実相を照らし出す。だが、とさらに私がいえば、この愚かしさがあるからからこそ、死んで花も実もないことをあえてするという未来創造的所為も生まれるのである。大げさにいえば、人類の発展もあるのである。

▼鯖田豊之『生きる権利・死ぬ権利』

山田の図巻は、個体死を収集したものだ。その収集原則は、きわめて単純にいえば、死ねば無である、ということだ。しかし、人間の個体死を、生命の終わりに還元することはできない。鯖田豊之『生きる権利・死ぬ権利』（新潮社）は、死を東西文明比較史という視点でとらえた、きわめてユニークな書物である。

ヨーロッパと日本とで、死のつかまえ方の最大の相違点は、生と死を鋭い対立・断絶でとらえる（西欧）か、生と死をずるずるべったりの連続としてとらえる（日本）かにある。だから、西欧には死を、死体を通して理解し、多くはその死をむかえた現地に墓が建てられるということになる。これと対照的に、日本では、死は仏壇や墓に示されているように、家中心主義であり、死体自体にこだわることはない。死ねば、骨壷とともに魂は帰郷ということになる。

ここから、西欧では、たとえ死体が聖者のものであっても、いな、聖体であればあるほど、遺体の高度利用に対して抵抗が少ないという伝統が生じた。死体から臓器移植することに抵抗が生じないのは当然なのである。この場合、決定的なことは、生と死の断絶をみきわめることである。聖者の遺体にメスをいれ切り刻むのをものともしない風習からは、聖者の祝日が誕生日ではなく命日だったことも、偶然ではない。だから、ローマ法王ヨハネス二十三世が、国際麻酔学会に対して、「すでに精神が肉体からはなれてしまった人間にあえて人工的な機械で生命を永らえさせる必要はない」と断言したのも、奇異とするに足らないわけである。

西欧では、医師による死亡証明がおこなわれるようになったのは十九世紀であり、それまでは、「生きることの絶望的」な「死の不可避」なことを告知する「終油の秘蹟」が神父によってなされたのである。死の確認の儀式である。死ぬ前に、枕元に僧侶がかけつけたら、日本では大変なことになる。西欧では、生きているうちに死と対決し、末期ガン患者にも病名を告げる習慣は、長い文化伝統に由来するのである。死ぬことを知らずに死ぬことぐらい、本人にとって不幸なことはない（もとより「死の不可避」の告知には、遺産相続等の法的問題もからんでいる）というわけだ。

生きる意識や権利と死ぬ意識や権利とは、まさしく表裏一体である。

日本では、自殺のタブーがなく、最後のぎりぎりまで生きぬこうとする伝統がなかった。これに対し、西欧では、自殺は宗教的なタブーであっただけでなく、純然たる犯罪であった。もっともはなはだしかったのはイギリスで、一九六一年になってやっと「自殺を犯罪とする法規」が撤廃されたのである。フランス革命前までは、自殺者の財産は国王に没収され、自殺体は市中をひきずりまわされ、最後に絞首台につるされるという目にあったのである。つまりは、死ぬ自由もなかったわけである。

しかし、この伝統をキリスト教本来の、ひいては西欧固有の伝統とみなさないほうがよい。初期キリスト教は自殺の是非にノータッチだったし、古代ローマでは「幸福の絶頂にあるときに人生におさらばする」ことが賞揚されたりもしたのである。

文明比較というのは、あくまで比較である。対立しているのは表層部分かもしれない。日本の、死体を灰にして納骨するような風習を、ローマ人もまた共有していたのである。それに、資本主義の発展は文明をますます等質化させてゆく傾向にある。

そして、それよりもなによりも、医療技術の発達により、死にたくても死ねない、という問題が、東西をとわず生じてきたのである。生を寿命の量的なものとしてみる見方から、質的なものとしてみる見地への決定的転換期にさしかかっているのである。脳死や安楽死と深くかかわる問題だ。生命倫理の問題と真正面からとり組まなければならなくなっている。私などの感じからいえば、東西を比較して、生と死を連続性と断絶性においてつかむつかみ方は、その現象においては歴然と異なっている。

しかし、根元のところは、生というものを、肉体以上のものと考え、したがって、肉体の高度利用に歯止めをかける臨界点は何なのかという問題意識と解決法において、そんなに変わるべきところがないように思える。

▼水野肇『夫と妻のための死生学』

他人の臨終や文明比較の中に、人間の死を考えるだけでなく、自分自身の日常的なことの中に死をおいて考えるために、薦めたい本が、水野肇『夫と妻のための死生学』（中公文庫）である。

死をよくみつめることは、生をよりよく考えることと同義だ、ということは頭で分かる。しかし、死は、それが迫ってくるような予知や症例に自分のこととして出会わないと、それ自体に思いをこらすことは稀なのである。

私たちは、身体障害者のことを少数者〝マイノリティ〟と考えがちである。しかし、突然の（幸運な？）死を迎える人を除けば、高齢者社会において、身体障害はすべての人を見舞うのである。長い・短い障害期間があって、ようやくのこと死を迎えるのである。しかも、老化＝機能障害は、高齢になってからはじまるのではない。眼は七歳から老化し、動脈硬化は十歳ぐらいからはじまる。脳は二十歳で発達をやめる。つまりは、生誕とともに老化がはじまる、とみなしたほうがよい。

だから、健康ということで一番大切なのは、老化しないということではなくて、老化という事態をよく知り、それとなれしたしんでゆくということである。障害を予防し、かつ障害と共生してゆくことである。死を考えるとは、生のむこう側に死を考えるのではなく、生のまっただ中に障害を考える、ということだ。水野が終始説くのはこの思想である。つまりは、生と死を断絶においてばかりでなく、連続において考えるということだ。「死生学」とはこの意味で、よりよい健康生活のために、いかにしたらよいか、ということを考えることと別ではない。

しかし、死の問題をむつかしくしているのは、ここでも技術上の問題から生じている。脳死の問題であり、臓器移植の問題である。すでに**立花隆『脳死』**（中央公論社）が出たので、水野の問題提起と解決法は色あせた感がある。死の問題は、医学技術の問題に還元してはならないが、技術上の問題は、それ自体で明確にしておく必要がある。

第一に、脳死というが、欧米と違って日本では、これを人間の個体死として明確に定義していない。第二に、脳死というが、それ自体何を意味するのか不明である。脳の機能停止なのか、器質的死なのか。第三に、全脳死説を日本ではとっているが、全脳の機能停止が不可逆なのを確認する方法があるのか、ないのか。第四に、脳死を、水野も立花もきわめてリーズナブルな（理由の明確な）死とみとめているが、心臓死という伝統的な死定義との関係をはっきりさせること。第五に、脳死と臓器移植は必然的に結びつくわけでもないが、臓器移植がなければ、脳死などという、やっかいで厳密さを要求する死の定義にかかずらわる必要もないのだ、という点。少なくともこれらの点が明確にされなければならない。ごく単純に医師たちが脳死といったり、鯖田のように植物人間状態と区別せずに脳死問題をあつかうと、とんでもない混乱をひきおこす。

脳死や心臓移植は、さらに、水野のいう、人間としての〝最後の一線〟にかかわる。将来、脳の移植（とくに〝創造する〟部分をつかさどる前頭葉の移植）がおこなわれると、個人のアイデンティティが失われてしまうからである。ましてや、人工頭脳にとってかわられると、どうなるか。健康や人格の統一性がなくなる破目におちいるのである。

さらに、私ならこうつけ加える。死体の徹底利用である臓器移植は、生体実験のタブーをとびこえ、人間が人間に課した臨界点＝人肉食というタブーも、易々とのりこえてゆくだろう。ヒトを捕え、飼育し、食さなかったヒト種族だけが生き残り、人間となった。その壁が今や取り払われようとしている。

（1987・10・1）

7 人類の危機を読む

▼石牟礼道子『苦海浄土』（講談社文庫）　▼E・P・エックホルム『地球レポート』（朝日新聞社）
▼E・シューマッハー『スモール・イズ・ビューティフル』（講談社学術文庫）

▼石牟礼道子『苦海浄土』

突き抜けるような青空、潮たち水すむ海、人跡まばらな原生林、そこで光を浴び、肌を冷やし、深く息をすいこむ、そんな行為のなかで、じわりと脳神経や骨髄、内臓のいちばん深いところが悲鳴をあげる。こういう実感を持つようになったのは、石牟礼道子『苦海浄土――わが水俣病』（講談社文庫）を読んでいらいである。

子供の頃、少年の時、どれほど農村共同体から身を離すことをこい願ったことか。おおげさにいえば、人間個体の内と外とに骨がらみにまとわりついている「自然」からの離脱をである。緑なす原野、水澄む河川、裸足で走れる火山灰の敷かれた道路からであり、祖父母から伯父伯母、使用人までを含む血族や、昨日何を食べたかまで知れわたる濃密な親縁的共同体倫理からである。成長し世に出てゆくというのは、この身にからみつく「自然」から脱出することに他ならないと信じていた。

そういう離脱ははたされた。私個人においてばかりではない。全国的規模においてである。少年の眼は、シベリアの「自然改造」に、米国のＴＶＡ計画に、アマゾンの原始林横断道路計画に熱くそそがれた。しかし、地球がいたるところで悲鳴をあげはじめたのを、青年になって初めて感じた。その時、すでにかつて眼にした「自然」は完全に消失していたのである。そういう青年の眼に、水俣病は異常なものとして、まず存在した。それは、石牟礼の作品を通して水俣病を知るようになってからも、基本的に変わっていない。青年は、水俣病を異常なものとみなさざるをえない自分の認知に、人間として鈍感めいたものがあるのではないのか、とつねに疑ってきた。今においてもである。

水俣の湯堂部落。

《湯堂湾は、こそばゆいまぶたのようなさざ波の上に、小さな舟や鰯籠などを浮かべていた。子どもたちは真っ裸で、舟から舟へ飛び移ったり、海の中にどぼんと落ち込んでみたりして、遊ぶのだった。夏は、そんな子どもたちのあげる声が、蜜柑畑や、夾竹桃や、ぐるぐるの瘤をもった大きな櫨の木や、石垣の間をのぼって、家々にきこえてくるのである。

村のいちばん低いところ、舟からあがればとっつきの段丘の根に、古い、大きな共同井戸——洗場がある。四角い広々とした井戸の……》

こんな、つややかでぽってりした文章はとても書けないが、漁村と農村との違いはあれ、水俣と私の故郷とは、本質的に同型であった。子どもの遊び方もである。

水俣病を語る石牟礼のことばが、心底に響くのは、その被害者の災厄の大きさによる。

《本症状は、前駆症状も発熱等の一般症状も無く極めて緩徐に発病する。まず四肢末端のじんじんする感があり次いで物が握れない。ボタンがかけられない。歩くとつまずく。走れない。甘ったれた様な言葉になる。又しばしば目が見えにくい。耳が遠い。食物がのみこみにくい。即ち四肢の麻痺の外、言語、視力、聴力、嚥下等の症状が或いは同時に或いは前後して表われる。これ等症状は多少の一進一退はあるが次第に増悪して極期に達する（極期は最短二週間最長三か月）。以降漸次軽快する傾向を示すも大多数は長期に亙り後胎症として残る。尚死亡は発病後二週間乃至一か月半の間に起るようである》

これは、昭和三十一年八月二十九日付で、新日本窒素附属病院の医師が、厚生省へ出した第一回目の報告書に書かれたものである。最初は、自己診断名で中風、ヨイヨイ病、ハイカラ病、気違い、ツッコケ病などと呼ばれた。石牟礼は、一人ひとりの患者になりかわるようにして、水俣病のすさまじさを語る。

しかし、悲惨さはこの病にだけあるのではない。この病の悲惨さは、《人びとのもっとも心を許している日常的な日々の生活の中に、ボラ釣りや、晴れた海のタコ釣りや夜光虫のゆれる夜ぶりのあいまにびっしりと潜んでいて、人びとの食物、聖なる魚たちとともに人びとの体内深く潜り入ってしまった》ことにある。

病は、戦争、天災、疫病のように正面切って、非日常的姿であらわれたのではなかった。あの「こそばいまぶたのようなさざ波」たつ日常の生のまっただ中に、避けがたく出現したのである。

最初は、ハイカラ病などといわれていた病因も、長い闘いのすえ、新日本窒素の工場排水に含まれた有機水銀中毒であることが判明した。

しかし、その時、被害者およびその家族と水俣市民の第二の、真の不幸がはじまる、《わが食う魚にも海のものには煩悩のわく》

水俣の漁民は、魚をとり、それを糧（収入と食糧）に生きるのである。

同時に、かれらも水俣市民の一人であるに他ない。

《会社にゃ煩悩の深かわけでござす》

水俣の発展の歴史は、新日本窒素の進出・発展と関係が深い。水俣病をいえば工場がつぶれる。工場がつぶれれば、水俣市は消失する。水俣病こそが、水俣市発展の障害物であるという濃密な市民感情が、まさに、水俣病が公害認定された昭和四十三年に抜きがたく形成されるのである。「患者を支援する。しかしチッソの再建計画の遂行には十分協力する」という「水俣市発展市民大会」のスローガンが、もののみごとに新しく出来あがったタブーを物語っている。

石牟礼は、市の近代化・発展の犠牲になった人びとのために闘いと鎮魂の言葉をつらねるだけではない。

「こそばゆいまぶたのようなさざ波の上に、小さな舟や鰯籠などを浮べ」ているような前近代的共同体への熱い憧憬を語るのである。彼女は、水俣病を「独占資本のあくなきひとつの形態」としてつかまえることで満足しない。

《私の故郷にいまだ立ち迷っている死霊や生霊の言葉を階級の原語と心得ている私は、私のアニミズムとプレアニミズムを調合して、近代への呪術師とならねばならぬ》と宣するのである。『苦海浄土』の小説としての美しさも訴求力も、この決意から発している。

しかしである。私は離脱したかの「自然」を慈しみ、なつかしく思うか。思う。だが、そこに戻りうるであろうか。万一それが可能だとして、戻りたいであろうか。戻れはしないし、戻りたくもない。しかも「近代への呪術師」のことばが、心奥深く共鳴のこだまを響かせるのである。『苦海浄土』は水俣病のまっただ中で生まれた。その反近代の呪術は、美しくはあるが、不幸な意識である。あの共同体が、再び戻るに値する生活の場だとは、とてものこと思えない。しかし、この作品は、それが生まれ、かつまた多くの共感を得た場から離れてもなお、読む者の心を貫き通すほどに生き続けることを、疑うわけにはいかない。心底で共振する「自然」への憧憬をほうむり去ることは、そこから離脱した者たちにこそ不可能なのである。

▼E・P・エックホルム『地球レポート』

大学院の入学試験で、「公害について記せ」という論述問題が出た。私（たち）は、「公害」つまり環境汚染の社会学的意味や、人類生存の危機などについて論じたことを記憶している。ところが問題提出者の意図は、「公害」を一個の客観的事態として分析することにではなく、私（たち）が生きてあることが、ただちに「公害」につながる意味を展開することにあった、とのちに判明した。ここで私（たち）ということを、人間一般、人類といいかえてもよい。「公害」つまり環境汚染や環境破壊は、ごく最近に生じたのではなく、人類の歴史とともに古いのである。人類だけが汚染と破壊の原因なのである。「公害」とは、人間の原罪と同義なわけである。

人間は生存するために、より豊かに安全に生活するために、自然を改変し、資源を掘り出し、生活廃棄物を出してきた。生産を高めることが人類発展の第一義的なこととみなしてきた。ところが、高度産業社会の到来は、人間をとりまく自然――大気、海洋、耕地、森林、生物、鉱物等――ばかりでなく、人間の自然――健康、人工問題、遺伝子等――を汚染・破壊し、ひいては人類生存の危機という避けて通れない問題を胎出させたのである。

人類の危機の警鐘を鳴らす環境破壊を分析した書物は数かぎりなく書かれた。その中で、E・P・エックホルム『地球レポート』（朝日新聞社）は、きわめて複雑な事象を、明快にレポートした好著である。その第一の特徴は、きわめて均衡のとれた分析視点というところであろう。類書の中には、狭窄的な視角から、一方的な文明指弾におもむくという主張が少なからずある。

《〔1〕一九八〇年代に入っても、大気汚染、水質汚濁との闘いはいぜん勝利をおさめていない。いくつかの成果はあるが、それも監視の目がゆるめばたちまち元に戻ってしまう。〔2〕とくに最大の公害発生源である石炭が燃料として復活するとなれば、なおさらである。〔3〕また、現代生活に浸透した数万種類の合成化学物質の中には、潜在的危険性をもつものがあるが、それらをテストし規制するという面倒な仕事には、いまだほとんど手がつけられていない。〔4〕危険な廃棄物の処理方法

も、目標としてかかげられているだけで実行の段階にはない》

かりに番号を付してみた。〔1〕は、まるで「公害」が危険数値という点では克服されたような風潮に対する総論的反論である。自動車の排気ガス「公害」を想い起こせば十分であろう。〔2〕は、廃鉱になりつつある石炭産業にとどめをさすような意見であるが、正論である。霧のロンドンや煙の都・大阪を知る者は、石炭に対して悲歌ばかりを奏でているわけにはいかない。〔3〕は、何の気なしに使用している私たちをとりまく各種色とりどりの合成物質のことを考えてみればすぐ分かる。〔4〕は、カドミウムからプルトニウムまで、きわめて深刻な事態に直面しているのである。

しかし、著者は環境破壊の恐れのある行為を公的に規制するという基本原則の点で、着実に前進していることも確認する。しかも、《環境上の問題は増大する一方だが、その対策を明らかにすることはちっともむずかしくない。今やどういう対策をとるべきかは、よくわかっているのである。問題は社会や経済、果ては政治構造に根ざしている》という著者の言は、まさに正論である。

本書の第二の特徴は、今日、第三世界と貧困層こそ環境破壊の主要因として登場したことを鋭く指摘した点である。文明が「公害」をもたらす。しかし、「非」文明もまた、人口爆発、耕地の荒廃、森林伐採等々の点で、環境に犠牲を強いることを避けえないというのである。問題は、単純化してはいけない。とはいえ、第三世界を環境の犠牲者として位置づけるだけでなく、環境の破壊者とみなすことは、第三世界を指弾することではなく、問題の所在を発見し、それを克服する努力をこそ要請しているのである。汚染企業と第三世界を同列に置くのはまちがいだが、環境破壊問題の主体者から後者を免除するのも誤りなのだ。より自然と共生していかなければならない者たちが、タコの足食いのように、その自然を破壊して生きざるをえないという事態に、今日の文明化の難問が象徴されている。

なお、環境破壊の起因をエコロジー的視点から分析した好著を一冊と、エコロジー的思考を的確に論述した著作を一冊、お勧めしたい。前者はB・コモナー『なにが環境の危機を招いたか』（講談社ブルーバックス）であり、後者は立花隆『思考の技術——エコロジー的発想のすすめ』（日経新書）である。ともにコンパクトで、読みやすい。

▼E・シューマッハー『スモール・イズ・ビューティフル』

人間たちが従来どおりの経済成長をもとめ、成長の基礎となるエネルギー資源を掘り続けていけばどうなるか。資源が枯渇するだけではない。繁栄をもとめる人間たちの貪欲がとめどなく増大する。心の平和が失われる。自然の破壊だけでなく、人間性の破壊が進行する。この進行する破壊をどういとめるか。E・F・シューマッハーは、一時代の標語ともなった「スモール・イズ・ビューティフル」をもって答えようとする。

成長の経済〔学〕から「人間の顔をもった経済〔学〕」への転換をまず説く。「生産の論理」を「生の論理」、「社会の論理」に従属させることである。たとえていえば、どんなに高度な生産能力をもつ産業でも、もし労働者を失業に追いこむような仕方で生産性が達成されるなら、それは多くの人々を貧困と苦痛においこみ、社会対立の因をなすというのである。つまりは「生」や「社会」の論理が「生産」の論理に従属する倒立が生じるのだ。

著者は、産業は人類に必要悪であり、浪費は敵である、というような道徳訓や生活訓をたれるのではない。「スモール・イズ・ビューティフル」の根幹には「中間技術」への転換という発想がある。著者の要約によれば、

《科学・技術の方法や道具は、安くてほとんどだれでも手に入れられ、小さな規範で応用でき、人間の創造力を発揮させるようなものでなければならない。以上の三つの特徴から非暴力が生まれ、また

永続性のある人間対自然の関係が生まれてくる。もしこの三つのうち一つでもないがしろにされると、ものごとは必ずつまずく》

「中間的技術」とは、人間身体と道具と自然とが一体的に活動しうるような技術である。後に、同じことをイバン・イリッチなども主張した。なるほど、技術がこのような水準にとどまりうれば、素晴らしい（ビューティフル）で、私も望むところである。しかし、著者も認めているように、それがどんなにビューティフルであっても、技術の本性は、発展・高度化をやめないのである。人間の手から離れ、自動化し、疎外物となるからこそ、機械技術なのである。それは不可避的に「中間」にとどまらずに、進化してゆくのである。

このようにいうことは、技術ニヒリズムなのか。もとより違う。技術の本性は、その本性（法則）に適合的な仕方でしか転換できないのである。私たちは、高度技術社会の中でも「中間技術」をとり入れてゆくことはできる。しかし、高度技術にとってかわることはできない。そもそも「美しい（ビューティフル）」とは、技術についてではなく、価値意識（いきかた）についてこそいいうるからである。おそらく、この社会はスモールな生き方をも達成するだろうということの方がむしろ恐ろしい。

（1987・11・1）

8　いま話題の三冊の本

▼村上春樹『ノルウェイの森』(講談社)　▼村田喜代子『鍋の中』(文藝春秋)　▼渡部保夫『刑事裁判ものがたり』(潮出版社)

▼村上春樹『ノルウェイの森』

一作ごとにうまくなってゆく。それと反比例に多くの人たちを惹きつけるところが減ってゆく。成熟と誘引とはなかなかに調和しがたいのである。

『風の歌を聴け』(昭54)『羊をめぐる冒険』(昭57)『世界の終わりとハードボイルド・ワンダーランド』(昭60)『ノルウェイの森』(講談社、上下、昭62)と横にならべてみると、村上春樹が実にうまくなったのがよく分かる。文体が対象にうまく寄り添って間然するところがなくなった。これは普通の意味での、うまくなった、ということであろう。村上の場合、一作ごとに、良質の作品にだけ特有な、文字の裏側から言霊が立ちあがるような印象を強く与えるようになった。ごく単純にいえば、何か漠然とした余韻(これは、村上作品にははじめからあった)の段階から、一つ一つの言葉が強く喚起する余韻の複合体(アンサンブル)の局面へと進みつつあるのだ。ワン・フレーズずつをつないで拍子を得る段階から、たくさんの曲をつなぎ、重ねて奥深い一曲を構成する場面へ、といってよい。

「ノルウェイの森」とは、ビートルズの作品で、回想物語が始まる開始のベルのように、三十七歳の「僕」がハンブルク空港に到着する直前、機内で聴いたBGMである。この曲をはじめてとして、作品の中には六〇年代のビートルズらの曲が登場するが、テーマは、愛情の森とでもいってよい。森とは、木でも林でもない。いくつものいきものが息づき、しかも奥底が不明の闇につつまれ、とらえきれないが、常に眼前にも、胸裡にも、迫りおおいつくそうとの姿勢で、存在し続けている「迷い道」（ハイデガー）である。などというと、物語は錯綜しているようだが、読む者には少しもそんな感じを与えない。いつもの村上作品と同様に、すらすら読めるのである。

およそ二十年前の回想記である。高校三年の時、「僕」の親友キスギが突然自殺する。キスギには、小さい時からの恋人直子がいた。その直子とキスギの死後一年ほどして、東京で出会う。二人は学生である。本ばかり読んでいるが何かになりたいとも思っていない僕と、どこにも行き場のない透明さという虚空の中で言葉を失った直子とは、日曜日ごとに、東京の街々を歩く。二人は、自殺したキスギという存在（不在）を介して、背中合わせにつながっているのだ。

直子の二十歳の誕生日。堰を切ったように直子はしゃべり出す。子供の頃のことや、家庭のことなどを、まるで細密画のように克明に。しかし、どれも不自然なのだ。何かを注意深く避けているように。それはキスギのことだけでないように僕には感じられる。そして沈黙。その夜、僕と直子は寝る。直子がその短い一生のうちでただの一回だった接合である。この夜を境に直子は僕の前から姿を消す。

四カ月後に直子から手紙が来る。彼女は京都郊外の山奥の特殊な施設で治療を受けている。精神に異常が生じたのだ。僕は二度そこを訪れる。秋と冬に。そして一九七〇年という耳慣れない響きの年がやってきて、僕は十代に終止符を打つ。

八月の末、直子は症状が進行して別の専門病院で治療を受けていたが、一時、京都の施設に戻って、そこで縊死してはてる。僕は死者とともに抱きあいながら生きる放浪の旅を一カ月続ける。やっと東京に戻った僕は、京都の施設で直子と同室で、直子の相談役だったレイコさんの訪問を受ける。直子の衣服を着、七年間居続けたあの施設から自立して、北のはて旭川へと旅立つ途中なのだ。僕は、その夜、四十に手のとどくレイコさんと性交する。キスギと直子とレイコさん、物語の縦糸は僕を軸にこれらの人びととの間で織られる。

横糸は、大学の一年後輩の緑とのコミュニケートであり、僕が入った奇妙な寮の先輩、T大生の永沢とその恋人ハツミさんとの関係である。「大学解体」を叫ぶ騒々しい学園内と、それに少しも同調できずに時を送っている僕の日常とが重なりあって時代背景をつくっている。

キスギがなぜ自殺したのか、直子がなぜ精神に異常をきたし、自殺へと追い込まれていったのかを、物語は少しも解き明かそうとしない。僕の、キスギに対する特別の感情と直子に対する責務にも似た愛情が一方的に語られるにすぎない。いくぶん頭をめぐらせば、キスギや直子は僕にとって、埋葬することはできないが、ぜひにも埋葬しなければならない死者の世界である。反対に、レイコさんが施設に入らなければならなかった理由はレイコさんの口から詳細に語られる。そして、レイコさんは、直子と僕との関係をじっと見続け、僕がキスギや直子の世界にとらわれ、ひきずり込まれるところを、自分自身を直子ともども世界から引き離すことによって、僕を救済する死者の役割を負って登場している。僕は結局、緑と結婚することになるだろう。物語は、そう決意するところで終わっている。

人を愛するのは難しい。なぜと考える前に、すでに愛にとらわれているからだ。しかし、とらわれたすべてが幸せなのではない。およそ反対だろう。僕は、直子への愛がどんどん記憶から遠ざかる、とのべている。しかし記憶が薄らいでいけばいくほど、直子をより深く理解することができるようになった、と語る。そして、僕が直子のことを骨でもしゃぶるように書きしるした時、はっきりと思い知らされたのは、直子が僕のことを愛してさえいなかった、ということなのである。『ノルウェイの森』とは、こういう次第の恋愛小説である。

冬の日、細い雨の音をききながら、じっと膝をかかえこんで頭をうなだれるようなことがある人びとよ。この作品を、静かに涙なしに読み続けることはできまい。青春小説とは一片の感傷にすぎませんよ、と大人気ぶっていう人たちよ。これは感傷的（センチメンタル）であるが、普遍的なセンスですよ、といわなければならない。本当のところ、僕がキスギとか直子とかのことを忘れ去ったり、埋葬したりはできないのだ。そういう青春の一瞬を持ちえたこと、持ちこたえたこと、それを書き切ったこと、小説家に対していくぶん敬愛以上の、尊敬に似た感情を私が持つのは、そのようなことに対してである。それに、村上は満天の子女を涙させる恋愛小説を書くのだ、といって筆をとり、おそらく十二分にその意図に成功しているのだから、感心することしきりなのである。

私たちは、『伊豆の踊子』や『潮騒』、別な意味では『武蔵野夫人』などの恋愛感傷小説を持っている。『ノルウェイの森』をその列に加えることに何の異存もないことを、うけあってよろしい。

▼村田喜代子『鍋の中』

村田喜代子「鍋の中」は、第九十七回（昭和62年度上半期）芥川賞受賞作である。第九十四回受賞が米谷ふみ子「過越しの祭り」であり、その後二回続けて受賞作が出ていなかった。選評で河野多恵子もいっているように、山田詠美、増田みず子などを加えると、女性新人の台頭は、その作風の変化とあわせて、目をみはるものがある。村田は、昭和二十年生まれで、すでに五十一年、「水中の声」（『鍋の中』に収録）で九州芸術文学賞を得ているのだから、「新人」というわけではない。それに、米谷や山田や増田のように、強く注目の引くテーマを、独特のといってよいほどの個性強い文章で追いつめてゆくという行き方とは、およそ逆の作風である。むしろ初印象では古風なのである。

四人のいとこが、夏休み、田舎の祖母の家に集まった。祖母の弟がハワイで成功し、六十年振りに手紙をよこした。そこで、いとこの父母たちが祖母にかわって、そのハワイの家を訪問したためである。

たみ十七歳と弟の信次郎（中学生）、いとこの十九歳の縦男（大学生）、十七歳のみな子と祖母との奇妙な共同生活がはじまる。物語の柱は、今年八十歳の祖母の記憶のたしかさ、ふたしかさということになる。

実のところ、十三人兄弟姉妹の祖母の記憶から、ハワイで成功した弟の名前が消えてしまっているのだ。そればかりではない。祖母の記憶をたどった話が、いとこたちを不安の淵に追いやってゆく。

たとえば縦男だ。大学生になったばかりで、もうどんな類の勉強もしたくない、ちゃっかりっ子。祖母の話によると、祖母の七番目の弟が突然靴屋職人に弟子入りした。五年間いて、親方の奥さんと手をとり合って出奔してしまう。若くして女にもてた弟の目的は、最初からその美貌の奥さんにあったのだ。別な町で二人は世帯を持ち靴屋を開く。しかし、天罰は下るもので、やとい入れた若い弟子が金を盗むのを見とがめられて、親方（弟）と格闘になる。祖母の弟は殺されてしまう。まもなくその奥さんも病死するが、その間の子供が、祖母の弟のまた弟に引きとられる。それがどうも縦男の父ということのようだ。「家系伝説という言葉をたみは知っているか。ぼくはそれを聞いたときぞくぞくとしてきたな。いったい親爺の親爺という人間はどんな人間だったんだろう」と、いつか、たみにうれしそうに話した縦男の顔は、こんな祖母の話を聞いて蒼くなる。

祖母といとこたちの、田舎での単調な生活が、祖母の話によって、ひどく深刻になってゆく。縦男の日頃のいいかげんさに、おおいに思うところあったたみも、縦男の考え込んだ態度にいたく同情してしまう。しかし、たみの身の上も、それに負けず劣らず数奇なのだ。弟の信次郎と実の姉弟でない、ということに祖母の話ではなってしまう。

四人のいとこたちは、祖母の話に翻弄される。ところが、祖母の記憶は、話すたびに根本的な事実で、狂ってくる。まるで祖母の大きな鍋の中の味噌汁のように、霧がかかって混濁しているのだ。

子どもの頃、私もよく祖母の話を聴いた。叔母たちも話してくれた。生意気ざかりの時、何かの拍子に、おまえはね、本当はお母さんの子ではないのよ、神社の門の下に捨てられていたのよ、と囁くのである。一晩も二晩も眠れなかった。

「鍋の中」の話も、本質的には、子供たちに囁く、この手のものと同じである。違うのは、祖母が、無意識に、だから信じて話すことにある。いとこたちは、結局、祖母の話を、記憶違いのものとして自ら納得させて終わる。しかし、夏休み、この奇妙な祖母との共同生活で、四人はそれぞれずいぶん成長したことが、たみに実感される。

田舎を知っており、大家族を、その人びとが遠く近く入り雑じって農村共同体を形成していた頃のことを知っている者には、なつかしいが、とりたててのテーマではない。しかし、父母としか血縁者として交じることのない核家族の子どもたちにとっては、この田舎生活は特別の意味を持つだろう。

夕方から、広縁のある居間で祖母の昔話を聴きながら、現在の自分って何だ、ということに静かに思い至る結構は、四十代の作者になら、誰でも書けるが、しかし、この八十代の祖母と十代孫たちとの交情をこまやかに書こうと実行した書き手はあまりいないのである。それに成功した者は極少なのである。「鍋の中」を読んでしまったあと、なんだ、自分でも書けるテーマだと思った人は多いだろう。しかし、書かれてしまったからそういえるのである。つまりは、コロンブスの卵なのである。ひさしぶりに、小説らしい小説を読んだ、しかも新鮮な気分にさせられたのも、こういうことに由来する。きっと村田はマイペースで、自分の鍋の中をのぞき込んでは、新しい物語をつむいでゆくことだろう。

▼渡部保夫『刑事裁判ものがたり』

裁判ものには、**広津和郎『松川裁判』**がある。近くは、**大岡昇平『事件』**等がある。作家の手になるものだ。弁護士によるものでは正木ひろしをはじめとして、数多くある。変わったところでは、**高橋和巳**の出世作**『悲の器』**も裁判ものだった。しかし、元最高裁調査官で、札幌高裁判事をへて、現在、北海道大学法学部で教鞭をとっている者の手になる裁判ものということになれば、稀の稀であろう。

渡部保夫『刑事裁判ものがたり』は、二つの冤罪事件をケース・スタディにして、刑事裁判（過程）をきわめて分かりやすく説明する目的を持って、書き下されたものである。かつて、私は、刑事訴訟法の教師から、裁判は実際の当事者（被告）になってみるとよく分かる、と常々いわれてきた。分かるとは、手続き等の形式的側面とともに、きわめてずさんな、警察、検察庁、裁判所の実際であり、そういう中で奮闘しているごく一部の良心的な人たちの事情である。

本書の最大の長所は、法と法の執行にいたる全過程を、裁判官という法の専門家の眼からではなく、ごく普通の、良識を持った人間の眼からとらえようという一貫した態度にある。私は、医者や弁護士や、それに教師は、この良識に欠けるところを自覚していない最たる部類に属する者とみなしているが、作者は、元判事で教師なのだから、私の偏見からいうと良識の欠けた種族の翼をになう、ということになろう。だが、稀な人はいるものだ。

作者が強く訴えるのは、自白に頼るな、ということと、状況証拠を掘り下げて、平々凡々な事実に注目すべきだ、ということである。また、最高裁の上告を例にとれば、この四十年間、上告申立て十二万件に対して、「事実誤認」が認められたのは八十件ほど、という数字をあげ、英米では検察側が被告を有罪にするのが、日本では被告を無罪にするのが、大層難しい仕組になっていることを、噛んで含めるように説明していることである。

現在、ビジネスマンが「成功」するためのノウ・ハウものが盛んに書かれ、売られているが、裁判、訴訟の実際を、被告人の人権と利益を守る立場から、しかも、判事という裁く側の立場から説きほぐす労苦を続けることは、考えられるほどに容易ではないのである。

（1987・12・1）

9 情報化時代を読む

▼長谷川慶太郎『日米の時代をホンネで読む』（時事通信社） ▼坂本賢三『先端技術のゆくえ』（岩波新書） ▼西澤潤一『独創技術の発想法』（講談社文庫）

▼長谷川慶太郎『日米の時代をホンネで読む』

世界史を長尺でながめると、宗教の時代→国家の時代→経済の時代と推移してきたことが分かる。宗教の時代には、宗教権力の頂点にいたローマ法皇が、政治も経済も道徳も支配下においていた。今日は、明らかに経済の時代である。国家（政治）権力が重要な意味をもたなくなったわけではない。しかし、経済力が国家を動かすだけでなく、国家が基本的に経済に奉仕する時代なのである。

しかも、現代は経済の時代のまっただなかにいるだけでなく、今一つの時代の幕あけを準備しつつある時代にある、といってよい。

長谷川慶太郎は最新刊『日米の時代をホンネで読む』で、世界の四十八億の人間のうち、「情報化社会」に入る条件をもっているのは八億人にすぎないと断言する。この「情報化社会」とは、坂本賢三『先端技術のゆくえ』（昭62）にならっていえば、経済の時代の次に来るべき技術の時代であろう。つまり先端技術の恩恵にあずかるだけでなく、その技術を駆使できる社会圏に移行できるのは、日本、アメリカ、オーストラリアとニュージーランド、欧州ＥＣ、ぎりぎりのところで韓国どまりである。だから、社会主義国や発展途上国は「情報化社会」には入れない、というのである。

経済の時代、その二大強国（Ｇ２）は米ソではない。日米なのである。このＧ２は、他とくらべてずばぬけた力をもっている。Ｇ５のサミットなどといわれているが、八五年九月の日米通貨合意以来、日米におりあいがつけば、すべてが決まる。G5会議は儀式的な意味しかもたないのだ、と長谷川はいう。つまり、現代はまさに「日米の時代」なのである。

大国主義的感情をあおるような言い方に聞こえるが、そんなことを長谷川は主張したいのではない。むしろ逆である。日本はG2にふさわしい行動を自信をもって推し進めるのが大事なので、民族主義とはしばしば劣等感の裏返しなのである。こういうことだ。

日米の貿易収支の不均衡から、アメリカによる日本たたきが始まった。この場合、日本がたたかれることをもって一方的な被害妄想になり、民族主義的感情をたかぶらせる、ということがあってはならない。この感情を捨てなければ、大国にはなれない。むしろ、アメリカが日本に深く依存している事実を認めて、協力して摩擦解消の努力をしなければならないのである。相互依存すればするほど摩擦も増え、したがって協調の度も深まるというのが、日米の時代の構図である、と長谷川はいうのだ。

米ソ首脳会談というと、日米首脳会談とは比較にならないくらい、大きくとりざたされる。両国があいかわらず、二大軍事大国だからだ。G2などと日本はいうが、それは資本主義圏という枠内でいえるにすぎないので、世界のG2は米ソである、ということに異論しがたきようである。長谷川は、否、という。

八五年十一月のレーガンとゴルバチョフ会談は、初めてソ連が譲歩した首脳会談であった。ソ連は最初、アメリカがSDI(戦略防衛構想)を中止しなければ、会談の開催に応じないといい続けてきた。それが、会談に応じたばかりか、共同声明でもSDIに触れなかった。ゴルバチョフは、SDIをやろうとやるまいと、米ソ関係の改善に踏み切る姿勢をはっきり示したわけである。七九年のカーター・ブレジネフ会談以来の六年半の間に、ソ連が譲歩におよばざるをえない何事が生じたのか。過去八回の首脳会談の時、ケネディの時代を除いて、アメリカ経済は落ちこんでゆき、ソ連経済が伸びていた。それが、この六年半に逆転し、米ソの経済の差が決定的になったのである。しかもこの会談で、相互に軍事的優位を求めない、戦争に訴えないという合意が明確に打ちだされた。

軍事力を行使しないという米ソ不戦宣言とでもいうべき事態の中で、ますます経済・金融大国日本の地位は大きくなる、決定的になった、と長谷川はみるのである。日本が経済の時代のG2たりうる理由の第一が、戦争のないこと、軽武装国家たることを前提条件としているのである。

これは、「安保ただ乗り」論に論拠を与えることとは違う。日本は軍事・政治大国アメリカに依存しているが、アメリカは産業・金融大国日本に依存しているという具合に、両者の関係は双務的だからである。だから、なによりも貿易摩擦を解消させる国内改革――食管制の廃止、金融の自由化をさらに推し進め、円高を防ぐ「マル優」廃止、税制改革等――を実行することが、双務的責任の履行なのだ、と長谷川はいう。

しかし、経済から事柄をみると、すべて明快に分析でき、解答がでてくる、ということになるが、救いようもない事実にも対面する。

長谷川的にいえば、「さよなら社会主義」「さよならアジア」ということになるからである。経済体制上、社会主義の劣性はくつがえしがたい。中国やフィリピンのように、政治が優先する国とは、経済的につきあえない。援助や友好親善はしなくてはならない。が、経済進出するとかならず失敗するのである。アジア諸国には経済的合理性は通用しないからである。

しかし、このような見解は、日本がかつての「大東亜共栄圏」のような構想につながるコースを選択しないかぎりは、日本はアジアの一員であるという資格を脱して、世界のG2にふさわしいコースを第一義的にとるべきだという、まさに正論中の正論から発するものなのである。長谷川は、平等主義と軽武装を根幹とする、日本の戦後体制を保守することこそ、ひきつづく経済大国を維持し、技術大国として「情報化社会」への離陸をなしとげうる絶対条件だ、とみなすからである。

だから、大国主義・自己中心主義・拝外主義という、従来の経済大国、政治大国がおちいった弊害を避けうる、人類史上に例をみない「実験国家」として日本を位置づけるわけだ。このようにみると、長谷川が、日本の社会主義的変革を志向する勢力や、「自主防衛・自主憲法」をかざして日米安保体制（対米従属）からの脱却を目する勢力の最大の論敵だ、ということがよく分かる。

▼坂本賢三『先端技術のゆくえ』

技術も経済である。正確にいうと経済（的利益）のための一手段である。経済競争に勝ち抜くためには、高度技術を必要とする、ということだ。

しかし、経済に奉仕する技術から、経済が技術に奉仕する時代を迎えつつあるのである。この時代の特徴は、科学と技術が一体となった情報中心の社会である。しかも、政治も経済も技術に奉仕するような特質をもつ時代である。国家や民間が膨大な資金を、ただちに利益や成果を生まないリスクの大きい技術開発に投じることのできる経済力のある国だけが、この社会へ移行することができる。この社会は、ひきつづく経済の時代でもあるわけだ。

この時代の担い手は、いうまでもなく、国家（政治）の時代における王と官僚、経済の時代の企業家に相当する、科学技術者である。そして、この時代の科学技術者や民衆に要求される資質は、宗教の時代における厚い信仰心、国家の時代における忠誠心、経済の時代における勤勉さにかわる、豊かな「独創性」である。

坂本賢三『先端技術のゆくえ』は、時代の転換期を迎えた今日が、まさしく技術の時代の幕あけに直面しているさまを、技術の歴史と技術の特質に即して簡潔に語る好著である。

坂本も、来るべき技術の時代を「情報化社会」と特徴づけてよい、とする。つまり、この技術は、高度技術（ハイテクノロジー）であるとともに、内容からいえば、情報技術が中心となっているからである。しかし、「情報」というコトバは使われ出してから久しいが、あいかわらず流行語であり、曖昧である。

坂本は、「情報化社会」の「情報」とは、新しい時代にふさわしい新しい概念として、限定的に用いられるべきだ、という。

《それ〔情報〕はコンピュータや電気通信のように、その加工や伝達が人間の手を離れて対象化されているところに見ることができる。もちろんわれわれが計算をしたり考えたり他人に伝えたり記憶したりする場合（中略）広義には情報の加工（処理）や伝達をしているのであるが、これは「情報」概念を在来の事柄に拡張使用しているのであって、対象化されていない限りにおいては在来のコトバによって表現することができる。しかし知識にせよニュースにせよ、人間を離れて貯蔵されたり加工されたり伝達される場合には在来のコトバでは十分に表現されないという事態がある。逆に、人間を離れた情報の処理に対して「知能」とか「記憶」とかいう在来のコトバを適用することが大きな混乱をひきおこしていることも多いのであって、この「対象化されている」という事態をはっきり見定めておくことが大切であろうと思われる》

これは、「情報」＝「情報技術」としてつかまえるべきと語る。乗り物は「足」といわれ、望遠鏡は「目」といわれるが、乗り物（＝技術）はまさに、足（人間）の延長（足から離れた）として、対象化されたものである。技術は、人間の能力の対象化であり、また自然の主体化・人間化である。人間の対象化（自然化）と自然の主体化（人間化）という二つの契機を常にもつわけだ。

情報概念確立の第一歩は、だから新しい時代に属する。十九世紀に入って、電気通信（モース）や電話、無線電信等の通信技術が開発され、伝達が、人間の声や手紙から対象化される第一歩を踏みだした。しかし、「情報」の概念が成立したのは、人間の神経活動の一部を対象化した、情報処理装置である電子計算機の開発によってである。

人間は物質を加工したり、エネルギー（動力）を加工することによって、筋肉労働から解放されてきた。同様に、人間の神経活動（の一部）を対象化する情報加工によって、知能労働から解放されるわけではないが、単純な計算、情報処理作業からは解放される。「知識社会」（ドラッカー）や「情報化社会」の到来である。

もとより坂本は「情報化社会」の到来をバラ色に描いているわけではない。乗り物の発達が足（体力）を弱めるように、情報生産の発達が人間の計算能力や記憶力や情報処理能力を弱める傾向は避けえないからである。しかも、情報加工の対象が人間にまで拡大され、生殖や生体の加工が対象化されはじめたからである。

▼西澤潤一『独創技術の発想法』

技術の時代の担い手は、科学技術者である。その第一の資質は、機械にはできない人間能力の開発――プログラム作成やシステム設計よりはむしろ「意味」の発見――つまりは「創造性」である。「情報化社会」の到来にふさわしい科学技術者のイデアルティプス（理想型）とよぶにふさわしい人物が西澤潤一である。現在、東北大学教授で六十一歳。昭和二十五年（東北大学院三年時）、わが国半導体工業発展の基礎となった一連の発明を発表し、「田舎大学の二流研究者」扱いに屈せず、「SIT（静電誘導トランジスタ）」の開発と光通信の基本三要素（発光源、伝送路、受光部）の素子や機器の発明で、エレクトロニクス分野のノーベル賞といわれるジャック・モートン賞を獲得した、光通信と半導体研究の世界的な第一人者である。

その西澤の題名もずばり『独創技術の発想法』である。早くから産業界と学問界（大学）との共同――産学共同――を主張し、自ら財団法人・半導体振興会半導体研究所を主宰している西澤は、本書の中で特別なことをいっているわけではない。

外国で認められなければ認めようとしない日本学会の共通の歪みや、昨今の若い研究者たちは、のんべんだらりとしていても飯はくえるので、ひじょうに気の毒な世代だ、との指摘などは、いちおうの人たちならおこなうものだ。一に仕事、二三がなくて四に仕事こそ研究成果獲得の条件というのも、同じだ。本書を読むと西澤の仕事熱心は尋常一様なものでないことは分かる。一週間のうち家の布団に寝るのは土曜の一日だけで、あとは研究室で椅子をならべて寝る、といった類なのである。しかし、フルタイム、半徹夜状態の働き蜂は、人文系、自然系をとわず私の周囲にもいたので、そんなに稀ではないのである。

しかし、独創的である故に日本で評価するものはいなく、したがってあげあし取り的に学界からはたたかれ、大企業からは資金援助はもとより、実用化に目もむけてくれない状態が、西澤には長く続いた。「自説が正しいということを認められない期間というのは、歴史の流れからみれば短くたいしたことではないが、本人にとってみれば一生の時間と対になってしまう」といっていることからも、それがどれくらい苦痛な期間であったか、よく分かる。

西澤は、徹底した合理主義者であったから、隠微な人間関係に入りこむことを拒否し、最大の人生上の楽しみが研究であるというモットーをどこまでも押し貫いた。大学内外の、学閥的な人事に身を入れることを拒否する合理主義者ならば、日本の大学で研究すること、そこで成果をあげることは、大いにむつかしい。

理論経済学の森嶋通夫（英国学士員会員）や、江崎ダイオードでノーベル物理学賞を受けた江崎玲於奈、最近、免疫に関する遺伝子研究でノーベル生理学賞を受けた利根川進らは、海外でこそその成果は達成されたといってよいからである。国内に、とどまって続けられた西澤の努力はこの点でも特筆に値する。

本書からうかがいうる西澤は、自然科学者は予断、断言するべきではないという科学に対する謙虚さと、自分の研究に対する強烈な自負とをかねそなえた頑固人である。一徹の人である。科学と技術を盲信せず、どこまでも技術をエネルギーの省力化と結びつけ、最大のムダは戦争だと言い切る、この器の大きい人物には脱帽せざるをえない。

（1988・1・1）

10　ナチュラリスト文学を読む

▼G&L・ダレル『ナチュラリスト志願』（TBSブリタニカ、日高敏隆・今泉みね子訳）　▼日浦勇『自然観察入門』（中公新書）　▼内山節『山里の釣りから』（日本経済評論社）

▼G&L・ダレル『ナチュラリスト志願』

私は、エコロジストとはよばれたくないが、ナチュラリストとよばれたい一人だ。

十七〜十八世紀のイギリス経験論者をいくぶん学んだことがある。彼らはナチュラリスト、つまり、道徳や人間行動の原理を自然あるいは人間自然〔本性〕から説明しようとする人々とよばれた。だから、ナチュラリストとは、当時、蔑称の意味を含んでおり、無神論者の一種であった。この意味でなら、私は立派なナチュラリストである。

しかし、今日、ナチュラリストの意味は、もっとおおらかになっている。ジェラルド・ダレル、リー・ダレル夫妻の手になる『ナチュラリスト志願』がいうように、ナチュラリストとは「自然をよく見つめ、より深く理解しようとする人」、あるいは「自然を愛し、自然と一体化する人」というほどの意味である。著者のダレルは、生来のナチュラリストであることが、一読するとよく分かる。彼は二歳の時、インドで二匹のカーキ色をした大きなナメクジに出合い、それを魅力的と思っただけでなく、美しいサリーを着た乳母の女友だちと同じくらいきれいだとみなしている。もっともこういう経験は、ほとんどの子どもたちに共通のものだったのであり、私とて例外ではなかった（はずだ）。しかし、現在、私は自分を立派なナチュラリストとは思いがたい。そしてなによりもナメクジが苦手なのである。

第一級のナチュラリストである**ファーブル**の『**昆虫記**』を読むと、「暗い情熱」とでもよぶべきものが、刻々と伝わってくる。私は、誰が何といおうと、どう思おうと、背を丸め、腰をかがめて虫類を凝視しつづけるファーブルの精神の姿を嫌うつもりはない。しかし、虫や草に彼が近づけば近づくほど、人は彼に近づきがたくなるのである。彼は「博物学者」〔ナチュラリスト〕であり、「職人」〔プロフェショナル〕なのである。

『ナチュラリスト志願』は、ファーブルの精神の向きぐあいと、およそ逆である。テレビの前からものぐさたちを、光あふれる戸外へつれ出す。否、正確な表現ではない。タタミやジュウタンの上に眼をすえさせ、動くもの動かないものすべてに視線を走らせるように、といざなうのである。それも、じっとというよりは、キョロキョロと眼球が動くようにである。つまりは心が運動的に解放されるのである。

ダレルは、家の、庭のすみずみまで、ネズミのミイラ化した死骸まで大切に観察してやまないナチュラリストの心性を、美しい写真をふんだんに提供することで、あかず伝えてくる。私たちは、いつのまにか戸外の雑草地や低木地帯につれだされ、草原をゆうゆうとわたってゆくバイソンの群につきあたる。森、山、川、沼、海、地球のすべての生き物とじかに私たちは対面する。

ダレルは二つのことを常に主張している。一つは、どんなものにも興味をもつ心と体があれば、人生はとても楽しくなる、ということである。あたり前のことで難しいのが、手近の普段見なれたものに、関心をそそぐということである。自然は、都市から遠く離れた、空気の澄んだところにあるだけではなく、足下の床上、床下、天井裏に充満しているのである。ナチュラリストとは、だから、「神は細部に宿る」ということを、自分の眼や手で実証する人々のことなのである。

二つは、地球に住むすべての生き物に、特権者は存在しない、ということである。ヒューマニズムとは、人間中心主義ということだ。ナチュラリズムとは、人間もまた地球生物の一員にすぎぬ、という思考をその核心に含んでいるのである。そうであれば、ナチュラリストであるということは、そんなに簡単でないことが分かる。害虫とか雑草とかいう言葉は、いかにも人間本位であり、すぐに廃語とするにしくはない。でも、蚊に刺されると、猛烈にかゆい。ノミの類、ダニの類になると、見るのもおぞましくなる。なによりも、同類の人間どうしがいがみあっているのである。

私はナチュラリストであることの功徳は、ダレルが指摘するように、地球に礼儀正しく敬意をもって接する態度が身につくことにあるとみなしたい。相手に敬意をもって接する、これはずいぶん寛容な精神を必要とする。しかしこの精神は、相手を尊敬の念をもって迎えない――例えば汚水・汚物投棄は、海や川を、そこに住む生物を侮辱しているのだ――ものを許さない心性を表わしてもいるのである。人間たちが、人間たちに向かって、あるいは他の生物に向かって、ますます強権を発揮するようになったこの時代、ナチュラリストたろうとすることは、とてものことのんきではありえない。エコロジストという言葉が特別の響きをもって登場するゆえんである。しかし、私は、ナチュラリストでありたいし、この切迫した時代だからこそ、ゆったりとかまえる精神ののびやかさをもちたく思っている。ダレル夫妻の本が、のんびり屋の、いくぶん落ちこぼれの人間にこそ、より多く迎えられるのは、だから十分な理由があるのだ。

▼日浦勇『自然観察入門』

ダレル夫妻の本は、重量は大きいが、内容は読みやすく、細かい点までゆきとどき、しかも軽装である。読む者を、地球のすみずみに生息するものどものところまでのんびりとつれてゆく。しかし、やはり靴ばきなのである。ビシッと服装も決まっているのである。その点、いくぶん私のようなずぼらな人間にはなじみにくい。

これに対して、「草木虫魚とのつきあい」という副題をもつ、日浦勇《ひうら》『自然観察入門』（中公新書）は、いかにも、麦わら帽子に下駄ばきというスタイルである。ところで『自然観察入門』とは『ナチュラリスト志願』と同じである。ダレルは、一九二五年生まれのイギリス人である。日浦は一九三二年（昭7）生まれ、残念ながら八三年に他界した。

ダレルの本が実践的というよりは読物的なのに比して、この本はきわめて実践的である。下駄ばき、長靴ばきで田畑を横切ってゆくというふうである。

日浦は、まず地図をすすめる。地形図である。その地図で、自分の住居をたしかめ、通勤コースからはじまって、畦道、山道にいたるまで、地図にそって歩くことをすすめる。

そして歩いた道々に咲く草花の観察を、流れにそった虫魚たちを、春から夏へ、夏から秋へとたどってゆくのである。つまり、はじめに散歩ありき、こそが自然観察の第一のことだと強く念を押す。

日浦とともに、私たちは、田園に生きているものどもの構造、生態などを詳しく知るようになる。カブトムシの捕え方から、鎮守の森こそが、本当の神の居場所であり、信仰の対象であっただけでなく、きわめて良好な原始状態の森林に似ている、植物学にとっての貴重な場所であるなどが、かんで含めるように語られてゆく。木とは何か、葉とはどこまでを指すのか、という自明と思っていたことなどが、スーッと説き明かされてゆく。本当にためになる本だ。しかも、自然の謎ときをするのに、さしたるものは必要としない、と日浦はのべる。「足や目で思索にふける」ことを第一義とするからである。つまりは、徹底した観察ということだ。

しかし、もとより日浦はのんびりと眺めているのではない。私は田舎生まれで、田舎育ちである。田舎の人間が不自然なほどの人工造園を好むことに、いまもってゾッとしない。しかも、その人工造園たるや、いずこも同じなのである。日浦はこういうのだ。
《私たちの心象になつかしいもの、そして日本固有のものとして焼きついている田園風景の植物部分は、じつは栽培植物と人里植物という人工的な、そして外来種を中心に構成されているのである》しかも《春の田園風景が似ていて、生えている草の種類も似ているわけは、ヒトという巨大な影響力をもった生物種が田園という環境をつくり出し、維持しており、ヒトとの関係のもとにくらしてゆける植物だけが生えていられるからである》
人間中心主義的な生活圏の構築は、外形の相異にもかかわらず、都会でも田舎でも同じである。むしろ、田舎のほうが自然形を人工形に造化しようという力がよりいっそう加わるということになってもいたし方ないのである。私のゾッとしない感情は氷解はしないが、なかば了解したことはたしかである。
しかし、私はやはりいわずもがなのことをいう。田舎の人間は散歩などしない。絶対にだ。彼等は、初手からナチュラリスト失格なのである。散歩をする人間、自然を観察する人間とは、自然との一体性を喪失した都会人たちのことである。私が、昨今のナチュラリストもどきになりたいと思わないのは、根っからの田舎根性が抜け切らないからである。人家のない、丘の上で、ただ移りゆく四季の変化をながめているだけの生活を、だから好むのである。子どもたちも虫を捕まえたりなどしない。残念ながら、根っからのナチュラリストは、自然愛好者にはむかないのである。経験則として、このことを私はいう。

▼内山節『山里の釣りから』

しかし、都市に対して、漠然とした田舎というものはない。農村と山村という別種のカテゴリーがある、と強く念を押すのは内山節『山里の釣りから』である。内山にしたがえば、私の田舎ぐらしは、ただ通勤圏の延長としての田舎生活ぐらいの意味で、ナチュラリスト云々なぞはおこがましい、ということになる。その通りであろう。

内山節は一九五〇年東京生まれだから、この本は三十歳前の作品ということになる。しかも類例のない好著である。文章はさらにいい。内山の労働過程論やエッセーや哲学論を数多く読んできたが、この本はそれらの中でやはり抜きんでている。

東京に住む内山は、群馬県、利根川水系の神流川上流をいくたびもおとずれ、そこで岩魚と山女を釣る。その釣りを通して、山村とは何か、山村と川、山村と都市との関連を、労働形態の変化を基軸にすえて、ゆっくりと説いてゆく。第一章「山里の釣りから」の結論部分を引いてみる。

《最近はどこの釣り宿でも釣り人が数人いれば必ず自然保護をとうとうとして訴える人が一人はいるものだ。だが不思議なことに、案外この弁士が一番乱暴な釣り方をしている場合が多くてあきれてしまう。たぶんそれは、川を自然保護の対象としてみることが、川を生活の外のものとみることと、どこか通じているからではないかと思う》

自然保護の思想が、自分の生活にとって川とは何かということと、結合していない。結合しなければならないのに、だ。そして、人間の生活、端的には、人間の労働と切断された川に、自然の退廃がはじまっている。観光漁場としての川のみだれた姿がそこからはじまった。

交通・物流、すなわちかつてコミュニケーションの主要な手段であった川は、東京の水がめの手段、あるいは釣り人たちめあての場に変じ、山村の生活の場と切り離されてゆく。かつて釣りは、山里という人が生活している村で釣ることを意味した。今は、釣り魚だけを対象とする渓流釣りに変わった。

内山は、もとより、自然保護に反対したり、ナチュラリストを嘲ったりしたいのではない。こういうことだ。

《すべてが労働であり、すべてが生活の糧であるという山の生活と労働は、確かに都市の労働と生活に対する一つのアンチ・テーゼをなしている。労働とは一つの企業につとめることであり、仮に自営業を営むにしても、少なくとも一つの仕事を専業にすることであるという都市の感覚は、山里では通用しないように思われる》

だから、山の宿にとまって、「都市の汚れた空気を離れてこういうところに来ると、心まで洗われる気がしますなあ」などと挨拶されると、内山は全くいやな気持ちになるのである。山は都会のオアシスとして残せという声と太くつながっているのである。

ナチュラリストが、地球上のすべての生物に思いをはせるほどのデリケートな心性も持っているならば、こんな言は吐けぬはずである。

では内山ならどうするというのか。たとえば、川、岩魚の保護である。この場合、いく通りもの方法があるが、その根底には、つねに山村の自立経済をいかに確立するか、村の生活がそのまま川の保全につながるような経済構造をいかにつくりだすかという問題意識がひそんでいなければならない、というのだ。つまりは、人間と自然との共生ということにまで進まなければならない、というのである。正論である。

しかし、とまた私ごときがいわなければならない。人間の生活と自然＝生物との共生は、このハイ・テクノロジーの時代にはたして可能なりや、と。人間の生活・生産・労働が、人間の自然・生命それ自体をさえも改造対象の俎上——脳死と臓器移植——にのぼらせている時にである。

内山ならいうであろう。まさに、都市とも農村とも違った、山村の生活においてこそそれが可能なのだ、と。

そこでは、人間たちの生活の再生産構造と自然の再生産構造とが調和するような形式がみいだされなければならない、ということになる。おそらく、ラディカルなナチュラリストだろうとするならば、ここまで進まなければならまい。

（１９８８・２・１）

11 家族を考える三冊の本

▼増田みず子『シングル・セル』（福武書店）
▼海老坂武『シングル・ライフ』（中央公論社）
▼芹沢俊介・小浜逸郎『家族の現在』（大和書房）

▼増田みず子『シングル・セル』

小島信夫『抱擁家族』（講談社）は、戦後家族像の転換を示す記念碑的作品である。あらためてこの小説を読むと、昭和四十年前後、戦後日本がその隠微な部分においてまで、大きなカドをまわったことがよく分かる。そして、小説を馬鹿にしてはいけない、ということが納得される。

増田みず子『シングル・セル』（福武書店）は、「家族の崩壊」「家族の解体」ののちの風景を描いている。家族は、この作品では、もはやまわるべきコーナーを持たないのである。昭和六十年を前後して、現実味をおびて登場した、ポスト・家族――家族なき社会――を予示する独創的で屹立した作品である。

「シングル・セル」とは生化学で「単細胞」という意味である。この小説では「孤細胞」という含意でつかまれている（増田は東京農工大農学部植物防疫科卒であるということも知っておいてよい）。

増田は、**『自由時間』**（新潮社）で、十六歳の少女が家出をし、家族と学校から完全に姿を消したあとの生き方を描いている。とても奇妙な作品で、この少女は自分が何者でもないということを、全身をもって証明しようとするのである。それは、自己破壊とか自己否定とかとはまったく別のものである。自己破壊とは、何者かになりたい望みがあるのに、それが達成されえないという落差、欠如から生じるものだ。この少女は地方都市の安食堂に十五年間住み込み、かつて何者かであった自分を消し去り、まったく別な自分になるのである。そしてこの主人公の胸奥にあるつぶやきは、「私は生まれなかった。どこにも育たなかった」というものだ。すべての人間が、自分は何者かでありたい、何者かであると評価されたいと思っている時、何者でもありたくないというこの決意のでどころはどこにあるのか。

『シングル・セル』の主人公椎葉幹央は、二十五歳、農学部の大学院生。博士課程進学を主任教授から断念するように示唆され、今、ありきたりの修士論文を書くために、東京を脱して山中の民宿に泊まっている。

幹央は、はやく父母を失い、高校生の時から一人で生きることを余儀なくされた。彼は漠然としてはいたが、何者か（ここでは研究者）になるためにやれるだけのことはした。今、教授に見切りをつけられ、大切なアルバイトを中断して、論文執筆もままならぬ状態なのだ。そんなある時、民宿に女性グループが泊る。その中に竹沢稜子がいる。午前四時、喉の乾きで台所に下りた幹央を暗がりでじっとみつめる眼に出会う。幹央は厭な気持ちにとらわれる、いったん帰った女たちが戻ってくる。そして稜子だけが残る。物語の核心部分である後半部で展開されるのは、幹央と稜子の結合と別れである。

二人はなぜ会わねばならなかったのか。そして別れねばならなかったのか。『自由時間』の女主人公は、自分は何者でもないことをねがい、実現しようとする。しかし、何者でもない自分とは、いったい何であるか。「生まれなかった。どこにも育たなかった」私とは、何者なのか。

幹央と稜子がよりそうように、あるいは背中あわせのようにして相手をのぞきこもうとするのは、なぜなのか。二人とも、相手の中に自分を発見するからである。発見の確信が奇妙な同棲であり、この確信は必然的に別れを予想させ、その通りになる。

必死に、何者かであろうとした幹央は、稜子をとおして、自分は何者でもないことを知らされる。その時、幹央はそれまで自分の存在の奥深くに巣くっていた不安が消える。彼は自分を発見したのである。「シングル・セル」であることを。しかも彼はシングル・セルの研究をしているのである。生殖によらず、体組織細胞一個から、無限の数の、品質の一定した完全植物個体を創りだすことをめざしてである。

《シングル化した細胞は、条件さえ整っていれば、確かにそれ一個で生き続けるから、独立した生物とも言えるが、しばらく生きるうちに、細胞壁が異常に肥大して、つまり身を守るカラが厚くなり過ぎて、やがて窒息死してしまう。外から栄養分を取り入れることができなくなってしまうのだ。細胞壁が厚くなるのは、もろい中身を守るための、過剰防衛である。

それとともに細胞分裂の能力も失われる。カラが固すぎて孵化できない卵と同じ原理だ。

シングル・セルは、今のところ一代限りで死滅する。それも若いうちに》

民宿をたつ前日の夜、何の気なしに稜子に幹央がこう話すのである。そして、幹央は、自分こそシングル・セルであることを、きわめて自然な形で納得するのである。

自分を生みおとした家族から切れ、自分もカップルとならず、どんな家族もつくらない。経済的理由や、余儀なくされた理由からではなく、一人であることが、きわめてナチュラルなのである。落着くのである。一代かぎり、自分一人かぎりであることに、誇りと楽しさを感じるのである。

この「シングル・セル」はどれほど独創的か。人類がその生誕以来、カップルを通じて種族維持と育成をはかってきた家族が存立基盤を失うからである。他者との結合の中に、喜びや、生きる目的をみいだしてきた生存様式が終わりをむかえるからである。

もっとも、『シングル・セル』を、実験小説として、特異で例外的なケース（突然変異の一代かぎり）として読むこともできる。しかし、この小説や、あるいは**村上春樹『ノルウェイの森』**（講談社）を読んで、深いところで、私もそうなのだ、シングル・セル化しつつあるのだ、と静かに、ためらいがちではあれ、叫びたくなる人は、けっして少なくないと予想できるのである。

むしろ、人類は（ちょっと、おおげさかな）、今経過しつつある姿にはたいそう鈍いのである。だから、「シングル・セル」は、すでに実体化しつつあるシングル・ライフ（日本の全世帯数の二〇％がすでにシングルである）をつきぬけて、私たちの前に浮上している不可避の現実と思ったほうがよいとだけ、つけ加えておこう。

▼芹沢俊介・小浜逸郎『家族の現在』

増田みず子は「シングル・セル」という、文字通りの新人類を登場させて、家族の最先鋭問題を展開しているとするならば、家族が現在もっとも深部でかかえこんでいる根本問題をとりだし、個々のケース・スタディとしてだけでなく、理論問題として解決しようとしている第一人者は、掛値なしに、**小浜逸郎**である。昭和二十二年生まれで、増田より一年歳上ということになる。

ところで、家族をカバーする領域はたいそう語りにくいのである。共著『家族の現在』で、小浜はその事情をこんなふうにいう。

第一に、家族は、私たちが生きる共同性の中で、最も身近でかつ自明な存在だからである。あまりにかつ自明すぎて、あらためて「何か」と問うことすらできない対象だからである。第二に、語り手が、かならず男か女かのどちらかであるため、語る主体の性的実感や、生きる姿勢や願望などがすけてみえて、この主題を普遍的に語る資格を保証してくれるものがはなはだ心もとないからである。つまりは、男女どちらかの身勝手さを語るという不安につきまとわらざるをえないからである。

こういう語り難さを引きうけながら、小浜は、現在の家族論の焦点に肉迫してゆく。

小浜が展開しようとしているプロセスは、たいそう困難である。しかし、課題設定はきわめて明確である。つまり、問題の所在の核心をついているのである。これなくば、どんなに家族の周辺をうろつきまわり、困難なケースを抽出し、回答を与えようとしても、不可能である。

小浜の論旨はこうだ。現在、家族の解体はあるか。ある。しかし、それは、家族が生産共同体としての意味を喪失し、制度的な枠組みによって外から支えられなくなったことをさすのである。つまるところ、家族の他律的な枠組みの解体にすぎないのである。しかし、この枠組み解体は、家族それ自体の解体ではない。むしろ、この枠組み解体過程は、家族に固有なエロス的共同性への純化過程なのである。つまるところ、これまでの家族は、その他律的枠組みによって、自律的、エロス的枠組みが抑圧されてきた、家族の前史であり、今まさに、家族はその固有の共同性を豊かに展開しうる本史に突入しつつある、ということができる。

小浜は、家族の制度的変化や解体にもかかわらず、家族の本質が生き残る、否、むしろその本質が豊かに展開される、という。では家族の本質とはなにか。小浜は、ヘーゲルと吉本隆明とを援用しながら、こういう。

《家族というのは、男と女がエロス的な関係（の意識）だけをなかだちにして、固有の共同性あるいは固有の物語性を産出・展開させてゆく活動の世界だ、ということとなります。家族を営もうとするエロス的な意識の中には、何かその固有性そのものを永遠化してしまいたいという衝動のようなものがあって、その時間的空間的な根づきへの要求が、一種の人間的な営みとしての特性をぼくたちに与えているのだと思います》

たいそう難解である。しかし、いわんとするところはこうである。小浜の例示を要約しよう。主婦の家事（労働）に、社会的労働と同じ賃金評価をすべきだという主張がある。しかし、この主張は本質を区別していないのだ。家事の辛さとかむくわれなさは、賃金評価を受け、支払われたら解体するといった性格のものではない。逆に、その家事にいったんいやけがさしたら、何百万円積まれたって、いやなものはいやなのである。エロス的な桎梏から逃れるために、安パート賃金でディナーサービスの会社にやとわれ、見ず知らずの他人様のメシ作りに精を出すほうがよっぽど気が楽だっていうこともありうる。エロス的関係を本質とする家事と、社会経済的関係を本質とする賃金労働とを、平等—不平等関係（市民社会の法的人格関係）でおきかえることはできないのである。

人間がエロス的にかかわる固有な領域は、心的身体的共生活動の領域である。性的な結合領域である。おそらく増田みず子の「シングル・セル」は、本質において、このエロス的関係・結合を超越した存在である他ないだろう。それは新人類かもしれないが、私にとってはなんとも寂しい存在である。

人類はずーっと家族を営んできた。直接に生産の場として、人間が人間を生産する唯一の場として、核家族では、もっぱら新しい生産能力の再生産を保証する場として、等々。しかし、人類史上はじめて、男と女のエロス的関係を基本とする家族が生まれつつある。性的活動を何かの手段としてではなく、それ自体を目的とする新家族が浮上しつつあるのである。小浜は問題の核心をえぐっているにすぎない。しかし、おそらく、この核心から家族の現在と未来が語られるときにのみ、問題の真の解決がえられるであろう。

▼海老坂武『シングル・ライフ』

小浜がいうように、家族論はたいそう語り難い。その難しさを突破し、自らもシングル・ライフの実践者として説得的に物語ったのは、海老坂武『シングル・ライフ』である。シングルの現象学というべき書物で、増田と小浜の双方をつなぐ役割をはたす、とみてよい。ちなみに、昭和九年生まれ、仏文専攻の学者である。

海老坂は、非・反家族を標榜する。それは、国家やどんな共同体にも収斂されえない「個」の自立を求めるからである。人間の本質は「個」の自立・自存であるということを実証したいからである。もとより、シングルは社会・生産組織的あり方よりも、消費的あり方においてより容易であるから、高度消費社会(国家)の網にすくいとられやすい危険性を承知の上でこういうのである。

また、妻—夫のステータス、母—父のステータスを放棄した場合、女—男とは何なのか、という問題をつきつめるのである。シングルのあり方を通してである。小浜でいえば、家族の制度論的枠組みをとり除いたのちに残るエロス的関係のありよういかんである。

だから、当然にも、家父長制↓核家族↓シングルという推移を、彼は肯定的なものとみなそうとしている。

この本の面白さは、増田や小浜にも共通するように、自らを語るうまさにある、といってよい。海老坂は、こういうのである。

私が結婚しなかったのは、最初からはっきりした原理・原則があったわけではない。いわば「なしくずし未婚」であった。しかし、四十も半ばになった頃から私は、ようやくにして覚悟ができてきた。結婚なんてくだらない、ということをかなり自信をもっていえるようになった。

居直りでもなく、くやしみでもなく、こういえるのは、相当のものである。その上でいいたいのは、私には、「シングル・セル」も方法概念としてのものであるように思えるのだ。かつて、ルソーをはじめとする近代思想家たちが、「自然人」を自由・平等・友愛というシングル存在とみなしたが、それは、未開の人間像でないことはもとより、いわば、国家や共同体に収斂されて身動きならない現状を打破する理論的仮構として提起された方法概念だからである。仮構だから無意味なのではない。「シングル・セル」まで追いつめて、人間とは、自分とは何かを問いただすとき、自分ばかりでなく、他者も、周囲社会も別な姿をとってみえてくるのである。だから、「シングル・セル」を現実性のない仮構であるということで、一笑に付すのは、まったくいただけないのである。それに、「シングル・ライフ」もこれから本格化し、その本意が問われる段階に達しようとしているのだから、なおのことそうである。

（1988・4・1）

12　箴言、警句三冊の本

▼谷沢永一『百言百話』（中公新書）　▼T・W・アドルノ『ミニマ・モラリア』（法政大学出版局）
▼加藤尚武『ジョークの哲学』（講談社現代新書）

筋あり、ドラマあり、だから当然、長時間を要する書物に気が向かないことがある。ハウ・ツウものや、美しく刺激的な写真集のそばを、おそるおそる避けるようにして通りすぎたい時がある。通勤電車の中で、ただぼんやりと見馴れた車窓からのけしきを眺めている自分に気付くことがある。ポケットに一冊の文庫本が入っていなくても、外出できることがある。そんな時にこそ、ふと手に触れる本がある。

オマル・ハイヤーム『ルバイヤート』（岩波文庫）や、**ラ・ロシュフコオ／内藤濯訳『箴言と考察』**（岩波文庫）の類である。気が落ちこみ、力が萎えた時には、いっそう深みに招きよせるような本へと心が向くのである。

《世の中が思いのままに動いたとてなんになろう？
心の書を読みつくしたとてなんになろう？
心のままに百年を生きていたとて、更に百年を生きていたとてなんになろう？》（『ルバイヤート』）
すべて先刻承知の命題である。しかし、十一世紀のこのペルシャ人のことばが、特別な色彩をおびて胸裡にひろがってゆくのが分かるのである。

《沈黙は、自信のない人間のくみするもっとも安全な方策だ》（『箴言と考察』）
爪先の脂でこすり消してしまいたいことばだが、毛穴からしのびこんでくるのである。

それでというわけではないが、いつも手の触れる場所に置いておきたい本から三冊。

▼谷沢永一『百言百話』

当代随一の本読み、といったら当人は苦笑するだろう。しかし、種類をとわず、厚さをとわず、品格・出生・評判にかかわらず、谷沢永一は、書物のエキスを引用で抜き出し、公開におよぶという、著者にとっては身も蓋もないが、読者にとってはまことに得がたい評者である。しかも、短く言い切って含蓄が深く、知的刺激に富み、批評鋭いのである。六百字書評コラム『**紙つぶて（全）**』（文春文庫、昭61）はおそらく比肩する類似品なき作品として、ながく生きつづけるであろう。

『百言百話』（昭60）は、そんな谷沢の読書遍歴から精選した百の名言に解説をくわえてできたとっておきのおすすめ品である。

その第一言。

《俺とお前は違う人間に決まっているじゃねえか。早え話が、お前がイモ食ったたって俺のケツから屁が出るか》（映画「男はツライよ」）

ごぞんじフーテンの寅さんの名セリフをかかげて、谷沢はこう解説する。

《誰でも人間は利己主義者であるくせに、相手もまた当然に同じ人間なのだから、故に利己主義者であることを忘れがちだ。そして自分ならとても引き受け得ないはずの難題を、平気で相手に持ちかける場合があまりにも多い。そして拒絶されたら深く怨みとし、相手を人非人の如くに思うのだから不思議だ》

谷沢は、ほとんど無際限に頼り得るのは、恐らく生みの母だけであろうと指摘し、いかに親友でも超えてはならない一線があると強く念をおす。そして、駄目を押すように『**荘子**』から次の名辞を抜き出すのである。

「君子の交際というもの、水のように淡泊ですが、小人の交際は甘くて利を離れぬ故にやがてとだえてしまいます。理由なしに結ばれたものは、理由なしに離れ去るものです」

フーテンの寅さんのセリフをここまで読み解いてくると、「人間同士の友情を生むのは、ただ利害関係のみである」(ロシュフコー)をさらに超えた含意のことばであることが了解されるだろう。「世界名句集にも必ず採録すべきである」と谷沢が言い放つのも、もっともなのである。

《世の中には短く要約できないものはない》(星新一『明治の人物誌』)

ショート・ショートの名手星新一の名言は、よりいっそう谷沢にこそふさわしい。谷沢は、表現や話が無用に長く、饒舌に流れ、しつこく果てしなく、冗漫であることの理由を五つに要約していう。

第一に、言わんとする内容の核心を、煎じ詰めて把握していない場合。第二に、胸に一物あって計画的に先方を疲れさせ、軽重の差はあれ騙そうとする場合。第三に、なんらかの宗教およびイデオロギーの布教。第四に、対象への感情移入があまりにも度が過ぎるため、ひたすら自己陶酔に耽る迷惑型。第五に、「高等学校や大学で書かせる無益なレポートで、指導する側が要約の手腕を持たぬ」場合。とりわけ社会科学系の大学教員が書いている珍論文が要約の努力を欠く典型なのである。

この類のもの、とりあわず、近づかず、読まないにこしたことはない。《馬鹿は死ななきゃ癒らない》(広沢虎造『清水次郎長伝』)のである。しかし、要約の手腕を持たぬ教員に習う学生こそ迷惑である。彼らは、教員にとりあわず、近づかずに四年間を過ごすことは、今の制度上、不可能だからである。

谷沢の名言集は、他の類書とくらべて、意識的にくだけた調子をとっている。行儀がいくぶんよくない、といったほうがよい。しかし、それだけ、現に生活し思考している人間たちの肌身に近くなっている。それに説教癖や厭世気どりがまったくない。
心底からの厭世家は、そんな素振りをツユほども見せないものである。知者は知を振りまわさず、権力者は力の行使を一番おそれる。義を知る者は、社会正義を楯にすることを避ける。それはなにも謙譲の美徳などということではない。谷沢の引く言葉に即していえば、
《人間の力なきことと真理の無限無窮なることを知る者は、思想のために他人を迫害せざるなり》（内村鑑三『基督信徒の慰め』）
と同種なのである。
私は、谷沢の書くものが皆すきである。その好みの大本のところにあるのは、絶えることのないはげましの心である。『百言百話』にも一貫して、はげましのメッセージが脈打っている。第百言めは、ズバリ、
《やってみなはれ》（鳥井信次郎〈山口瞳・開高健『やってみなはれ　みとくんなはれ』より〉）
という七文字である。
サントリーの創設者のことばを引きながら、谷沢は、こう締めくくるのである。
《青春期にあって「本当に力が必要なのは、単に耐えることでない。目標を持たずに耐える、ということである。何時、どのようにして、自分に、ある事が満たされ、あることが成就し、この空しさから抜け出す事が出来るか、ということが、あらゆる青年のひそかな、そして心からの願いであり、期待である。しかし誰も、何人も、その青年に確約してやることができない」（伊藤整「青春について」）のだ。人生とは、青春期にあっても熟年期にあっても、「やってみなはれ」と、自分自身に言い聞かせるしかない未知の航路なのである》
私も、「やてみなはれ」と、他人からもいわれ、自分自身に無理にでも言い聞かせたことばによっ

て、どれほど勇気づけられ、奮いたったことか。

▼テオドル・アドルノ『ミニマ・モラリア』

心が倦み疲れた時、緊張をときほぐすような、ゆったりとした書物が欲しくなるものだ。しかし、心をいっそうヒリヒリするところまで追いこんで、かすかにもせよそれに反撥する力をバネにして上昇したいな、と感じる時もある。稀にだが、そんな瞬間に開く本は、とても貴重である。

テオドル・アドルノ『ミニマ・モラリア』(三光長治訳・法政大学出版局)は、誰にというわけではないが、いくぶん自虐的な性向の読書人にすすめたい本である。『ミニマ・モラリア』とは、ギリシアの哲人アリストテレスの『マグナ・モラリア』(大倫理学)に対する、「小倫理学」という意である。「大(マグナ)」が政治的・公的領域を表示する対比でいえば、「小(ミニマ)」は、日常的・私的領域を指示している。また、ニーチェが「悦ばしき知」をめざしたのに対し、この本は「悲しき知」「憂鬱な知」をめざしている。私的で気のめいるようなテーマと論述が全篇続くということになる。

アドルノは現代ドイツの傑出した哲学思想家である。ナチに追われ、米国亡命中、解体に解体をかさねる思考経験をとおして、「個人生活をその隠微な襞にいたるまで規定しているさまざまの客観的な力の探究」をおこなった。そのアフォリズム集が本書である。小さく、暗いのはそのせいでもある。しかし、アドルノの暗さは、理性が万物を解き明かすと約束する近代知が、恐るべきナチズムを生みだしたことに対する確認から来ているのである。ナチズムは、狂気や短慮から生じたのではなく、正気と合理主義と熟慮から生まれたのである。つまり、正義や知性や技術に反してではなく、それらに適うものとして誕生したのである。

当然にも、アドルノの本は、反語と皮肉に満ちている。だが注意深く読みさえすれば、彼の絶望にも似た呟きは、その絶望感にたゆたっているダルな精神とつながっているのではなく、絶望にもせよ、その確認からしか言葉と行動ははじまらないという、希求の思いを伝えていることが分かる。だから、こういえるのである。

《社会の負け犬たちを手放しで礼賛することは、彼らをそのような人間にした体制を手放しで礼賛することに帰着する。肉体労働をまぬがれた知識人たちが罪悪感を抱くのはもっともであるが、そのことが田舎ぐらしの「痴呆症」を弁護する口実になっては困るのだ。知識人以外に知識人について書きたてる人間はいない、また本物主義の名において知識人の悪口を言うのも知識人であるが、彼らはそれによって虚偽の上ぬりをしている。滔々たる反主知主義と非合理主義の風潮は、大部分、物を書く人間が同業間の競争のメカニズムを告発することによってかき立てられているのである》

合理主義や科学主義の批判は、それ以下のところへ降りてゆくという安楽な手段を捨てて、合理主義よりもいっそうロゴス（理性）を大切にし、科学よりもいっそう客観性を貴重に思う精神構造（ミニマ・モラリア）から発するべきだ、とするのである。

警句集にありがちなたんなる反語・奇抜さをぬけでた、真正の知性人の反時代的な呟きに満ちた箴言（アフォリズム）である。もっとも《自明でない思想だけが本物である》と書くぐらいだから、けっして読みやすい本ではない。しかし、饒舌や冗漫とはまったく異質なのである。理解する努力をおしまない人なら、どんな人にも到達可能な思考の宝庫であると、私ごときがうけあってもよい。

▼加藤尚武『ジョークの哲学』

心が落ちこんでいても、いくぶん余裕のある時は、**開高健『風に訊け』**（1・2、集英社）などを持参していると、おのずと心がなごむ。パラパラとめくるだけでそうなるのだ。

しかし、ここでおすすめしたいのは、いっそう異色の作品である。開高もジョークを好み、ジョークのアンソロジー『**食卓は笑う**』（新潮社）を出しているが、ジョークを作り出す「方程式」をみつけ出そうとしたのは、加藤尚武が最初であろう。

加藤には『**ヘーゲル哲学の形成と原理**』（未来社）という立派な専門書もある、現役のしかも知的刺激の最も強い論稿をものしている哲学徒である。昭和十二年生まれだから、この業界ではまだ若い。

加藤がジョークを意図して作りはじめたのは、六〇年代末、東大で助手をしていて大学紛争に直面して以来である。すでに『**ジョーク哲学史**』（河出書房新社）という、今なおよく売れている傑作を出している。『ジョークの哲学』は「あらゆるジョークを作り出す方程式」をみつけだすことの手始めの一歩であるというとおり、いささかの堅苦しさはいなめないが、実に「楽しき知」（ニーチェ）なのである。

「目的と手段の倒錯愛」という方程式。

《「あ・な・た、お庭に水を播く時間ですわよ」

「だって雨が降っているじゃないか」

「だったら傘をさしたらいいでしょう」》

庭が存在するから水を播く。何ら不合理ではない。不合理は、水があるところに水を播くという、目的と手段の矛盾にある。このジョークのおかしさは、「雨なら傘」という定型に、目的の不合理性が入るため、目的の自己矛盾が生じることにある。しかし、この不合理さは意志の不合理性を示してもいるのだ。

《「やれ」と言った以上、たとえ無意味でもやらせてみたいのだ。「すねる」「甘える」という形で「こだわる」場合でも、言い出した以上はやらせてみたいという意地である。意地とは、目的の達成

を度外視する、意志の不合理な存在欲である》

ジョークの中から、論理の不整合や自己矛盾を発見するばかりでなく、人間の底深くでんと腰をすえている意志の不合理性を導き出す呼吸の見事さに、さすがだな、と感心せざるをえない。ゴロ合わせからはじまって、目的と手段の関係という超高級な思考にまで、加藤のジョーク創造の発意はおしすすむ。

ある本で、理性とは、目的への最短距離をすすもうとする効率思考に他ならない、と私が書いた。ところが、そんな言い方は、理性を侮辱するのにも等しい主旨の反論をいただいた。その人は、おそらく、

《テレビ局の入社試験。

「君、今ここで寸劇を即興で作ってみてくれませんか」

応募者はドアを開けて待合室に向かって叫んだ。

「入社予定者はすべて決定しましたので、あとの方は交通費を受け取ってお引き取り下さい」》

には無縁だろう。「理性の仕事は、手段という中間段階を終らせることにある」と加藤が述べるとおりなのである。

（1988・5・1）

13 人生の無常を読む三冊の本

▼椎名誠『新橋烏森口青春篇』（新潮社）　▼堀田善衛『定家明月記私抄・続篇』（新潮社）
▼神一行『人生の時刻表』（ＫＫベストセラーズ）

まだ前途が洋々だった（と思えた）ころ、話題となったのは、三十歳になったら、何をしているだろうか、ということであった。何者か（サムボディ＝重要人物）になりうる、きっとなってやるなどという者は稀だった。何かキラキラした将来が待ちうけているなどと、とてものこと思えなかった。それでも、三十というのは、遠くにあった分だけ、いくぶん魅力的に輝いているはずだ、と自分たちにいいきかすことはできた。

三十歳になっていた。自分たちの姿を二十代のはじめにボンヤリと想像したのと、それほど違いのない者になっていた。一流出版社の編集者、タイヤメーカーの営業員、電通社員、大学教師の卵。しかし、予想通りの平凡な時間が待っているにすぎなかった。でも、何かに挫折したとか、耐えがたい空疎感に襲われているとかとは違う、いくぶんゆったりした時間が流れだした。その時、急に自分たちの周囲の同年輩が、今、何をしているのかが気になりだした。

転機がやってくる者もいれば、スーッと四十代に突入した者もいた。すでに、前途に何ものかを望むというよりも、あの時、ああしていれば俺たちも、というあまりに根拠のない、回想めいたもののよこぎることが多くなった。そして、人生のなかばで夭折した人びとの年齢が気になりだした。新聞を開いて最初に読むのが、三面記事の最下段にある死亡記事であることに気づくのであった。それでもこの時期は、自分たちの生が破綻のない、まだ先のあるものに思えてしょうがない、というふうなのである。

▼椎名誠『新橋烏森口青春篇』

椎名誠は昭和十九年生まれだから、私と同世代といってよい。息子もほぼ同じ年齢らしい。私のまわりにいる小説好き、物書き好みの女性に一番人気があるらしいのが、椎名誠なのである。シーナさんはいい、とよくいわれる。背も高いし、あまり利口そうでなく、ガンジョウにみえるのだから、たまらないというのである。私は馬鹿っぽいのを売物にするのに抵抗をおぼえるが、背も低いし、利口そうにみえるし、ヤワなので、大そう口惜しいのをおさえて、ソウダロウナと返事をすることにしている。中年のオバサン方は、余市（北海道にある）の丘にシーナが来て住むというので、今からドキドキしているらしい。こちらは、三年ほど前から、あの長沼ナイキ基地のある丘に腰をすえているのに、てんで反応がないにもかかわらずである。失礼な話である。

しかし、実のところ、私もシーナが好きである。もちろん小説のほうである。『新橋烏森口青春篇』の主人公は、「シーナ」であるが、三十歳になったら何者かになっているのかなあ、と陽だまりの中でぼんやりと考えていた私たちでもあるといっても、少しも支障はないのである。これは現在、四十代の半ばにある者（もちろん男）たちの、共有できる平均的青春篇といってもいいものである。

シーナは、朝日新聞の求人広告欄をみて、応募する。「編集員」というなにか妙に胸のときめくような知的なイメージにひかれるように就職試験を受ける（このイメージは試験当日に霧消してしまうのだが）。社員総数二十人ほどの「百貨店ニュース社」に、ともかくシーナは入社してしまう。物語は、この会社を中心とした実につまらない、どこにでもある話といえば、それでおしまいである。おしまいなのだが、しかし、胸におちるものがある。何か大切なものらしい。すぐ思い出されるが、しかし、普段は忘れてしまっているもののようである。

どんな小さな業界紙を発行する会社といえども、仕事はある。どんなにルーズでも、出社時間はある。でも、シーナ君をはじめ仲間たちは、のべつ幕なしに、酒を飲み、ポーカーに熱をあげ、噂話に花を咲かせている、というありさまである。社長や古株の幹部を除けば、すべて人生航路の捨石のような場所と、この職場をみなしているかにみえるのである。シーナ君もどうもそうらしい。

《会社勤めというのも結構いいもんだ、とぼくは思うようになっていた》《毎日会社にやってくる、というのはなかなか楽しいものだった》

これは、この会社で、編集部員が三人の、したがって、三番目で最小の部署にまわされて、一カ月後のシーナ君の述懐である。しかも、ここの編集長は、部員二人をつれて十時には会社を出、銀座にある喫茶店に入り、ゆっくりスポーツ新聞をよみ、二十分ほどトイレに行くというのを日課にしているのである。シーナ君は「ヒトのウンコにつきあわされている状態というのが我慢ならない」のである。うんざりなのである。それに、服装や持ち物まで編集長の趣味にあわされてしまうのである。

入社一年、こんな状態で、シーナ君が会社にやってくるのを楽しいと思うのは、実に簡単な理由からである。それは、行きつけの純喫茶店のウエイトレスの女の子に会えるからである。どうもシーナ君を意識しているらしい女の子のいる「喫茶店のためにだけ出社」するからけっこう楽しいのである。

シーナ君は三人の女性を意識している。三人とも、シーナ君に気があるように書かれている。一人は、あのウエイトレス。もう一人は、はじめて連れていかれた料理屋のオカミ。そして、就職前まで共同生活をしていた、今は長崎で司法研修生となっている友人の同級生。ウエイトレスのほうは、同僚の言葉（あの女はシーナに気があるらしい）を「信用」した結果のことで、てんで誤解なのであった。料理屋のオカミのほうは、どうもシーナ君を買っているらしい。ただし二回しか店をたずねていないのだから、シーナ君の年増殺しは天性のものらしい（?）。

この青春篇は、友人の同級生、原田瑞枝さんとデートにこぎつけるところで終わっている。先輩たちが、この小さい会社から「本当の人生の賭」に向かってやめてゆく。シーナ君の部署は、たった一人になっている。しかし、どうも、シーナ君は会社をやめないようなのである。管理もきびしくなり、自由な雰囲気もなくなってきたのにである。シーナ君には、何者かたろうという意欲は湧いていない。二十三歳である。そして、こんなところが、私たちの平均的な姿だといったら、シーナ君に失礼だろうか。だが、エブリマンを魅力的に描くことは、本当に骨の折れることなのである。椎名の小説がストーンと私たちの胸におちるのは、この描かれた平凡さの魅力のゆえらしい。本当にあのころは輝いていたなあ、という誇りにも似た感情を、シーナ君はよびさましてくれるのである。

▼堀田善衛『定家明月記私抄・続篇』

シーナ君には、何者かになろうとしない妙な魅力がある。しかし、もとより、何者かになろうとして強烈な一生を終える人もいる。堀田善衛『定家明月記私抄・続篇』は、藤原定家『明月記』に即して、定家の後半生を活写した伝記とでもよびうるものである。

定家は、人も知るように、勅撰和歌集（『新古今集』）の撰者にして、父俊成の後を継ぎ、和歌をもって家業として一生を終えた稀人である。その生きた時代は、貴族社会から武家社会への転換期にあたる。まさに、激動の時代を生き抜いた。一一六二年に生まれ、一二四一年、八十歳で没している。俊成が九十歳まで生き抜いたのだから、この父子、よほど長生の性であったのだろう。

定家は、歌人のナンバー・ワンである。和歌とは文業の最高峰であるから、第一位の文化人であった。しかし、この時代、政治と文化の第一人者を任じて誰はばかることなく生きたのが、定家より約二十歳下の後鳥羽院であった。この両者の確執はすさまじいばかりである。

『明月記』が、定家十九歳から七十四歳までの日記である。この堀田『続篇』は、五十歳からはじまる。鎌倉と京都、幕府と天皇の二重権力下の時代が一つの決着を迎えようと活発に動きだした時期に当たる。

天下一の歌人は、主家の九条家が政変で失脚したこともあって、いまだ低いところに甘んじていた。やっと五十歳になって、定家は従三位に叙せられる。つまり「公卿」になったのである。どれほど長く待ち望んでいたか。しかも、この位も、姉の九条尼がひそかに、鎌倉の女将軍政子と同様に、京都にあって人事の実権を握っていた卿二品藤原兼子へ莫大なワイロを贈って得たものであったらしい。

官位に異常なほど執着を示す定家は、また『明月記』の中で、きわめて微細に噂話にいたるまでの世事に関心を示し、この関心は生涯にわたっておとろえるところがなかった。堀田は、当今の新聞や週刊誌も顔負けするほどに詳しくなってゆくと評している。実に、風流とスキャンダルの混合物が、この日記の実態なのである。否、圧倒的に後者が勝ちを制している、といってよいほどなのである。

それに、定家は、息子の嫁として関東の有力者宇都宮氏の娘をむかえ、鎌倉との太いパイプも獲得する。なかなかの世渡り上手なのである。しかし、定家の危機は五十九歳の時にやってくる。後鳥羽院の勅勘を蒙《こうむ》ったのである。原因は二首の歌に発した。その歌が、後鳥羽院を批判するものとみなされたのである。歌人としての活動の無期停止処分を受けた。私たちは、和歌ぐらいで、と思うが、和歌はまさに貴族社会の公的コミュニケーションの不可欠の手段だったのである。和歌をよめなければ、本来、貴人ではなかった。自ら第一の歌人と任じている二人の者がおり、その一人が歌で他の一人に痛烈に批判されたと思い、しかも、その批判を処分でむくいる力を保持していたのである。そして、それを行使した。

だが、何が幸いするかわからない。一九二一年、承久の変が生じた。鎌倉と京都の戦争である。あっけなく片がつく。後鳥羽院は隠岐にながされ、終生もどってこなくなった。勅勘が自然消滅しただけではない。今や、第一の歌人は定家ただ一人になったのだ。しかも、京都の権力は、定家の主家筋が独占する。定家は、六十一歳で従二位、そして六十六歳で、正二位に叙せられる。まさに定家が率直に記しているように、承久の変がなかったならば、とうてい望み得る位ではなかった。「正二位人臣の極位ナリ」である。

しかし、位人臣の極に達した時、定家は「歌の別れ」をむかえる。しかも、新しい「歌」である連歌が貴族社会に流行しだしている。だが、唯一の歌人の役目は終わっていない。定家ははるか隠岐のほうを疑い深くのぞみながら、撰歌にあけくれるということになる。京都は白昼でさえ群盗が横行する社会に変じている。

歌で身をたてる。歌業を継ぐ。こういうことはある。しかし、定家は第一の歌人にして、人臣として最高位を極めたのである。しかも、あくなき世事への関心。この強烈な世俗主義と、かの幽玄な新古今歌との一見したアンバランスは、しかし、それほど奇異ではない、と思いなしたい。晴耕雨読を望みとするがごとき隠遁者には、「おもかげのひかふる方へかへり見るみやこの山は月纎《ほそ》くして」というような解脱的歌はよめないのではなかろうか。そういう定家の芸術家の一典型を、堀田善衛はまずまず上首尾に描いた、とみなければなるまい。

▼神一行『人生の時刻表』

椎名の『青春篇』には、まだ人生上の危機は到来していない。定家の五十歳をすぎての行路には、それ以前のよりも一そう大きな振り幅で、危機が到来する。「人生はいつも分岐点、あなたはいま何をすべきか……」をキャッチ・フレーズに、神一行は、何歳で、この人は、何をしていたか、の簡潔なデータを収集して一冊にまとめた。『人生の時刻表』（ＫＫベストセラーズ）である。

たとえば、椎名誠。二十歳、二十五歳、二十六歳、三十二歳、三十五歳、三十七歳時のデータが、それぞれ出てくる。「日本写真大学在学中。東京・江戸川区のボロアパートに男数人と同居生活を送っていた。当然貧しい金欠時代。……」（二十歳）。かの『青春篇』の直面に当たる。二十五歳で、シーナ君は、流通業界紙の編集長をつとめている。そうすると、『青春篇』のくだんの会社はやめていないようだ。三十二歳で『本の雑誌』創刊。でもまだ会社はやめていない。三十五歳で、初のエッセイ集『さらば国分寺書店のオババ』を書く。そして、三十七歳で、やっとかの業界紙を十五年いてやめるのである。しかも、愛惜の情をこめて別れをつげるのである。

『人生の時刻表』で、同一人物を縦につないで、その節目を知ることができる。同時に、二十歳の時、複数の誰たちが何をしていたのか、たちどころに分かるというように編集されている。

椎名はもうすぐ四十四歳になる。池田満寿夫はこの歳で、『エーゲ海に捧ぐ』で芥川賞をえている。石原慎太郎は、美濃部都政に挑戦して、一敗地にまみれている。田中角栄は、政調会長になり、森村誠一は『人間の証明』で角川小説賞、という具合に、横ならびに同年齢時代の各人各様のさまが分かるわけである。

この『人生の時刻表』は、しかし、人物データバンクの類のものとはいくぶんことなる。つまり、立派に読物としてつかえるのである。そしてスキャンダル好きの人にはおあつらえの暇つぶしにもなる。芸能人や作家たちに大きなスペースをさいていることにもよるが、いくぶん大まじめの人生論ぽい構成になっているからである。それに、失敗談よりは、成功例を骨子にすえた、何かガンバリたくなるような人生応援歌の調子にみちているのである。

私の好きな向田邦子は七回登場する。田英夫は、かならず、はじめは、「社長になる人」だとか、「委員長になる人」とかと、気に入られてきたことが分かって、オカシイ。しかし、いくぶん気になるのは、筒井康隆、小松左京、開高健などの関西勢（?）の名が欠けていることである。

（1988・6・1）

III　旧刊再読　1984～1987年

初出：月刊「潮」　旧刊再読　1984.7～1987.2

1　映画評の新形式を創造

▼和田誠『お楽しみはこれからだ』（文藝春秋、全三冊）

映画館が、地方都市から居住専用区から姿を消して久しい。横丁の角をまがった平屋のバラックにかかげられ板一枚一枚に、黄金色の夢をたくしえたのは、いつのころだったか。薄暗い、充分に湿っぽい場内。ヌルヌルすべる通路のスロープを慎重におりて、未修繕のイスに尻をとられないように、腰を宙に浮かしてソロリとおとす。画面で展開する洋画の極彩色とは、実に対照的な条件のなかで、青春の一刻をすごしたあの時代が、いまや民俗学の対象になろうとしているかのような状態なのだ。

私はこれをノスタルジックにうらめしく思っていうのではない。楽しみのすごし方が多様化され、映画がごくごく小さな部分に、それにふさわしい位置へ退化したにすぎないとみなすからだ。それに、映画をみる時と場所も様がわりした。いまや、ビデオでみると相場がきまったといってよい。ところが、これが存外と冷遇視されているのだ。映画評のごときは、封切時のものにかぎるといったていである。カット勝手のテレビ映画なぞは、まがいものの鑑定に似た作業であるかのようにうけとられているむきがある。それにもっといただけないのは、あのテレビ・ガイドの映画紹介。コピー時代だといわれるのに、ひとを喚起させるような惹句はゼロというしまつである。

しかし、時代の空気の流れを敏感に感じとるものはいるものだ。和田誠『お楽しみはこれからだ』は、まさに旱天の慈雨、砂漠のオアシスである。

「映画に出てきた名セリフ、名文句を記憶の中から掘り起こして、ついでに絵を描いていこうと思う」

和田誠は、テレビ映画時代、コピー時代にふさわしい映画評の形式を創造したといってまちがいがない。テレビ映画を、映画の寸足らずの奇形児、プロ野球の穴うめ、倉庫のすみでほこりをかむった雑品の再利用などという地位から、上映館映画とは享受の時と場所も仕方も異なる、このパーソナル時代にふさわしい独自な娯楽対象に引き揚げえるのは、このような新形式が広く浸透するほかないのだ。

ひとことでいえば、和田誠によって、映画が違ってみえてくるのである。「太始に言あり、言は映画とともにあり、言は映画なりき」（ヨハネ伝）を、和田は単独敢行したといってよい。もってまわった難解を尊ぶ気配は毛筋ほどもみせない。スッと読んで、スッとはいる。しかも映画がたまらなく好きになるのだ。映画に言を発見し、その言によって映画を再発見する。このことは、しかし、こと映画にかぎるまい。

『赤い河』の悪役ガンマンが若きモンゴメリイ・クリフトと腕を競うシーン、「この世に拳銃よりいいものが二つある。スイスの時計と若い娘だ」と、『第三の男』でハリイ・ライムに扮するオーソン・ウェルズの名セリフ。「イタリーではボルジア家・三十年の圧政の下に、ミケランジェロ、タヴィンチやルネッサンスを生んだ。スイスでは五百年の同胞愛と平和を保って何を生んだか。鳩時計だとさ」

とを読み＝見くらべながら、西部劇の悪役はいつも何かしら憎めないんだなあなどと、あれこれ楽しむ方法もある。つまり、この本、映画へのいざないではあるが、文章それ自体として独立に楽しむことのできるイキな読物であり、警句集なのだ。しかも、

「文章だけでも十分おもしろいのに、そこへあの軽妙なイラストがつくんだものね。鬼に金棒。いや、イラストが鬼で、文章が金棒（笑）。あのおかげで、元の名セリフがますます名セリフに見えてくる」

（谷沢永一・向井敏『読書巷談・縦横無尽』日本経済新聞社）

何度も何度もでてくる『カサブランカ』。

「ゆうべどこにいたの？」

「そんな昔のことは憶えていないね」

「今夜会ってくれる？」

「そんな先のことはわからない」

『リバティ・バランスを射った男』から、

「もう勇気は品切れか。では酒場で仕入れるとしよう」

などなどのセリフは、そのままでコピーとして流通している。これ和田に著作権はもちろんないのだろうが、惜しい気もするな。

だが最大のセリフは、書名ともなった「お楽しみはこれからだ」だろう。このセリフ、『ジョルスン物語』のスーパーインポーズから完全にぬけでて、自立する力を言自体がもっているからだ。オリジナルの文脈から一人だちして自由に飛行できたら、言＝セリフも一人前。貨幣のように、あらゆる品物、物財であると架空財であるとをとわず、にとりついて、語りだすのだ。まして、書名が一人あるきしたら最高。極論すれば、和田はこのセリフを抜き出し、書名として創造したからこそ、パーソナルな映画鑑賞およびコピー時代にふさわしい、だからこの形式を延長していけば、圧倒的多数の若者たちにも支持されうる批評の楽しみの新形式を編み出しえたと、いいうるのである。

パート2、パート3をふくめて全三冊〔2011年現在、パート7まで〕、三百篇以上の紹介のうち、私がみた映画は三分の一に満たない。しかし、すでにみたのも含めて、和田のセリフを自分なりに拡大していま一度みなおしてみたいものばかり。

新聞のテレビ番組欄に注視することしきりになる。これ受けあってよろしい。

＊

「旧刊再読」を『お楽しみはこれからだ』からはじめた。この拙紹介文もいつか名前をもって一人あるきし始めうればという気もないわけではない。しかし、いまのところ和田の試みに乾いたシットめいたものしか湧かないというのが実情だ。こう、次回。

（1984・7・1）

2 林達夫の「精神私史」

▼林達夫・久野収『思想のドラマトゥルギー』(平凡社)

魅力ある書物というものは、どこかしら「言い放つ」という趣のあるものだ。そこにゴシップの種が播かれてあれば、いっそう気をそそることまちがいない。しかし、この種のもの、一歩誤ると、ただの「放言」、ただの身辺雑話的自慢話に堕する。十分に学問的で、しかも、どこまでもインターナショナルに徹して、かつ私的関心事に満ちている、そんな知的贅沢に富んだ書物がある。

私事を語らないという命題をかかげてきた林達夫が、その禁を破って論じ談じた『思想のドラマトゥルギー』(平凡社)がそれだ。専攻のないこと、素人であることを誇り高く語り、しかも自らを「学者」であると規定してきたのが林である。人間の精神的諸祖型を究めようとする「精神史家」であると評されてきた林の、これは「精神私史」に他ならない。

林は「哲学者の祖型(アーキタイプ)は考えるコメディアンか喜劇作家だ」という。ソクラテス、プラトンをこの祖型とみなし、伝統的な哲学者、思想家像に変更をせまるこの立言は、林自ら「コメディアン」、すなわち哲学者たらんとする自恃に支えられたものだ。カントを始めとするドイツ観念論にその祖型をみいだしてきた日本の哲学者像――西田幾多郎、田辺元、三木清など――に痛棒をくわす命題なのである。

筋道を立てて言いさえすれば、分かってもらえると信じている一方交通の哲学――こと哲学にかぎるまいが――に対して、生き、動き、闘い、死ぬ術としての哲学、なによりもこれらの行動の意味の

「説話術（レトリック）」としての哲学が、林の目するところなのだ。

しかし、この「術」を獲得するのにはひどい「道草」を必要とする。あるいは「道草」をするからこそ、この「術」の必要性が分かってくるというのが正しいだろう。林自身の生涯行程がまずもって「道草」であることを示している。ゲーテは、大人になるということは一つの道筋を持つことだ、という風なことをいった。この点でいうなら、林は無数の道筋を行きつ戻りつした、一人前の大人になりそこなった「モラトリアム人間」の典型ということになろう。もっとも当のゲーテも一筋道の人間ではなかった。「全世界は一つの世界　そこでは男も女もみんな役者」（シェークスピア）をかかげて、無数の役を演じ切ったのである。政治家、小説家、演出家、自然科学者、社交家……。

しかし、いうまでもないことだが、林が無数の道筋をたどりにたどったということは、極論すれば一筋縄のものになろうと思えばいつでもなれるという事の反面なのである。しかも、こういうことをスラリというのであるから、たまらない。

「哲学者というのは、普通、フォークロアの世界は嫌いだろうな。庶民の世界のうじゃうじゃしたものとか、モヤモヤしたもの、イライラしたものの大事さ……」

だから、林はテレビを良くみる。「一億総白痴化」と同時に「一億総聡明化」でもあるからだ。今少しいうと、メロドラマなども含めて、人間の精神のバランスを維持するための健康法なのである。これを馬鹿にして遠ざけると、涙腺に抵抗力がなくなって、老して「涙腺肥大症」になり、やたら「美談」に弱くなるのだ。つまり、老年期につきまとう感傷性を拒否できなくなるのだ、と。

しかし、林を放射線状のなんでも屋だとするのは決定的に誤っている。林は自らもエピキュリアンとなのっている。しかしここで「快楽主義者（エピキュリアン）」という場合の「快楽」とは、語の本当の意味では「心の平静」というほどのことだ。林の場合はもう少し進めて、「自分の不得意なことをせめて人並みになるまで矯めてやろう」という、一種の「修業」にも似た「道筋」を一つ一つ経ていくということで、禁欲主義と同義なのである。こういう態度はまさしく思想家たる者のそれである。政治闘争は最も弱い環を衝く。これに対して思想闘争は最も強い環を衝く。だからこそ、どこまでも「余剰」を必要とし、その強化のためにとどまるところを知らぬ「修養」を要するのだ。「身を投げ出してのらくらしたいのは、この努力型の反面」にすぎないのである。この点で、一般に反語家で皮肉屋とみられている林達夫は、思想家の王道を行く正統派なのだ。

林は、ルネサンス文化史のとびぬけた研究者である。古典（時代）というものの意味を誰よりも高く評する者だ。しかし、その態度は、つねに「新しがり屋」「ゴシップ屋」に特有の好奇心に満ちているのである。それは洋学派、西洋かぶれなのだから当然だろう、というなかれ。漱石や鷗外の寄席通いを肯定的に評価する、しかもご当人歌舞伎に凝った時期をもつ、ただの洋学派ではないからだ。

一生涯を修養期とみなす林は、新しい、ごく最新の研究成果に目をみはり、しかも不満をかくさずに、次は、次はと追い求める。その場合、林はいつも思想を思想家までおりていって理解せずにはおかないという風なのであるから、まことに手間隙がかかるのだ。昨今はやりの「テキスト」のみを解読すればそれでよろしいという類の行き方とは異質なのである。この処し方から来ると思うのだが、私事に関して語らず、と律してきた林の諸論稿には、著者林の人となりが易々と、時には露骨に透けて見えることに注意されたい。

この本、元々、『**林達夫著作集**』（平凡社、全六巻）の「解説対談」を柱に編まれたものである。対談者は久野収。けっしていうところの「実践家」でなかった、ただの書物の人であった林達夫の、しかし、机上の論の本当の意味のおそろしさ・面白さと、人間にとっての不可欠さを、実にのほうずに語り明したというのが、この書であろう。「人を欺く」想像力が「理性の敵」で、しかもこれが厄介なことに人を説得するのにあずかって大きな力をもっている、というパスカル『パンセ』の言葉を生き抜こうとした林達夫は、しかし、「言い放っ」たまま、四月二十五日、八十七歳で死んだ。〔なおこの本の増補版が平凡社ライブラリーに入っている。〕

（1984・8・1）

3 「変わらないこと」の本来的意味

▼丸山真男『戦中と戦後の間』(みすず書房)

丸山真男の本、どれを読んでも知識が量として多くまた質として高くなるわけではない。思想を目標に向かってうながすような原理が与えられるわけでもない。ただしごく漠然とした意味あいにおいて、知的に勇気づけられることはたしかである。

学問を教授することを職業とする集団、大学が大衆社会となりおおせたのが一九七〇年である。学究の徒、学徒、学者のイメージが稀薄になってゆくなかで、丸山真男こそあっぱれ学徒の誉、戦後的価値を否定ないし超克しようと蒙語するほどの者ならばまずは丸山の牙城を抜いてからいえ、という空気がなお強く支配的なのである。まことに頼りがいのある存在なのだ。

『戦中と戦後の間』は、前著『**日本政治思想史研究**』(東大出版会)、『**現代政治の思想と行動**』(未来社)、『**日本の思想**』(岩波新書)や最近著『**後衛の位置から**』(未來社)と異なるスタイルをもつ、戦中二十五編、戦後六十一編、大小をとりまぜた編年体の作品集である。大雑把にいうと、エッセイ集といってよろしい。とはいえ他の四著とその理論的境位において濃淡にいささかの異なるところがないという意味でいえば、これ立派な政治学論文集であるといって間違いない。ありていにいえば、丸山にとって玄関口も裏口も一緒なのであり、この本、実に日本政治学の「入門書」という趣をもっているのである。丸山の前に日本政治学が存在せず、丸山の後にそれを超えるものが成立していないという歴史的意味においても、また丸山の個人的意味においても、そうなのだ。

冒頭を飾る「政治学に於ける国家の概念」（36年）は、東大法学部在学中の懸賞論文である。「理論―思惟様式―社会層といふ還元に基づいて近世個人主義、国家観と市民層との照応関係を示し、市民層が市民社会の最近の段階に於いて、中間層イデオロギーを摂取する必要に迫られてファシズム国家観を開化せしめた次第を略述した」この論文は、丸山二十二歳時のものである。

この論文、新奇な独創性にもとづいて一気呵成に論をおりたたむとか、新発見の「事実」を唯一の実証てだてとして意見の開陳におよぶといった態の、若書きに特有の気配を毛筋ほどにも見せないのである。一様に驚かされるのは、どこまでも論理整合的にしつらえられており、しかも包括性がめざされている点だ。論理整合的であるとは、自分に分かる領分だけを切りとってくるという式のものがほとんどだ。事柄の生きた全体をつかむ志向がはじめから断念されているのである。丸山はヘーゲル学徒にふさわしく、どこまでも対象をトータルにつかみとろうとする。

問題意識の鋭さや論理の切れ味は、それに比例して、偏頗な地盤からの進撃や論理の飛躍をともなうものだ。それがまた若書きの一種の魅力ともなることは事実である。しかし、丸山のどこをたたいてもこの種の「魅力」をみいだすことはできない。すでにして一個の成熟した思惟形式をそなえているのである。丸山は、自らを変わらない思惟者として自他ともに許している。変わらないとは、変わりようもない、正確には、変わる必要のないということだ。しかし、丸山の中に前丸山＝若き丸山をみいだしえないということは、思想家丸山にとって決定的なことなのだ。なぜなら、それは、丸山が自己の内部に克服すべき不可避の内的契機をもたなかったことを意味するからである。その叙述が、半端な作家よりも生々しい表現形式をとることが多いのにもかかわらず、読者を心地よくさせるだけで、内部から突きあげてくるような力でせまることに弱いのは、この点に因がある。

ところが、この外科医、自分のうちに克服すべき対立物がないぶんだけ、突如として、きわめて実践的にひびくテーゼを結論的に吐くのである。

「今や全体主義国家の観念は世界を風靡してゐる。しかしその核心を極めればそれはそれが表面上排撃しつつある個人主義国家観の究極の発展形態にほかならない。我々の求めるものは個人か国家かのEntweder-Oder〔あれかこれか〕の上に立つ個人主義的国家観でもなければ、個人が等族のなかに埋没してしまふ中世的団体主義でもなく、況や両者の奇怪な折衷たるファシズム国家観ではありえない。個人は国家を媒介としてのみ具体的定立をえつつ、しかも絶えず国家に対して否定的独立を保持するごとき関係に立たねばならぬ。しかもさうした関係は市民社会の制約を受けてゐる国家構造からは到底生じえないのである。そこに弁証法的な全体主義を今日の全体主義から区別する必要が生じてくる」

この文章は、明確に、市民（ブルジョア）社会に制約を受けいる国家を揚棄して、弁証法的な全体主義国家（共産主義国家）への移行の必要性を示唆している。しかし、指示はしていない。この事情は戦後の第一稿「近代的思惟」においてもまったく同様である。そこで丸山は、「客観的情勢の激変にも拘わらず私の問題意識にはなんら変化がない」と断言している。

変節と変化は異なる。変化しないこと、首尾一貫していることが、この多元的価値が流通する社会では、一面では愚直に映るが、ひとを勇気づけもする。学問大衆社会ではことにそうだ。しかも、実践風ではあるがそれへとうながすのではなく、認識者として徹底すること（だけ）が認識者が実践的であることとの本来的意味である、と断言する丸山によって、知的にも勇気づけられると感じるのは当然である。独創性に欠け、実証性にも不足のある丸山が、しかもその批評スタイルがとびきり他者にきびしいにもかかわらず、この学問大衆社会でトップの座にいるのは、この二つの点においてである。これ、「スキゾ・キッズ」の「たのしい知識」（ＧＳ）に欠けたものである。ただの新しがりだけでは、とても頑固派で勇気づけ派を打ち負かすことはできませんよ。

（１９８４・９・１）

4 「怠ける権利」を持った人間のイメージ

▼エイモス・チュツオーラ『やし酒飲み』（晶文社）

気息えんえん、身の置きどころもないほどの暑さが続く。すると、きまって手招きする本がある。エイモス・チュツオーラ『やし酒飲み』（土屋哲訳）がその筆頭というところだ。

午前七時、すでにして陽光は千の槍。海水に身を浸すと、やっとのことで皮膚がだらしなくのびった機能をふたたび動かしはじめる。頭皮がキューと緊張する。しかし、いつまでもいつまでも海にただよっているわけにもいかない。しかもあまりに陽量過剰のため、眼のあたりから腐りはじめるのだ。あぁー、この身、魚であったらと想うこと、しきりである。

陸にあがって半時間もあればこそ。ゆであげた（ハード・ボイルド）卵のように、かんかんに収縮してしかもバサバサ。折もよし、よく冷えたビールが喉を通るときの至福感だ。だが、いつまでも飲んでいるわけにもいかない。腹はダボダボ、汗でグジョグジョという仕儀になるのだ。ああ！　それにしても頭中がせめてものことビールで満たされていたらなあ、と想わずにはおれない。水中の魚、頭中のビール、をである。

『やし酒飲み』の主人公、十歳のころから、朝に夕にひたすらやし酒を飲み通す。飲むしか能のない総領息子に、父は専属のやし酒造りの名人を雇ってくれる。十五年間、ただただ、酒飲みの友人たちにかこまれて至福の時がすぎる。十五年目にして父が死ぬ。そしてその六カ月あと、やし酒造りがふとしたはずみでやしの木から落ちて死んでしまう。かくして、もうまい酒は飲めなくなる。陸にあがった河童同然。酒の縁であつまった友だちは、あとかたもなく消えてゆく。その縁、水よりも薄かったわけである。やしの液に浸りきりのエピクロスの園は一瞬にして消えさる。主人公、その身も心も、空のやしの実のように、乾ききってなえてしまう。千年王国は夢のまた夢、大鉄槌がくだされたのである（この物語、赤道直下、西アフリカのこととして読まれたい）。

かくてはならじと主人公、一念発起、かの死の国からやし酒造りをつれ戻すべく、旅立つのである。わがスピリット（酒精・精神）の創造主を求めての、チルチル―ミチルの旅ならぬ、大旅行がはじまる。

「死神」との知恵くらべ。「完璧な紳士」に誘拐された、とある町の長の娘の救出。この娘を妻として、その町で暮らすこと三年、しかし、やし酒造りが与えてくれた酒への希求やみがたく、妻をともなって、波瀾万丈の冒険がつづくのだ。

主人公の行手をふさぐものはすべて、この世のものならず。彼もまた魔法を駆使して、いくつもの危難をくぐり抜け、ついに、「死の国」でかの酒造りと再会する。しかし酒造りはもはや「生者の国」には帰還できない。それで、そのかわりと主人公に、打出の小槌ならぬ、「卵」を与える。この世で欲しいものは何でも手に入れるという「卵」をである。それでもって、主人公、妻と手をたずさえて故郷の町へと急ぐ道すがらのまたまた出会う数々の危機。そして帰還して後の、物語の顚末……。

この物語、ただただやし酒飲みたしの、虚仮《こけ》の一念にかたまった青年の物語かというと、そうではない。至福の再来を願う帰還物語でもない。男は旅の途中も、やし酒を欲するが、それは二次的な欲求に退いてしまっているのだ。

文化人類学的にいうと、この物語、西洋合理主義に対する異次元の価値を提起しているということになる。たとえば、娘を誘拐する「完全な紳士」は、その全身はガイ骨以外は全部借り物部品でできている。著者は、産業・機械文明に対する批判の含意をこめて、この「美しい〝完全な〟紳士」を創出した、というわけである。それに、死者と生者の国境が不分明で、二つの世界が自在に相互に交差しえる世界という観念がこの物語を支配している。しかも、それが実に活き活きとして力にあふれているのだ。この力、合理主義でははかれない。

神話が人びとの行動と思念をとらえこんでいるかの国の物語として、この本を読むこともできよう。しかし、私は、この本の中にけっして自分たちと異質なエレメントにつつまれた異常譚をみいだすことはできなかった。

暑い日に、ねそべって、高い空をみあげて、ボーッとしたまえ。アルコールに満たされていると、いうことはない。カフカのように薄気味悪いイモ虫に変身するなどという思念にとりつかれることは、まずない。この物語に登場する悪鬼悪霊の類は、すべてわたしたちの身の内から不可避的に分泌された、いわば「喜ばしき精霊」に他ならないのでは、という思いにいたるのである。

ここには、何よりも、思いつめたり、こわばったりする生きものがでてこない。しかも、さまざまな、見事に〝残酷〟な死が横溢している。しかし、大ぎょうに涙したり、激したりの過剰感情はない。かといって、カムバック・ナチュラリズムでもないのだ。人間がいる。どこまでも生きる人間なのだ。

この物語の主人公のイメージと対比して、

「一生懸命、必死、思いつめてというような十字架をせおった文学的美青年、思想的美青年、政治的美青年の系譜が日本の近代にはずっとあるでしょう。だけど『怠ける権利』を持った人間のイメージとなると、貧しい」（**長田弘**〈**高畠通敏・鶴見俊輔**〉『**日本人の世界地図**』潮出版）という。至言であろう。

しかし、もう少しわが身に引きつけてみよう。主人公の行動のことごとくが、妻の予言の枠組で決するという筋立てからいうと、これ純然たる家庭劇でもあるのだ。陽の高きが終わった時、父ーさん、という柔らかい声がして、ハッとわが至福の時がやむ。ビールの時間が終わったのだ。時間がまた動きだす、といった具合にだ。英語圏アフリカ文学の草分け的作品であるからといって、気むづかしく読む要はない。著者もきっとそう思っているのですよ。

（1984・10・1）

5 綜合雑誌「世代」の青春群像

▼粕谷一希『二十歳にして心朽ちたり』（新潮社）

長安ニオノコアリ、ヨワイ二十ニシテ、心スデニ朽チタリ

いいだもも（飯田桃）は李賀の詩を引いて、遠藤麟一郎をこう評した。

遠藤は、大正十三年、震災の翌年に生まれる。典型的な新興中産階級、知識階級の子弟の一人として、番町小学校、府立一中、一高、東大と、超エリート・コースを進む。戦時中、すでに反軍的意識を確立し、日本の敗戦とその後に来るものとを的確に予言し、戦後ただちに、諸商業誌に互して、学生自身の編集による綜合雑誌「世代」（昭21・7〜28・2、全17号）を創刊した。遠藤は第六号（昭21・12）で編集長を退くが、この大学を卒業するまでの遠藤の生は、「麒麟」のごとく異彩を放ち、その放射熱で彼の周囲に群れる青春像を衝いてやまなかった。しかし、その後、まさにランボオを真似ぶかのように、遠藤は文芸の世界から姿を消し、昭和五十三年、アラビア石油株式会社調整室長という肩書きで急逝する。家庭はすでに崩壊し去り、酒と愛人をたずさえての「逃避行」の中で死を迎えたといってよい。

粕谷は、自分の前景をかすめ通った「世代」の青春群像を、その中心たる遠藤麟一郎の精神と行動の軌跡をたどることによって、再現し、それぞれの生き方を戦後思考の諸類型にまで引き延ばそうという、意欲的な試みをおこなった。これは好著『**戦後思潮——知識人たちの肖像**』（日経新聞社）と対をなす、戦後思想のケース・スタディとして異例の好評を収めた本である、といってよい。

常に高貴（アリストクラート）であること、ダンディ（意表をつく）であること、人生のコネスゥース（達人）になること、これを標語にして生きようとした遠藤には、独特の驕慢と自信が支配的であった。粕谷もまた「あの嫌味ったらしいエリート意識！」という。しかし、遠藤を敗戦直後の青春の特異な構造のなかにおいてみるとき、三島由紀夫や服部達（「メタフィジック批評」）たちと同質の、典型的表現者のひとりたりえた資質をもつ者である、と確認する。そして、それが実らなかったことを、哀惜する。この不妊の因を探り出すことが本書を書くこととなるとっかかりである。

遠藤は稀にみる美貌である。体壮健である。言葉に鋭敏である。とび抜けた秀才である。楽々と学業をこなしたのだ。しかも、中学時代、すでに自分の読書計画を確立していたほどの問題意識に富んでいる。詩才豊かである。

ひとりゐればかゞやきわたるしづけさを酒たうべする夜のおろけさ
人おのおのおのれが道を歩みたり墓一つづつたまはれと言へ

といった一高時代の作は、当時の寮生のあいだで広く愛唱されたという。

事務能力も群を抜いている。はたからみると、あまり楽々と事をはこぶので、遊び半分にみえるほどだ。そして、酒、女、ダンスを好む。

この才能は、卒業後、銀行に入り、労働運動に手を染め、企業組織からはじき飛ばされる。転職先のアラビア石油では、基地在住十一年、黒子役に徹する。日本の高度成長の動力にとって、この才能は副次物、不用品のごとくみえる。

粕谷は、遠藤やいいだの個性は、瞬時の休みもなく、感性と知性を活躍させ、詩的直感力によって対象をつかまえ、それを形象化したとたん、捨てて先へ進むという「不思議な運動の連続」によって、才能を浪費してしまったという。そこには「限定と持続」が欠けていた、とする。「世代」仲間の、日高普（経済学）、吉行淳之介、中村稔（詩人、弁護士）のように、時間に耐えて一つのものを結実させる粘着力に小さかった、とみる。そして、遠藤に自殺した原口統三（『二十歳のエチュード』）を重ねるのである。

とはいえ、粕谷は、遠藤の軌跡の中に、その詩質が最後まで持続していたことを、そのことを発見して喜びもする。だが「美味しいものだけを楽しもうとする」遠藤の生き方は、青年から成年へと成長をへないまま、一気に老年に達しようとする者のスタイルである。美意識や文芸に成熟はあっても、成長や発展はない。遠藤が選んだ生は、まさにそれであったのだ。

こういう筋をたどると、粕谷が確認しているように、戦後思想がその敗戦直後の出発点で提出した問題から、数歩も出ていないところで足ぶみかつ挫折し、いまひとたびの出発の前に立たされていることの事情のいったんが、よく分かる。遠藤のケースは、個人的にみれば、異常ケースにあたる。しかし、それを戦後思想のスタイルというものにかさね合わせてみれば、遠藤こそそのスタイルを典型的に生きた一個の具体だとみなすことができよう。実業というローラに調整され挫折にもちこまれた、諸思潮の理念と同じように、である。

しかし、粕谷の言とは異なって、青春の文芸の熱気と才能は、実業世界で矯められはしたが、まさにその才能たちが実業界をリードしたというのも、本当ではあるまいか。この世界にこそ単純な意味で才能の結果があったのだ、といいたいのではない。文才の開花、思想家としての結実は、むしろ社会にとって例外中のことである、とみなすのだ。難事という点ではなく、ある種の余計であり、余剰なのであるからだ。たとえどんなにそこがへし曲り、非人間的な模様を呈していようと、生産の場こそ世界の基幹部であり、そこに基本的な才能なくしては進みえないからである。戦後的思想を、定着化とみるか空洞化とみるかは、二分法では決し難い。

しかし、いまひとたびの出発の試みは、この過程の媒介を抜きにはなされえないのである。この結果の中に、遠藤の死も、いいだの再々度の出発もおかれるべきなのだ。

（1984・11・1）

6 アルチュセールと今村仁司の位置

▼今村仁司『歴史と認識』（新評論）

時代は、いつでも、その時代の変化を空気のごとく吸いこんで表現する思考者を、そっと送りだすものだ。

一九七五年、オイル・ショックの熱もさめきらぬ時に、今村仁司『歴史と認識』（新評論）という、いたって地味で小振りな表情をもった研究書が出版された。「アルチュセールを読む」と副題された、この現代フランス・マルクス主義哲学の断面を紹介・分析した書物は、調子高い熱弁で遠い理念を語り、あるいは足下の悲惨をグロテスクなまでに肥大化させて告発する、従来のマルクス主義者に付着したスタイルとはっきり訣別して、淡々たる論述に終結している。だから、通弊の物言になれた論者たちが、一読して、まことに「頼りなき」を実感したのも、無理からぬことであった。

スターリン批判の哲学的形式を獲得しようとするアルチュセールは、現代フランス思潮に特有な誇張した表現の持主である、といってよい。今村にとって、いわば、旧世代に属する。しかし、その主張内容は、マルクス主義に固着してきた経験主義と人間主義というイデオロギーを洗い出す思考の方法を確立しようとする、きわめてオーソ・ドクスなものである。ひとは、マルクス主義からのイデオロギーの追放を要求するこの試みを、「科学主義」といって批難した。

ところが、マルクス主義が科学であることを要求することは、アルチュセールにとって、それがすでに科学になったことを意味するのではなかった。科学として振舞うことが陥る一面性、虚偽性を衝くことが、アルチュセールのもう一つの不可分な仕事なのである。科学をイデオロギーから分離すると同時に、当の科学であることがもつイデオロギー性を解明するという、まことにやっかいな批判的思考方法を、アルチュセールは、マルクスの思考の歴史、とりわけ、『資本論』の読解を通して、明らかにしようとする。いうところの認識論（エピステモロジー）的読解である。イオデロギー批判と科学批判が表裏一体化された思考方法である、といってよい。

今村は、フランス人に特有なジグザグで錯綜した思考の森に、たどるべき思考の細道をつけ、随所に灯柱を立てることによって、アルチュセールの試みをわれわれのところまで引きつれてくる。それは、異境の異様な思考であることをやめる。そして、ここに新しいマルクス的思考が生きはじめるのである。

今村は、マルクス主義であり、一切の近代ブルジョア的思考と訣別したマルクス像を切り出そうとするアルチュセールを、ほかでもない、フランス現代（ブルジョア）哲学の諸潮流の影響と対抗の中に据え直してみる。ひとは、アルチュセールの中に、カンギレームやバシュラール等の直接的影響を発見して、非マルクス主義者アルチュセールを証明したつもりになる。今村は逆のことを証明する。影響は二重であり、その内に、切断を含む、と。マルクスがまさにヘーゲルに対してとったようにである。そして、一般的にもいえることだが、真に重大な影響とは、両者の間に決定的な相違が確立されることによってのみ可能なのである。

自ら全身に血を浴びるようにして受けた先行者の影響から脱出するには、それと異質な思考、文体を獲得しなければなるまい。この点でいえば、今村は、明らかに、その出発点からして、アルチュセールから相対的に自立していた、といってよい。スターリン主義的思考に直接なじまなかった表現者世代の登場がはじまったのである。

実際、今村の書物の出現なしに、あるいは、今村という表現者の誕生ぬきに、昨今の「浅田彰現象」を頂点とする現代思想の紹介・解説・展開は考え難いのである。なるほど、マルクス新解釈の廣松渉がすでにいる。ソシュールを新解明した丸山圭三郎がいる。その重要度からいったら、今村をはるかにしのぐ仕事をしている、といってよい。しかし、彼らは、今村より一世代上であるという点でだけでなく、その表現スタイル、とりわけ、その身におびる空気において、今村と決定的に異なっているのだ。

今村なら、廣松や丸山らと同居できる。しかし、廣松らは、浅田や『チベットのモーツアルト』の中沢らと同じ空気を吸うことはできまい。エレメントが異なるのである。このことは重要である。その内容という点で浅い深いの違いはあれ、今村こそが、一九七五年以降の歴史のターニング・ポイントを自分の領分として生きる可能性をもつからである。ただし、今村の延長線上に浅田らがいるとして、今村の仕事が「浅田現象」に収斂される類のものだ、といいたいのではない。「現象」はあくまで薄膜にすぎないのだから。

アルチュセールは『資本論』を「作品」として読むことを提唱する。しかし、どこまでもマルクス個体の思考の動きに肉薄しようとして、やめない。今村は、**アルチュセール**の**『資本論を読む』**以下を、やはり「作品」として読む。そして、どこまでも、アルチュセールの思考を客体的に、外科医的に取り扱う。すげないといってもよいほどにだ。とはいえ、別様な接近方法によって、同じ事柄・目的を追求しているのである。

哲学は、科学的知識の生産を助けるか、阻害するか。支配者階級の政治的実践に奉仕するか、被支配者階級の政治的実践に奉仕するか、という二つの任務をもつ、というのがアルチュセールの結語だ。今村は、この結語の単純な、したがってスターリン主義的な理解と自分を区別しつつ、**『労働のオン**

トロギー』『暴力のオントロギー』（ともに勁草書房）と仕事を継ぎつつ、アルチュセールの論旨を、今日の非マルクス的時代空気の中で表現するという困難な方向へと歩みでている。

（1984・12・1）

7 いわゆる留学記とははっきりと異質

▼中岡哲郎『イギリスと日本の間で』(岩波書店)

おまえに一年間、月給のほかに、旅費と滞在費をつけてやる。研究課題は自由、発表負債もない。さあ、どこの大学へ行きたいか。

私は、きっと答えるだろう。ニュージーランドの某大学、あるいはイギリスの某々大学。それも田舎の、できれば学生なぞと顔を合わせなくてもよい、付属研究所の一隅へでも、と。現在いる、地方の田舎の大学と、それも田舎の研究所とあまり変わらない所へ、である。留学がおっくうなのではない。だが、説明するとなると、ちょっと面倒である。

住む場所を移動するたびに気付くのは、そこに到着した瞬間に、寸前までいた土地の風物、人事が淡い影絵のようになって後景に退いてしまい、今いる時間と空間に安らかに身を浸している、ということだ。どこへ行っても、同じなのである。自分をとりまく環境が変化しても、自分自身は何の影響も受けない、というのとは違う。まさに、この点では、逆である、といってよい。人事、風俗、自然の変化に感応すること、激しい性格である。しかし、激しくても、まあその変化を何の気なしに受け入れてしまうのである。たぶん、外国へ行ってもそうであろう。

中岡哲朗は技術論を専攻する、大阪市立大学の教授である。中岡が一九七九年三月から一年間、ケンブリッジの田舎で、家族づれですごした生活断面を、淡々と記録したのが、『イギリスと日本との間で——ケンブリッジの日記から』である。この本で、中岡は、思い入れの激しい、そして、たいそう正直（であることが好き）な人物として、登場してくる。社会科学畑の人間というよりは、ただの勉強好きの中年男性、夫、父親として、より多く発言している。そして、読んでいて、なによりもホッとさせられるのは、言葉の問題を除いたら、ほぼ全部、日本でも体験できるし、体験していることばかり、書いていることだ。異境の地の、異常な体験（とごく当人が思い込んでいる）をこのんで書き綴るといった類の、留学記、旅行記とは、はっきり異質なのである。

もとより、留学先の、中国科学、技術史家ジョセフ・ニーダム研究所（東アジア科学史図書館）での研究やそのスタッフたちとの交流や学問的討論の場面も登場する。しかし、話題の中心は、研究者に共通の、そして、人間の生き方一般にかかわる事柄が占めている、といってよい。

一九六八年から二年間、東京大学に留学して、しかも、その期間一度も校内に入ることのできなかった司書のフィリッパが、中岡の年下の友人たち、全共闘運動の経験者で今もその延長線上で考え行動している二人との議論を契機に、図書館を去る決意をする。翻意をさせようとする中岡の説得に対して、彼女ははげしく答える。

「この大学にある学問にとってはつまり真実や現実はどうでもよい、大切なのはそれがアカデミックな方法の対象となりうるかどうかだけなのだ。それはこの大学の学者たちののぞんでいるのが、アカデミズムの内部での昇進以外の何ものでもないこと、この大学にくる学生たちののぞんでいるのが、社会的地位以外の何ものでもないことと、みごとに対応している」「ジョセフの周りに集まってくる人びとは、みんな自分は左翼で民衆のために学問していると思っている、しかし決してアカデミズムの枠をこえて民衆の生活の中に入って行こうとしない」

このフィリッパの批判は、若い頃の中岡が日本のアカデミズムに対して抱き、反抗行動をとらせたものと、まさに同一なのである。中岡は、この批判を認めた上で、ニーダムのように、アカデミズムを基礎にして、現実問題を民衆の側に立って解決して行くことも可能なのだ、という中岡自身の現在の立場にたって、説得を続けるが、彼女は納得せず、きわめて有利な研究者としての司書の職を捨てるのである。全共闘運動が「知性の反乱」として位置づけた根本問題、それが異境の地で、中岡に、激しい人間の声をもって、つきつけられるのである。

中岡は、「ケンブリッジ程度の田舎の中規模都市の、ごくありふれた生活」を描く。それも、日本でも経験可能な生活断面をである。しかし、それらは、日本で生活していれば、けっして書き得ない話題である、といってよい。

日本でならば、それらの生活断面は、どの一つをとっても、反射神経的に反応し対応していって、すぎてしまうものである。タクシーをひろうにしても、病気にかかった時の応急処置にしてもだ。しかし外国では、この反射的反応に、反射的に相応してくれる装置が、みつけ難いため、一つ一つオーダーを決めて、注意深く、たぐりこんでいく態度が、強要されるのである。無意識に自分たちがおこなってきたアクションが、いやおうなしに自覚せしめられるのである。外国へ行ったからといって、異常なことが生起しているのではない。ただ、条件反射的におこなっていた事柄に、明確な筋道をつけて進むことを強要されるだけなのだ。手足を、右、左、右、左と意識しながら動かして歩くのが、たいそうやっかいで、窮屈なのと、同じことなのだ。少し難しくいうと、自己客観化のわずらわしさ、ということだ。旅が、おおむね、自己発見の旅である、という事柄が、ここにある。

中岡はイギリス人の伝統主義のわずらわしさを認めつつ、産業革命以前から存続している相当に豊かな社会生活をおもい、皮相な「イギリス病」という通説にやんわりと異議をとなえている。海外長期滞在者のかなり多くが、モダニズムとともに、伝統主義的文化色をもちかえるのは、よく知られている。近いところで、江藤淳や山崎正和を想起すればよくわかる。中岡も、「平凡な視点」からみたイギリスの豊かさを、再確認している。伝統を重んじる気風の生起、私が留学をうっとうしく思う一因である。

（1985・1・1）

8　三十二人による開高の「肖像画」

▼谷沢永一・向井敏・浦西和彦編『コレクシオン開高健』（潮出版社）

きわめて心外なことなのだが、いつのころからか、開高健が私の心中にデンと腰を据えてしまった。蟠踞《ばんきょ》してしまったのだ。文字通りに。その時以来、私も同じように、体だけは太りはじめた。

開高を戦後文学の、大江健三郎と肩をならべての作家としてではなく、ごく主観的な関係として読むようになったのは、谷沢永一の書くものの凄さに唆《そそのか》されたからである。自分の近辺に、狼のように激しく、しかも言葉のみで人を射る人間はいなかった。開高について、その作品について、知らなかったわけでも読んでいないわけでもなかった。しかし、谷沢の牙を通路とした開高作品は、突然として、身を起こし、太い腕で私の襟首をつかみとってしまったのだ。

もとより私は抵抗した。谷沢にたいしても、開高にたいしても。抵抗せざるをえなかった、といった方が良い。たかが国文学者クズレの評論家ごとき、現代売文作家ごとき磁力に身動きならぬとは、と。しかし、いかんせんなのである。そう思った瞬間、スーッと平野が開けてきた。開高の作品がその長所、短所も含めて、いきいきと踊りだしたのである。眼前においてではなく、わが心中において。かくして、蟠踞という仕儀にはなった。

その作品だけとつきあいたい作家がいる。ほとんどである、といってよい。開高健という作家は、作品だけでつきあいたい、というのとは異質なところを持っている。『輝ける闇』や『夏の闇』は、もとより、間然とするところのない、自立する作品である。開高健という生身の存在を傍証にする必要のない、それ自体の構成力で存立している、すでにして一箇の生体である。

しかし、私は、その作品を通して、その作品を通さないで、開高健の嘆息の一つ一つにさえ、興味を感ぜざるをえないのである。ある時期、くる日もくる日も、カール・マルクスの書簡を読んでいたことがある。嘆息、また嘆息を発するマルクスの気分をベースに、その著作を読み直すという作業をやってみた。開高にたいする興味は、この作業とは、同じものではない。しかし、どこかで通底しているのだ、くるのだ、と自分にいいきかせてきた。

こんな私にとって『COLLECTION　コレクシオン開高健』は最高の贈り物である。写真がある。しかもどれもよい。とくに「男が思索する場所はつねに馬上枕上厠上である」と銘された、稲わら束で柵された野外場の、ウンコする場面がよい。開高の眼は鋭くて、他人を不安がらすのだから、体も顔も笑っているのは、もとよりよい。

初期の習作が二篇、全訳詩、トリス広告の文字通りのコピー、等々が掲載されている。どれもこれも、紛うかたなき開高の指紋がベットリついている。ちょっと贅沢をいえば、開高の手になるもので、できれば集録して欲しかったのは、ロアルド・ダールの短篇『味（テースト）』である。

「この『味』という短篇をあらためて読んでみると、いわゆる食通がブドウ酒の銘柄を当てようと全身舌になってしまうところの描写は卓抜で雄弁で、さながら開高健の語り口をきく気分になった。しかし、この複雑微妙な短篇をくわしく読むと、結局いわゆる味覚の通という存在を九十パーセント認め、のこりの十パーセントでそのいやらしさを手厳しく拒否している。

ここのところの按配が、開高健の作品で今後とも生き生きとあらわされることを、期待している」と書くのは、吉行淳之介である。

開高健は、一見すれば、易々と、一作ごとに、とくに小説という分野にかぎらずに、自己の規制枠を破壊することに、なにかやみがたい使命感のごときものを感じてきた、といいうるだろう。谷沢や向井敏がいうとおりである。しかし、その刻々の、常に破壊の憂き目をみることになるものどもは、一過性のものとして遇するわけにはいかないものなのである。三十二人の友人、評論家、その他の人による開高の「肖像画」は、その一刻一刻の陰画を、一筆書きに、あるいは執した手ぶりで定着させてくれる。

「よく熟睡した日の朝の開高は、頬にほんのり紅がさし、知的な翳りが蒼黒いという誤解を招いたけれど、……この外見だけで、近鉄南大阪線の女学生の憧れの的であった」(大森盛信)という証言は、知的な翳りを目立ちたがらせる時に、いつも不安定となる開高の他の一面をついて、ほほえましい。

もちろん、開高の小説が、常に運よい読み手に出会って来たわけではない。実際のところ、逆であったといってよい。しかし、『パニック』から『歩く影たち』までの作品群にたいする諸評論を一瞥すると、やはり、目きき、腕ききの鑑賞眼のある人々に支えられ、はげまされての今日の開高だ、といわざるをえまい。平野謙をはじめとして、ちょっと類例のないくらい卓抜な菅原寛の『見た・揺れた・笑われた』を軸とする開高解読、丸谷才一の『輝ける闇』論、江藤淳のもうこれ以上もありえないというような『夏の闇』への讃辞、そして、山崎正和によるはじめての「本格的」作品論、等々、寸毫も仲間ボメがないといったら嘘になるが、すべて、的確で短い言葉に区切って開高を論じて、倦むところがないのである。

とくに、菅原のものは、開高の作品群の分水嶺である『輝ける闇』に至る「吊屋根」部分の核心を解析したものとして、評論史の記録にとどめたい類のものである。

一作家の、何もかもが好ましいというのは、ぞっとしない。それ以上に、精通の退嬰を感じる。そうと知りつつ、私の指は、(もう一度この言葉を使うが)執して、この本のページの角を行きつ戻りつ離れないのである。形式を新たに、続刊を持つことしきりなのだ。

（1985・2・1）

9 ヒトを知る鍵はサルにある、か？

▼デズモンド・モリス『裸のサル』（河出書房新社）

今西錦司を知ったあとでモリスの『裸のサル』（日高敏隆訳）を読んだので、その知的刺激度は半減したといってよい。いかにも臭い芸をみせる講釈然というところなのだ。とはいえ、純文学的でない分だけ、徹底的に単純思想である分だけ、かえって問題の所在は簡単明瞭であり、したがって版を重ねるということになったのであろう。

マルクスは、人間を知ることが、猿を知ることの鍵である、といった。モリスは、一見すれば、ヒトを知る鍵はサルにある、といっているようである。事実、その結論部分でこういっている。

「われわれは偉大な技術上の進歩にもかかわらず、まだきわめて単純な生物的現象である。壮大な理論と強い自負心にもかかわらず、われわれはまだ、動物行動の基本的なすべての法則にしたがっているつまらぬ動物である」

モリスは、ヒトの起源からはじめて、セックス、育児、探索、闘い、食事、慰安等にわたる人間行動を、すべて動物の行動に還元説明してみせるのである。

「マンドリルのオスは真赤なペニスをもっていて、その両側は青い陰嚢となっている。この色彩配合が顔において再現されていること、すなわちマンドリルの鼻が真赤であり、ふくらんだ裸の頬が真青であることは周知のとおりである。あたかもこの動物の顔は、性器と同じ組合わせの視覚的信号を与えることによって性器を真似ているようにみえる」

などという文句をよむと、ヒヒの赤い尻を笑いものにすることはもちろん、対人赤面の青年をかりそめにも、ウブな正直なカワイイ若者だということで済ますわけにはいかなくなる。

アメリカ人の寝室を徹底リポートしたゲイ・タリーズの『汝の隣人の妻』は、「われわれをゾウリムシから区別するためのもの」を欠いている、と酷評されたことでも分かるように、人間というものは、人間以外のすべてのものを観察しリポートする時はしごく冷静であるのに、こと人間自体を対象にしだすと、度外れに冷静さをうしなうものだ。それで、モリスは、人間（ホモ・サポエンス＝知性人）を「裸のサル」として、一箇の特殊なサルとして、観察しレポートするのである。これは科学者として当然といえばそれまでだが、ことはそう簡単ではない。

女性の乳房は大きい。育児用のミルクタンクの役をするからだろうか。否。耳たぶ、鼻、露出した口唇と同様に、もっぱらセックス用なのである。しかも、ヒトがセクシーなのは、裸であることと関係があり、裸になったことによって、まさにヒトがヒトになったのだ、というモリスの論のすすめ具合は、いたって、感覚や情緒に訴えやすく、なるほどと思わざるをえない。

もとより、モリスは動物学者の肩書きをもつのだから、そう単純明快ふうなことばかりをいっているわけではない。

「七ヵ月になると、赤んぼうは完全に母親に刷りこみされている。母親は、今やどうなろうとも、赤んぼうの残りの人生の中に母親のイメージを残すであろう。カモの雛は、母親のうしろについていく行動を通じてこの刷りこみを獲得し、ヒトニザルの赤んぼうは母親にしがみつくことによって獲得する。われわれはこの決定的なきずなを、ほほえみ反応を通して獲得するのである」

この刷りこみ（イン＝プリンター）あるかぎり、オス（父）たるもの、あのモナリザの微笑に悪魔的で敵対的な、しかも、打ち勝ちがたい無力感をよびさまされるのも当然だ、とつい納得したくなるものだ。

モリスは、民主的行動とか社交とかをも動物の行動にもとづいて説明しさえする。狩をする裸のサルという人間原型を実に克明に再構成してみせるのである。たしかに、人間とは何か、を解明するためには、一面では、動物との質的区別を、断絶をきわだたせる必要とともに、動物との量的区別、連続性を鮮明にする必要はある。たかが、生物世界の、ごく最近に出現した裸のサルを、動物界を超絶した存在であるなどと考えることこそ、異常なことくらい、まともに冷静であればすぐ分かることだ。よくいうではないか、「裸のつきあい」など、と。理屈もなにもいらない、地位も文化もとり去ったあとに残るものでのつきあいを、である。その内容を知るためなら、モリスの本はきわめて示唆に富んでいること、うけあってよろしい。

しかし、ヒトをサルに還元してみせるモリスの行き方を、子細にみれば、そして、モリス自身にそうならないようにと警戒していることも確かなのだが、サルを人間化した、すなわち、人間を解剖した成果の視線をサルに投影させていることが判明するのである。サルから人間への連続性ではなく、人間からサルへの回顧になっているのである。回顧はもとより科学ではない。金持が貧乏時代をなつかしむように、現在の影にすぎない。

つまり、モリスは、人間の行動をサルの行動に還元するが、そのサルの行動はすでに、人間的要素を付与されているのである。いま少し進めていえば、恭順を示す「マウンティング」は、人間によって餌付けされたサルグループに特有の行動様式であるという報告が示されているように、モリスのいうサル行動は、原サル行動でなく、人間化されたサルの行動様式なのである。この二つの区別が、モリスの説明には欠けているのだ。

こうなった原因は、モリスが動物園の動物を眼前にして観察リポートしていることと、無縁ではなかろう。彼の顔前の猿は、すでに人間化された、人間の行動様式を映しとったサルであるからだ。ヒトニザル、とモリスはいう。まさにその通りで、裸のサルは、この人間化されたサルに還元されたのだ。だからこそ、この本に親しみが湧くともいえるのだが。

（1985・3・1）

10　桑原武夫の人間観察眼

▼桑原武夫対談集『人間史観』（潮出版社）

桑原武夫が文句なしに知的にみえるのは、みずから好きなもの、いやおうなく好ましいものに対する警戒心を保持し続けているからである、といってよい。対談集『人間史観』は、一見すれば、なだらかで、スッとひとの胃の腑に落ち込んでいく桑原の発言が、実はきわめて慎重な人間感覚（センス）に支えられたものであることを、如実に示している。

桑原は、自分のうちにある矛盾している要素の片いっぽうを殺そうと思ったことは、子供のときからあまりない、という。そして、かの論壇をにぎわした「俳句第二芸術論」のときも、「自分のきらいなものをたたいたつもりはない」と断言する。殺そうとは思わない、だから徹底して批判できるのだ、という自分の「好み」にかんする感覚こそ、桑原が人間観察、評価の軸におくものである。もっとも、この感覚は、おまえのことを思ってこその鞭なのだ、といった類の教育論、育児論、管理論と、スレスレのところで切れていないと、自分の言行にたいする言い逃れ、言い訳に堕すことも事実だ。だから、桑原の発言を、表面だけで受けとると、何かうさん臭い策士然としたものを感じとるということになろう。しかも、桑原自身、政治との隠微なかかわりが必要でもあり、好きでもあることをかくしていないのである。

しかし、桑原の魅力は、一言居士にあること、本書を一読して、判然とする。人間にたいする慎重なセンスとは、断定しない、曖昧模糊とした評価で対応する、あっち向いてほい式のことをいうのでは、無論ない。ズバリ言い切るのである。

しかし、その切り方が、常にデリケート（慎重）なのである。吉田松陰の専門的研究者といってよい奈良本辰也を前にして、まず切り口上でこう言い切る。

「私は松陰については、おおむね食わず嫌いでした。今度少し読んでみて、決して嫌いじゃなくなりましたが、しかし松陰を好きという人間は嫌いです」。松陰には「日本人好みなところが多すぎるでしょう」。「私はあの人の純粋さというものを評価しますが、告白すれば、松陰みたいな人間を好きになっては困ってしまうという感じがあります。……松陰は純粋な人ですから魅かれるけれども、純粋なだけに俗物がこれを利用し過ぎているんで、その点が気に入らない」。

しかも、この「純粋さ」は、他人に迷惑をかけて平然としている生き方と、つながっている。河上肇もそうだし、ちょっとハッタリで作為が感じられるが、石川啄木がそうだ。このようにいうのだ。こうした上で、

「思想に殉じ得るゆるがぬ線みたいなものがある」点で、マルクスなどと同類の人間だとして評価する。むしろ、思想家として異常に高く位置づける、といってよい。フランス革命のロベスピエールと共通するものとしてである。

このような桑原の評言は、反論し難きほど的確である。対談は社交の一種。人間観察眼がもろに表出する場。松陰好きの奈良本の本丸へ、一足飛びに素っ裸でかけのぼる桑原の相手を無抵抗にする力術には、隠微なるもののカケラもない。

明るくほがらかに、相手の心臓をとめるようなことをいう、桑原の論法の第一手である。

しかし、デリケートさは、反論の一言をさしはさむ呼吸にもある。桑原のは、実に見事なのである。梅原猛が、「かつて田辺元先生という哲学者がおられて」といって、田辺哲学とその信奉者に対す

る批判をはじめると、スッと「ぼくは哲学の素人で、田辺哲学を論ずる資格はないけれども、ただ個人的にかわいがられた……、御ひいきを受けた」と口をはさんで、だから「先生について批判めいたことはいいたくない気持がある」と、駄目を押す。そうした上で、なに気なく、田辺の人間のとらえ方はあまり弁証法的でなかった、と梅原の言葉を受け入れる。

梅原が、田辺に対して西田幾多郎には、人間を見る目がひじょうにあったですね、とくると、「そう思います。この先生にも少しかわいがられたという感じがありますね」と、受ける。しかもこの受けは、次のような行文にたどりつくのである。西田は、

「頭はいいけれども、精神的に痩せ細っている秀才型よりも、いまは必ずしも頭は整理されていない、しかしひらめきがあり、生き生きとしているほうを評価されたんじゃないでしょうか。したがってそこに人間についての先生の見ぞこないもありえたと思う」

これは、随分と恐ろしいことをいっているのである。桑原は、石田英一郎（人類学）、相原信作（哲学）とならぶ京大同期の大秀才。対談相手はヴァイタリズムに満ちている（頭はあまり整理されていない）梅原猛。つまり、西田の人間観の欠陥をやんわり衝いて、梅原を串刺にするのであるから。人間評価の核心を平俗に、しかもさしさわりのあることばかりを、スラリと言ってのける。これは誰にでもできる類の芸当ではない。

対談相手は、他に貝塚茂樹、吉川幸次郎、池島信平、司馬遼太郎、河盛好蔵、松本清張。松本をのぞいて、ほぼ身内といってよい。一書を通じてのテーマは、歴史と人間という、古くて新しい問題。つまるところ、桑原の人間観は、歴史内在的人間観といってよい。人間、人物の本質ばかりをいいつのって、その人が社会で果すべき機能のほうを無視する傾向に対する批判である。その上で、歴史を超えて立つ人間に対する共感を云々するのだ。おのずと歴史愛好家の「人物」史観とは異なるのであ

る。

それにしても、これほど嫌味なく、自分ぼめされたら、ちょっと敵わない気分にさせられてしまう。しかも、自分ぼめほど嫌味の極みはないのだから、天晴という他ないのである。

（1985・4・1）

11　著者が最も危険視するのは……

▼V・E・フランクル『夜と霧』（みすず書房）

どれほど迫真味をおび、深く人びとを驚かしめた事実といえども、時間の石臼にひきつぶされてゆくものだ。ヒューマニズムを讃歌した善行は、可憐でセンチメンタルなものに。想像を超えて凄味をもった悪行は、いともたやすくより大きな悪行によって超えられてしまう。

ナチズムと強制収容所のすさまじさは、しかし、まだ想像においてすら超えられていない。なるほど、スターリニズムと強制収容所を知ってしまった現在、その持つ事実の力は相対化されるかに思う人もいようが、細部に分け入って人間が人間に仕掛けた行為の一つ一つを点検してみれば、ナチ強制収容所がもたらした凝縮度の高さは比類なきものであることが判然とする。

とはいえ、アウシュヴィッツだけで四百万、総計すれば七百万を超えるといわれる大量虐殺、近代科学と組織の計算されつくした方法によって国家権力が断行した強制労働施策――人間を労働主体としてだけでなく、爪の先、汗の一滴さえも生産原料として消費、消尽された――、その徹底ぶりにはマルキド・サドも裸足で逃げ出す残酷な蛮行の数々、このような「身の毛もよだつ戦慄」の事実だけならば、人類はすでに想像においてだけでなく、可能的事実においてものりこえているといってよい。

『夜と霧』という、強制収容所から奇跡的に生還した一心理学者の手になる、小さな書物を超えるドキュメントは、しかしいまだ書かれていない。なるほど人間の愚行を、蛮行を、残虐を、破廉恥を描き、告発したドキュメント、あるいはフィクションは山をなす数ほどある。これらにくらべれば、

『夜と霧』の叙述はあっけないほどに、抽象的であると思えるほどに淡泊である。まるで感動することを失ったような人間が描いたもののようなのだ。しかも、この小冊子が書かれなかったら、私たちはナチ強制収容所がもつ人間にとっての普遍的意味を、ついに知ることができなかったのではと推量するに十分な内容をもったものなのだ。

まずいおう。これは言葉の本当の意味で危険な書物である、と。人間が、非人間的な蛮行、拷問、強制、殺戮に刻々さらされても、なお人間であることの自負を失わなかった、この程度の報告ならば、この本を、ヒューマニズムは遂に勝利を占めた、占めずにはおかないという位置づけで処理しえよう。しかしこの本が述べているのは、人間性を摩滅させる体験にもかかわらずではなく、人はこの摩滅にあえばあうほど人間性の極致に達するという思想なのである。なるほど、苦労が人に深みを与えるものだと私たちは気楽にいうことができる。苦労はだから買ってでもせよなどと。しかし、そこに次のような思想をチラッとでもみいだすことができるだろうか。

著者は、強制収容所にいる人びとにとって、けっして現実離れした思弁ではない、われわれを救うことのできる唯一の考え、「生命が助かる何の機会もないような時に、われわれを絶望せしめない唯一の思想」として、こういうのだ。

「具体的な運命が人間にある苦悩を課す限り、人間はこの苦悩の中にも一つの課題、しかもやはり一回的な運命を見なければならないのである。……何人も彼の代りに苦悩を苦しみ抜くことはできないのである。まさにその運命に当った彼自身がこの苦悩を担うということの中に独自な業績に対するただ一度の可能性が存在するのである」

こういう著者にとって、人生は何かをわれわれが問うのではなく、人生にとってわれわれは何かが問われる時空こそ、強制収容所なのである。しかも、これこそ人間が人間でありうることの真の場だと言外にいうのだ。

強制収容所は、大量虐殺製造所である。飢餓で死ぬ。ガス室、銃、棍棒、素手、ありとあらゆる殺害がある。疫病があり、自殺がある。地球上の死のすべての種類がそこに凝縮されている。しかも、死はすべて強制されたものなのだ。しかし、著者は、「死ぬことの真の理由」は自己放棄であるという。肉体の死は、精神的な死の結果にすぎない、という（かのようなのだ）。生命を維持するためだけの「原始的な衝動性」に支配される強制収容所で必要なのは、「心の自己防衛」にほかならない、というのである。

だから、著者が最も危険視するのは、むしろ強制収容所から解放された時の精神的、内的弛緩なのである。それは、心理的なケーソン（潜函）病とか著しい離人病とかよりも危険なものとしてあげている倫理的感度である。

「いくらか原始的な人間においては解放された者として、今度は自分がその力と自由を恣意的に抑制なく利用できる人間だと思いこむことがあった。彼等は権力や暴力、恣意、不正の客体からその主体になったのである。さらに彼等はまた彼等が経験したことに固執しているのである」『夜と霧』は一九四七年に出版された。著者フランクルは、強制収容所から解放された直後、しかも自ら体験したものとして、こういうのである。自分に向かって、収容所体験者に向かって、犠牲者に、その家族に、そして戦勝国の者達に向かってといってもよい。この本が危険な性格だといったが、著者にとってこそ、危険な本であろう。

もとより反論はあろう。とくに、「元来精神的に高い生活をしていた感じ易い人間は、ある場合には、その比較的繊細な感情素質にも拘わらず、収容所のかくも困難な、外的状況を苦痛ではあるにせよ彼等の精神生活にとってそれほど破壊的には体験しなかった」という考えを、あまりに肯定的に提出する場面にしばしば出合う場合にである。だから私は、このドキュメントを、一心理学者の体験した強制収容所の記録として読むという限定を付したうえで、なお人類の生と死にとって普遍的意味をもつものだと繰り返しいおう。

（1985・5・1）

12 世に埋もれた「町人学者」の発掘

▼谷沢永一編『なにわ町人学者伝』(潮出版社)

寸鉄人を刺す。谷沢永一の評言はその極である。そして、糾弾はつねにほがらかでカラリとしている。ところが谷沢の真骨頂は、世に埋もれた人物・見識・書物の発掘・顕彰・はげましにそそぐかぎりなく情熱と勢力にあることを、いくら強調してもしすぎることはない。しかもそこで発せられる熱度はきわめて温順なのである。ウェットであるといってよい。

谷沢編『なにわ町人学者伝』はこの真骨頂を実にストレートに発露させて、なにわ町人学者の群像を語ってやまないのである。

町人学者とは何か。谷沢の説明を要約していえば、第一に一生実業家でありつづける、第二に学者や文人としての名声を求めない、第三に速成的な研究成果を追い求めない、第四に時流を度外視し実証の実学を追求する者である。第二から第四までは谷沢のいうように「学問の原点」で、この点に執することはなはだ困難なのに、彼等は商人としての業績も挙げたのだから、まさに「よほど覚悟の据わった意思強靭の、謂わば二人分の人生を生きた傑物」である。

肥田皓三によって人選された十人それぞれに、谷沢が千字でそのエキスを表現し、見開きの参考文献を付記する。一頁の肖像画ないしは写真もそえて、筒井之隆が五頁の解説をおこなう。さらに唯一の現存する学者・佐古慶三伝の聞き書き四十頁を配し、最後に肥田が「大阪の名著発掘」で十冊、各一冊を八百字余りで紹介する。なにわの在野精神をこよなく愛する三人の、ピタッと合った共同呼吸のこれは産物である。

「町人学者と呼び慣らわされてきた存在は、大阪の特産であるのかも知れない」と谷沢はいう。たとえば、佐古慶三。

佐古は京大生の時、京大教授本庄栄治郎の『日本社会経済史』を弾劾した。「経済史と社会史を寄せ集め年代別に編んだものに過ぎない」と。大正十三年、時に二十九歳。佐古は大阪高商の職を棒に振り、以降二十七年間、いわゆる学界から生き埋めにされる。だから、本庄の「子分」や京大閥につながる学者、研究に対する評言はえげつないほどに辛辣であるが、揚げ足とりの怨嗟がみじんもない(などといったら嘘になろうが)、学問それ自体の実証の精度という高みからの批判に終始する。

「本庄さんのやり方をそっくりいまやっているのが堀江の黒羽です。大阪府立大名誉教授の黒羽兵治郎。『新修大阪市史』をやっている人です。本庄さんのじきじきの子分ですけどね。古文書が読めんようですな。杭浜のことなども少し書いているが、市史を引用して書いているだけで、その根本資料は私の手元に二十何冊ある。私、そのうち発表しますけれども」という調子なのである。

町人学者というと、すぐに偏屈者で趣味人という印象が浮かぶ。しかしこの印象をより深く探ってみれば、こういうことなのだ。

「いわゆる学者の世界は古今東西、すべて名聞乞食の内部闘争に明け暮れて来た。業績が今日に残る学者は、その時代の反主流で在野の気骨者」「ホンモノの学者は常に不遇である。しかし人生の逆境に耐えるのは、耐えるだけなら其れほど困難ではない。問題は悲憤慷慨に走って、肝心の為すべき仕事を怠る逃避である」「好きでこそ学問」なのだ。「こうして研究を意欲的に進めるとしても、次に待ち受ける危険な陥穽は、怨みつらみが積もって暗く拗《す》ねる弊である。生産的に且つ明朗でなければ、説得力のある成果を示し得ない」つまり、「自ら恃むところのある凛然の剛毅」こそが、町人学者に固有なものだ、と谷沢は断じる。この点で、その精神の核において、谷沢や肥田そして筒井は、町人学者に連なるといってよい。

イデオロギーが発生し成長する過程を「世界史上初めて」（という評価には疑問を持つが）根元から明らかにした富永仲基の家業は代々醤油屋。十五、六歳ですでに儒教批判をおこなって、懐徳堂（当時の半官立の学問所）から異端の徒として破門されたとも伝えられる。そしてその墓は行方不明。大阪における蘭学の祖で「エレキテル究理原」を著した橋本宗吉は、出生地不明の傘屋の紋描き職人であった。二十七歳の時、学費を与える者あって蘭学修業に入る。その晩年の消息はあいまいで、墓はない。この二人をみると、町人学者とは異端・異風の徒であるとの感をまぬがれない。

しかし、地銅商の入江昌喜、酒屋の木村蒹葭堂、丁稚から身をおこし、豪商鴻池の番頭となり、ついには本家と同じ両替商をいとなんだ草間直方、米商人升屋の丁稚から支配役となった山片蟠桃（番頭）、質商の間長涯、第三十二国立銀行頭取その他に名を列した平瀬露香、かれらは実業の成功とともに名利を求めない学問・文芸の道でも赫々《かっかく》たる成果をあげえたといってよい。

これに雑誌「上方」全百五十一冊を刊行した南木芳太朗。昭和六年創刊。「事実に即した実証的な文化史研究の範例」たる在野誌。そして佐古慶三。

著者たちの解するなにわぶりは、「上方」の特徴であり体臭でもあるとした次の命題に凝縮されている。

「粋人にしては、あまりにも泥臭いほど雑然として、俗臭に充ちた鷹揚さがあり、凝性にしては、あまりにも奔放な柔軟さが充ち溢れている」

まさに、在野精神の、雑々として純たるありようを簡潔かつふっくらと表現しているではないか。町人学者は大阪名産、といわさしめているところのものだ。

この本物の在野精神を前にすれば、世に多くの「在野」とか「異端」とかは、ただの時局に乗り遅れたことにかこつけてのことにすぎぬことが歴然とする。負け犬の遠吠えなのだ。剛毅にそしてほがらかに、これなくして何の学問であるか。

（1985・6・1）

13 ヒューマン＝ユーモアの典型

▼イリヤ・イリフ、エウゲニー・ペトロフ『十二の椅子』（筑摩書房）

義母の遺言さえなかったら、元貴族団長で今は登記事務次官たるイポリート・ボロビヤニノフ（五十二歳）は小心の小役人で一生を終えたことだろう。その臨終での懺悔で知ることがなかったなら、フョードル・ボストリコフ神父は、旺盛な企業精神をもてあましつつも、神につかえる職務をまっとうしえたであろう。そして、かの事務官が「偉大な策士」オスタップ・ベンデル（二十八歳）に出会うことさえなかったなら、徒手空拳のまま故郷へ戻り、みはてぬ夢を紡ぐことで終わったであろう。

「椅子のクッションに、わたしゃ、ダイヤモンドを縫いこんでおいたんだけど」

これが義母の遺言だ。革命による没収をまぬがれた莫大な宝石は、十二の椅子の一つに隠されてある。その椅子を求めて三人の魂は広大なロシアを駆けめぐる。これはとてつもない物欲のためにその意思と知恵と力のすべてを投げやって行動する人間たちの物語、ピカレスク・ロマン（悪漢小説）である。

著者たちは、この物欲のために革命も神も妻も友人も、そしてすべての「人間的なもの」をも手段化し裏切ってやまない人間どもを、告発し糾弾するのか。そうではない。物欲に取り憑かれた人間たちの所業の空しさをエレジー風に語るのか。断じて否だ。登場人物たちは、徒労をおおげさに嘆き身の不運を呪うが、ただちに、嵐の終わった翌朝のような気分で立ちなおるのである。どうしてそんなことが可能なのか。

日本人に一番欠けているのがユーモア性だといわれるが、本当だろう。ユーモアとはヒューマン（人間）に通じるのである（しかし、ヒューマンはかならずしもユーモアに通じない）。ユーモアは相手の生殺与奪を要求しないのである。相手が許し得るギリギリのところまで、手練手管を動員してせまり、むしりとるが、反撃の一石は残しておくのである。作者がヒューマン＝ユーモアの典型を創出したこと、それがこの作品の最大の成功因である。そのベンデルはこんな風に登場する。

「一〇カペーカおくれよ！」とつきまとう浮浪児に、リンゴをくれてやるが、子どもは立ち去ろうとしない。若い男はいう。

「おい、お金がどっさりある家の鍵があるぜ、それでもくれてやらなきゃおさまらないのか？」

若くて、知恵も腕力もそして美しさにも欠けるところがなく、さらに陽気にあふれているベンデルにないものといえば、金だけだ。彼は事態が好転し、十二の椅子へ近づくきざしを感じると、

「陪審員諸君、氷は動きだしました！」事態が壁に突きあたりの光明を見いだしえないときには、

「会議は続行中！」

と叫ぶ。

艱難辛苦、ちりぢりになった椅子の一つを手に入れ、布をはがしてスプリングごとまさぐるが、何も出ない。彼はいうのだ、また十二分の一の真理に近づいた、と。この度外れの楽天主義は、いうまでもなく若いソビエト・ロシアの革命社会に相通ずるものだ。そのベンデルが、旧ロシアの俗物の典型たるボロビヤニノフのヘマと非力を容赦なく非難するが、しかし彼に離れがたいものを感じとる。「やつがいなくなったら、こんな愉快な人生はちょっと味わえないぞ」とは、ベンデルの実感なのである。旧ロシアを愛してやまない革命社会の成員たちの実感だといってもよい。

一九八五年の時点からこの小説を切りさけば、ここには革命十年にしていまだ旧ロシアの混沌が渦

巻いている、そして門口にスターリン体制が待ちうけており、だからロシアは本質的には微動だに変化していないのだという、そんな出口のない時代の叫びを感じとることもできよう。あるいは、この小説で展開されるユーモア的饒舌のすべては、ゴーゴリーに代表されるロシア的伝統に由来するものであり、それがスターリン体制の完成とともにすべて窒息せしめられた、ということもできよう。この小説をごく単純に笑いかつ消費できない理由の一端を、これらの感じや発言は表明していることは確かである。

しかし、私はごく普通の仕方で、この小説を一九二七年のロシアに戻して読むべきだと考える。革命から十年しかたっていないのだ。その半分は内戦と干渉戦に費やされたのである。「新経済（ネップ）政策」ははじまったばかりである。資本家的経営との競合によって、社会主義の疲弊した生命力を再生させようとするこの政策は、ロシア社会に旺盛な活力を与えた。後にスターリンによって事実上反革命的政策として廃絶される実験の時代こそ、この小説の舞台なのである。**エゴラ・ラーセン**もこういっている。

「ソビエト連邦が発足してから最初の十年間、ロシア人の作家や芸術家の間に、『革命』と、それが約束した自由への非常な情熱が燃えたぎった。あたかも諷刺やユーモラスな批評がソビエト的生活の永久に変らぬ特徴となるのではないかと思われた」（『**武器としてのジョーク**』TBSブリタニカ）

もとより、この小説は宝探しの冒険小説として読んでも、十二分に楽しめる。策士と団長はでこぼこコンビというところである。窃盗、結婚詐欺、反革命陰謀団の結成、にせ絵かきと助手、こじき、チェスの名人、二人は十二の顔を持つ男をさらに超えて、縦横無尽に活躍するのである。そして運命にもてあそばれ気ぐるいしてしまう神父。ここにはエンターテイメントとしての要素に欠けるところがないのである。だが、遺言の宝石は実在するのか。二人はついに宝石のある椅子にたどりつくのか。

これは読んでのお楽しみと言う他はない。探偵ものへの仁義としてだ。一つの小説に、あまりに多くの真実をさがそうとすると、面白くなくなる。だがこの小説は例外中の例外であること、請け合ってよろしい。「会議は続行中!」であるとしても。

（1985・7・1）

14 抗日反戦小説に描かれた稲作農耕民

▼ステヴァレ・ハヴェリヤーナ『暁を見ずに』（頸草書房、再版83・7）

父を見る。母を見る。同年輩の老人たちを見渡す。どの顔にも先の戦争の傷は露とも感じがたい。否、出征したことが、結婚式や葬式の重要な経歴事項として、誇り気に語られたりもする。勿論、戦闘で相手をたおしたこと、非戦闘員たちを無差別に虐殺した話など、直接本人から耳にしたことはない。上官に無法このうえなくなぐられ、家畜のような取りあつかいをうけたことは、よく聞く。しかし、上官であった人びとから、なぐりつけた当人であったという話は、たえて聞かない。

この小説にも、私の父母と同年輩（であるはず）の日本人が侵略軍の一員として、おぞましい相貌を持って登場する。しかし、この登場者たちと私の父母たちとは、どのような点においても結びつかないのである。大阪のオジは特務課報員であったということだが、このオジとも、てんで結びつかないのである。

だからといって、記憶忘れの激しさを民族的特性とする日本人は、日本が先の戦争で、とくに隣人のアジア地区に対しておこなった侵略と蛮行を、隣国からきびしく告発されなければ、現在の日本の繁栄の中で懐手したままの無思慮な侵略まがいの行為に、気づきようもないなどという、一種の「自虐趣味」的意見をにわかに信ずることはできない。しかし、『暁を見ずに』に登場する日本軍の無表情ぶりは、なにかしら私たちの父母たち――いうまでもなく自分たちを除外するつもりはさらにないが――の「無表情」ぶりと、あまりにも良く似ているのである。そんな気持ちで、かつてこの本は私の前に、まずあった。

しかし、再読して気づいた点の第一は、稲作に生きる小作たちの、したがって、つい最近まで、厳密には、敗戦以前の日本にならどこにでもみることのできた、農村落の人々と、ここに登場するフィリピン多島海の真中に浮ぶパナイ島の村落民とが、あまりにも同じ顔付きをしているということであった。

主人公カルディンは十八歳である。美丈夫そのままである。好きな娘ができた。村長の娘ルーシーンである。

カルディンは、仕事を終えて、父と二人でする食事時、今日こそはと切り出す。「お父さん、前々から頼もうと思ってたことがあるんだ」……「それは何かね?」……「俺、結婚したいんだよ」……「なぜ今結婚したいのかね?」……「俺は十分に年もいったから結婚するんだ」……「お前が今すぐ結婚したいのなら、俺はいかんとはいわん。特にお前がお前の幸福のためだと考えるならな」……若者は、その夜、興奮と欲望とで体が震える。しかし同時に、老人が同意を与えた時の、疲れた、不幸そうな顔の表情が、浮び出てくるのである（……の中に各自が説明言葉をおぎなうことを望む）。

村落民はつねに寡黙か。必要とあれば、堂々とした祖国にたくしての演説もおこなう。むしろ、弁舌にたけているといってよい。私のオジたちが、そうであるように。

カルディンは結婚する。流産。ルーシンは美貌のゆえに、都会から来た地主の息子に誘惑される。この息子をカルディンがなぐりたおしたことから、この若夫婦に苦難がはじまる。小作地はとりあげられる。おきまりのコースで都会（イロイロ市）に流出。青年の美しさは、ダンサーのローシンをとりこにする。都会の毒は青年を強く刺激する。妻は故郷へと逃げ帰る。いずれ青年も村落をめざすのだが、一つの破局。

若夫婦は再起を期して、別天地で農耕の鍬をふるう。待望の男の児が生まれる。若者はヘラクレスのように働くのだ。しかし、大洪水。一瞬にして土地と収穫は没してしまう。ふたたび、開拓地入植をめざすが、出征通知がまいこむ。青年はいさんで戦場へ。——ここまでが第一部「昼」である。

第二部「夜」は、日本軍の侵略によって、若夫婦の生活すべて、村々のすべての生活が生命力を奪われて消え去る過程である。父と息子を殺されたカルディンは、妻は日本兵に強姦されたことを知るにおよんで、ゲリラに加わる。彼は、戦闘で心に傷を与えられ、けっして銃をとるまいと決意していたのに、である。彼は、日本軍に協力する叔父を殺す。いとこを狙撃する。そしてついには、血にうえた野獣となって、凄腕を発揮する。

イロイロ市の日本駐留軍弾薬庫の爆破を、偶然再会した、今は売春婦となったローシンの助力で、実行する。つかまり、ローシンはカルディンを助けるため、一人で処刑される。

ラスト・シーンはボロ（山刀）隊長として、カルディンが、ルーシンが最後まで居残った村を通過するところだ。和解の言葉はついに発せられない。

『暁を見ずに』は、いうまでもなく抗日反戦の小説だ。しかし、そこで息づく稲作民たちの心情と行動は、そっくり戦前の日本の小作人たちと、同質のものと感じられるのである。だから、単純に、稲作農耕民は同じアジア人だ、連帯だ、などとはいうまい。同じ質の者が、一方は侵略者となって、他方がゲリラとなって、闘ったのであるから。このことは、けっして忘れてはならない。

日本はすごく変わった。この小説を読むと、昭和三十年代までの日本の風景をひどくなつかしく想わずにはおれまい。と同時に、自分たちが、いつでも、侵略者と被侵略者との位置を、簡単に逆転しうるような境地にいたこと、いることを強く感じるのである。この点で、日本人は、フィリピン人より、ズーッと複雑な心を持つこととなる。持たねばならないことになる。
ややバタ臭い叙述、登場人物のあまりにはっきりした性格づけ、急転直下型の筋の転換などなど、できすぎたツクリ物の感を懐かせる部分もある。しかし、あくまでも深く深く息を吸いゆっくりとはく、主人公夫婦の情意行為を描ききって、見事という他はない。

（1985・8・1）

15 「暗い情熱」はいかにして生まれたか

▼ファーブル著／林達夫編訳『昆虫と暮らして』（岩波書店・絶版）

岩波少年文庫の一冊『ファーブル　昆虫と暮らして』は、大冊『**昆虫記**』（岩波文庫、全二十巻）から、ファーブルの自伝的回想部分を採集したものだ。編訳者は林達夫である。

ファーブルは、『種の起源』のダーウィン、『資本論』のマルクスとほぼ同世代人で、彼らより年少者である。J・S・ミルからは金銭的援助を受けてもいる。しかし、彼等が生物ならびに人間の歴史の進化論者であるのに対して、進化論に強い疑念を表明したという点で、しかも宗教上の理由からではなく、学問研究の成果の上にたってそうしたという点で、当時としても特異な存在であった。

縮約版『**ファーブル昆虫記**』（山田吉彦訳、全二巻、岩波少年文庫）には、こんな一節がある。

《進化論は、過去のことをはっきりと言う。未来のこともはっきり言う。だが現在のこととなると、できるだけおしゃべりしまいとしている。進化が行われた、進化は行われるだろう。そして、こまったことに、それは現在には行われていないのだ。三つの時のうち、一つだけ進化論からぬけている。しかもそれは、わたしたちにじかに関係のある時、仮説などという出まかせの言えないただ一つの時だ》

『昆虫記』を読むと最も強く感じられるのは、「暗い情熱」としかよびようのない、ファーブルの学的精神である。善悪で語らず、功利によらず、仮説をたてず、予言をしない、実証精神とよぶには洗練さを拒否する、という性格のものである。虫類を愛するという程度の対象的態度をつきぬけて、自身が虫それ自体となってゴソゴソと這いずり回る、しかも、カフカが描くようなボテッとしたありさまでなく、実に運動神経がゆきとどいている、といった態なのである。一寸いじわるくいえば、人間嫌いの精神がつらぬいているのだ。

ひとは、過去のこと、他人のことでは賢明になれる。しかし、現在・未来のこと、自分のことでは、そうはいかない。大方は不明のかぎりを尽すといってよい。林達夫が抽出したファーブルが自らについて語る過去は、はたしてどんなものか。

ファーブルは、自分の動物好きな、学問好きな性向は、祖父母、両親とは一切遺伝的関連はなく、むしろ、貧にして窮していた父母は、ただちにパンと結びつくべきものをその子どもに要求し、この性向を強く抑圧する要素にすぎなかった、と述懐する。食するにもことかき、受給費生以外の仕方で学ぶことができず、自分の学問的野心（大学で講義をする等）をもっぱら貧窮ゆえに断念せざるをえなかった、ファーブルのこれは率直な言であろう。しかし、ひるがえって、もしファーブルが、家の手伝におわれず、人間世界の広大な領域に、精神においてだけでなく生身のまま足を踏み入れうるような環境に育っていたなら、アヒルの番も忘れるほど興奮して、泥沼の底をかきまぜそこに知的関心を集中するなどという仕儀になっていただろうか。父母が学問好き、教育熱心であったならば、自力で一切を学びきろうとした独力心が育ったであろうか。

私は想うのである。本ばかり読んで、本の効用や人生上の活用を説く父親を持つ子は、多く書物を道具としてしかみなさないものだ、と。少なくとも、書物に対する「暗い情熱」なぞ持たないものだ、と。柳田国男は、ファーブル的精神を共有しているかのようにいわれることがあるが、書物が所与のものとして幼児期から身のまわりを取り囲んでいた柳田には、書物を愛する、学問を愛するその仕方で、ファーブルのような切羽つまった吸収力に欠けるのである。自分本位であるといえる。

それにしても、ファーブルが自分の中にひそんでいる能力をゆりおこすやり方の、いかに正当・正統であったことか。

《先生の言うことをやることによって、みちびかれる人はさいわいだ。こういう人は、ひろびろしたいい道を歩いていけばいいのだ。そうでない人は、石ころだらけの小道を歩いているのだ。しきりにつまずく。手さぐりで、自分の知らない世界に入りこんで、道に迷うのだ。失敗で気をおとさず、また本道にもどろうとしたら、貧乏人にとってのただ一つのたより、しんぼうづよさを頼みにしなければならない。それが私の運命だった。》

ファーブルは、もとよりただぼやいているのではない。自立・自尊心が強いため、他人にきくことが嫌いで、だからひどい回り道をしながらも自力で解決へたどりつく、他に尋ねられて分からないということが嫌いだから、無理にも矢理にも、一夜漬けをもいとわず、教えるということになる。教師をもたず、自分が教師となるのだ。そして、教えることが最大・最良の学びであることを、余儀なくも実践したのである。本に書いてある、本を読みさえすれば分かることを、わざわざ学校・大学で教わる必要はないのであるから、ファーブルこそ、創造的学問へ踏みこむ「大道」を歩んでいたということになる。しかも、このことをファーブルは自覚さえしていたのである。

両親は、やはり、大きな意味で、無理解ではなかった。ファーブルは、少数の人達（その中には文部大臣も含まれる）に励まされ、実際的な援助さえ受けとっているのであるから、「自力」「自立」ばかりを強くいうのは誤りであろう。四十八歳で教員をやめて、ともかくも、年来の願いであった著述に専念でき、六十近くなって『昆虫記』を書きはじめ、一九〇九年、八十六歳で完成し、死ぬまで研究を続けえたのは、なみなみならぬ周囲の理解なしには不能であっただろう。

林達夫の編集は、わが身に比して、ファーブルの境涯があまりにきびしかったがゆえか、ファーブルの生涯についてはそれを「暗い情熱」で照射する熱度にいささかのゆるみを生みだしたことを、残念におもう。つまりは、ただの奮闘記に堕しかねないのである。

（1985・9・1）

16 東南アジアの曼陀羅に織りこまれていること

▼鶴見良行『マングローブの沼地で』（朝日新聞社）

書物はさまざまな喜びをもたらす。もとより、怒りや悲しみをもである。喜びの最大は眼前の世界に新たな扉が開かれることだ。しかも大きくて抽象的な思想によってではなく、とことん具体的に細部をカッチリ描いた思考によってもたらされた喜びは、それが新しい世界の発見をともなう場合、至福の時を迎えるとよんでよい。

鶴見良行が書くものは、すべてこの至福をもたらす類のものである。そのうちでも『マングローブの沼地で』（朝日新聞社）がとりわけ光っている。ものを書こうと志すほどの者ならば、一生に一度は書きたいと思わずにはおれない本である。しかし、論じているテーマは、頭をひとひねりすれば誰にでも了解のつく事柄に属するのではない。きわめて、日本人には納得のしかねる、デリケートなものなのだ。そのテーマを、鶴見はあたかも徒手空拳、裸体裸足で読者の側へひっぱってくる。そして、なるほど、とうなずかせずにはおかないのである。読者が自分の手で、その発見の扉をおしあけ、自分の足で未知の山野を歩きまわっている感を懐かせるのである。私はといえば、ガニ股（？）の鶴見と同じようにヒタヒタ歩きだしている自分を発見してしまった。

鶴見はリュックをかついでマングローブの林に沿って歩く。あるいはバスを、船を乗り継いで。なぜか。鶴見にとってマングローブの沼地こそ東南アジア理解の新たな扉を開く鍵なのだ。

日本人は国家を国土を自明のこととしている。それが人々を有形・無形に結びつける永続的で強固な絆であることを、けっして疑っていない。しかし、はたしてそれは自明なことなのか。本当のところ、そう思いだしたのはつい最近のことで、ずいぶん長い間、日本だってばらばらなまとまりのないくらしをしてきたのだ。そして、分散社会から統一国家へという方向が進歩であるという考えを、このへんで徹底的に疑ってみる必要がある。つまり、鶴見は東南アジアの人びとの生き方、くらし方、結びつき方、ものの考え方の原型をたずねて、東南アジア諸島を歩くのである。もとより、日本もその一員たるべきだ、としてである。

マングローブが海岸線をガードしているところは、開発されていない所だ。外国資本に浸食されていないところだ。無用の長物とみえる蛸の足のマングローブの存在は、移動し分散する自給的生存の仕方が生きていることの厳然たる指標なのだ。そして、マングローブ自体も、海岸線の乾燥化・砂漠化を防ぎ、湿潤と涼しさを保証する安全弁の役割をはたしているのである。

鶴見は、部族が曼陀羅模様のごとく分散し入り組んで生存して来たミンダナオ（島）からこの旅をはじめる。

多くのアニミスト種族（原始宗教）、十五世紀以降に伝来したイスラムを信仰するムスリム、そして北方からの移住民たるクリスティアン、これらの、一見して、無軌道にみえる生存様式の歴史と構造を調べ、混乱に内在する論理を発見しようというのが、鶴見の旅なのだ。

もとより、ミンダナオに統一国家（らしきもの）が存在しなかったわけではない。しかも、北方ルソン島にではなく、曼陀羅のミンダナオにである。近代化された地にではなく、他のどこよりも伝統的で分散化が激しかった地においてだ。三百年前、マンダナオ族の海賊クダラート王が建設した。外敵（クリスティアン）と島内の部族敵に対してとった王の戦法は、移動戦術である。軽々と以前の自分達の生存場所ばかりでなく、生活のレベルを変えることによって、自由を守ることを第一としたからだ。
実際ここでは、人を結びつける唯一の方法は、王の人望、善政だけなのだ。土地に縛りつけることはおろか、恐怖（テロル）によって支配することが不可能なほど、人びとは容易に生存場所を移動し支配から離脱するからだ。だから鶴見はこう断言できるのである。

《東南アジアには民主主義が成熟していないとしばしばいわれる。この議論は、統一国家と民主主義の問題を混同していると思う。地方分権、能力主義、下意下達、あらゆる意味で、民主主義はこの土地に早くから発達していた。遅れをとったのは、統一国家形成の方である。》

鶴見はミンダナオから鼻の先のスルー諸島へ向かう。ここまでは広義のフィリピン。その指呼の間にボルネオのサンダカンがある。住民はこの間を自由に往き来できても、「外国人」には国境がある。ここで簡単に住民というが、住む場所は、まさに海と大地であり、その交錯する地点が他でもないマングローブの沼地というわけだ。ここを交点として、移住という名の征服とそれに対抗するアニミスト、ムスリムたちの戦闘がくりひろげられた。東南アジアの曼陀羅は、また、中国、インド、イスラム、スペイン、オランダ、イギリス、アメリカ、そして日本の植民地化と、それに対する闘争の歴史を織りこんでいるのである。鶴見の旅に、旧日本ならびに日本軍の爪痕の数々を見ることができる。

第二次大戦後、独立を勝ち取った東南アジア諸国は、民族統一国家の建設を推進する。「開発」という名の近代化がおし進められる。かつて植民地主義という名の文明化政策が、階級分化と貧困化を促進したのと同じ事態がすすめられているのだ。分散型の生存様式はいまだ息づいているが、「開発」にローラされつつある。マングローブが伐採された海岸線の長さが、その侵攻度の目盛りなのである。

鶴見が東南アジアを歩き始めたのが、一九六五年、ベトナム戦争開始と同じだ。このことは重要視してよい。鶴見の結論はひよわにみえるが、今日こそ、私たちの胃の腑にこたえる。こういうのだ。

《マングローブ沼地社会の〝とりとめなさ〟から学んだ方が、有益だ》――自由な連合社会、をである。

（1985・10・1）

17 捕物帳と近代国家の成熟度

▼久生十蘭『顎十郎捕物帳(上・下)』(六興出版、絶版)

「捕物帳は季の文学である」(白石潔)という意見に対して、なるほど、江戸の生活は、季節の移りかわりにしたがって、いとなまれる。当時の庶民生活をえがこうとすれば、季節感を無視するわけにはいかない、人情話をいとうわけにはいかない、しかし、キャッチフレーズの魅力に欠けるとはいえ、「捕物帳は本来、推理小説の一形式として発生したもので、江戸中期以降、明治初年あたりまでを時代的背景とした犯罪物語である」と断じたのは、**岡本綺堂**『**半七捕物帳**』や久生十蘭『顎十郎捕物帳』の正統パズラーの志を引き継ぐ『**なめくじ長屋捕物さわぎ**』の**都筑道夫**である。

シャーロック・ホームズものや半七捕物帳をくりだすと、大人の意識をもちはじめたといってよい。自分の息子もそうである。だから、

「論理に権威がうしなわれた今日、論理的興味の不可能犯罪を書くには、むしろ捕物帳の形式こそ、理想的に思われる。このすぐれたシリーズを読んだ諸兄が、捕物帳への妙な偏見をすててくださったことを、私は信じて疑わない」(三一書房版久生十蘭全集解説。『死体を無理に消すまで』晶文社、収録)

という都筑の気張った言を、率直に受けとってみたい。

また、本格的な探偵・推理小説が発達するには、科学文明、理知、分析的精神の発達という社会的条件を前提にしてはじめて可能だとする平林初之輔にしたがえば、探偵と推理を兼ね備えた捕物帳の

成立は、一応にもせよ日本に科学と民主主義が生成した証左でもあるのだ。これをもっていえば、捕物帳が生まれたことは、日本が近代国家として成人したことを意味するといってもよいであろう。実に、『半七捕物帳』がはじまったのは、**コナン・ドイル『最後の挨拶』**が出版された一九一七年（大6）である。岡本綺堂も江戸川乱歩も、そしてわが久生十蘭も、英米ミステリーを原書で読みあさり、その骨格を日本に移植したのであった。

久生十蘭、ひさおじゅうらん、と読む。本名、阿部正雄、一九〇二年（明35）函館生まれ。岸田国士に師事し、昭和四年渡仏、昭和八年帰国、文学座の創立に参画した。顎十郎ものは六戸部力のペンネームで昭和十四年に連載されだした。

短篇の連作ものは、文章がよくなくては読むに耐えない。捕物帳だとて同じである。同じ顎に手をやっているむっつり右門の味も素っ気もない文章とは違って、細部に手がゆきとどいているのである。

「それにしても、ふるった面である。こんなふうに床柱などに凭れていると、そそっかしい男なら、へちまの花活でもひっかかっているのかと感ちがいするだろう。眼も鼻も口も、額ぎわにごたごたとひと固まりになり、ぽってりと嫌味に肉のついた厖大な顎がぶらりとぶらさがっている。馬が提灯じゃない、提灯が馬をくわえたとでもいうべき、ちんみょうな面相。この顎が春風を切って江戸中濶歩する」

巨大な顎を巨大な鼻に移せば、顎十郎はシラノの翻案だということが知れる。しかも、無類の剣の達人で、異常に顎にこだわっている。面前で、アゴなどといったが最後、抜打ちに斬りつけられる。ユーモアたっぷりの韜晦と癇癪とを同居させた主人公は、北町奉行筆頭与力の伯父の後押で、例繰方（刑律の前例調べ）同心という無足見習の閑職にある。ライバルは南町同心、江戸随一の捕物名人といわれる藤波友衛。舞台まわしは、伯父の手先で、神田の御用聞き、ひょろりの松五郎。

全二十四篇、テンポは意外なほどゆったりしている。つまり、スイスイとは読み下せないのである。これは、チェスタトンのブラウン神父シリーズを読む時と同じである。難解だとか、ゴタゴタしているからだというためではない。細部がキッチリ書かれているからだ。しかも、ブラウン神父ものよりも好ましいのは、あの独得のモラリスト的人生訓の口説がないことによる。乾燥度が高いのである。いっそう知的である、と思いたくなるほどだ。だから、少々、疲れる。

顎十郎が藤波に連戦連勝する理由は何か。第一に情報の量の違い。藤波は五百人の輩下を自由にあやつる。しかし顎十郎の方は、いつも中間部屋でとぐろを巻くだけ。ところが、大名の上屋敷、中屋敷、合わせて五百六十、そこにたむろする、中間、馬丁、陸尺が顎十郎の手先のごとく働くのである。勝負はここで大方は決まる。第二は、ありきたりだが、教養の違い、知的趣味の相違である。

第九話「丹頂の鶴」では、藤波も『菘翁随筆』を引いて必死に対抗しているが、第十話「野伏大名」では、「すさきの浜」というキイ・ワードの故事を知らずに敗北する。第十六話「菊香水」では、絶体絶命のピンチを、主人公は香を聴いて逃れる。女賊小波が残した香が、ほんの四、五日前売り出された法朗西《フランス》渡りのオーデコロンを原料とする匂水であった、という、落までつくのだ。

そして、第三に、功名心に無頓着となれること、をあげておこう。顎十郎は自分の手柄をすべて伯父やひょろ松に、時には敵役にさりげなく譲りわたす。度が過ぎて厭味になるくらいにである。彼は、純粋にパズラーを解き、酒と肴にありつけば、それでよしという粋人なのだ。そこから余裕がでる。知的であるということは、こういうことだろう。しかも、作者はこのノンシャランの趣味人にも、手痛い罰を与えることを忘れていない。酒と肴についひかれ、大失態を演ずる「菊香水」においてだ。

推理小説なのだから、気楽に読めばいい。その通りである。しかし、その出来具合が一国の知的雰囲気と趣味的成熟度をはかる格好の尺度であるとみなしたい私には、昨今のオドロオドロ、ベトベトヌルヌルばかりの日本推理界の現状の、せめてもの清涼剤として、久生十蘭でも引っぱり出さねば、気が済まないのである。

（1985・11・1）

18　谷沢永一と入れ替りの書評家

▼向井敏『晴ときどき嵐』（文藝春秋）

谷沢永一は、今後、余程の事情がない限り、書評および読書論から手を引く、と断じた。**『論より証拠』**（潮出版社）のあとがきめいた箇所においてである。実にもったいない話だ。私などは、ひどく不遜ないい方をすれば、目標を失ったような感じをいなめない。書評に命がけで執する谷沢は、時に狼のように牙をむき、時に無名の書物にとびっきりの激励を送るというように、硬軟とりまぜた投法をたやさなかったが、その内容は力業一本で通し切って、ゆるむところがなかった。

しかし悲観は禁物。よくしたもので、入れ替りに、向井敏が大変貌をとげて登場する気配十分。駄作には沈黙を守り、知られざる傑作には盛大な拍手をおくることを批評家にとって唯一の分別ある行為だというW・H・オーデン風の流儀を遵守してきた向井は、読書エッセイ『晴ときどき嵐』（文藝春秋）では、「とがめだて」をあえて正面にすえた骨法を（も）採用する。

当分の間、この流れに無理にでも棹さして欲しいものだ。人の悪口をいうのは簡単に思える。しかし、本当のところ、向井のいうように、『風の書評』（ダイヤモンド社）ではないが「最初の数ページを繰っただけで程度の知れるような本ばかりを選んで読み、そのつまらなさの理由を明かすというのはなみたいていのことではない」のだ。

とはいえ、向井はただ今のところ、駄作を正面にすえての「とがめだて」論法には距離をとっている。

江藤淳「ユダの季節」(「新潮」昭58・8)が、事なかれ主義の論壇を活気づけるうえで貴重な論を含みながらとした上で、「自分流の批判方法だけが正しいと決めてかかって、それに同じでない者はすべてユダと断じてはばからない」と難癖をつけ、それ以上に「その語り口のねちねちして湿っぽいこと」の欠陥は、「世間の『のぞき』趣味に媚びる女性週刊誌ルポライターのそれと差がない」と断じる。もっともこの癖と欠陥は「ユダの季節」にだけ特殊なものでもなく、江藤淳やその対極(?)にあるとされる大江健三郎らに共通な文壇の宿痾みたいなものだから、局外者の私は、マ、大いにやりなさい、といいたいところだ。

これを含む十七のコラム、一篇千字が「嵐」の部分である。ただし、論の立て方、論の振り方は、谷沢永一調を抜け出てはいない。

そういわれることを覚悟の上で、「嵐」をというのであろう。しかし、「嵐」の方向に向井調を確立することを、いそがず、じっくりと、おのずからでてくる味を信じる風に進んでいる、向井の腰をためたゆき方に、私は拍手を送っている。

本書には、書評の他に文庫本解説が四篇含まれている。書物解説も書物批評の一種ではあろうが、味気なく区別すれば、批評=「物事の良い点・悪い点などをとりあげて、そのものの価値を論じること　解説=「専門家・が(の立場に立って)しろうとや初心者にも分かるように説明すること」(『新明解国語辞典』)といってよかろう。向井自身も、文庫本の解説に自由な読み方を束縛したり、声価の定まっていないものをムリヤリ権威づけるという罪もあろうが、一方で「解説が初学の読者に眼を開かせ、思いがけぬものの見方を伝え、読書力をつけるのに果たしてきた功の大きさもまたはかり知れないだろう」と力説している。そして向井の「解説」がまた見事なのだ。向井には、天性の物を語るうまさがそなわっているのではと思わずにはいられない。それに文章力(文体)である。谷沢もあげていたが『**にぎやかな遊歩道**』（創拓社）におさめられた「追悼　金子光晴」。もう一つ、『**書斎の旅人**』（新潮社・昭58・6）に入っているフリーマントル『別れを告げに来た男』の書評。この二篇がとびっきりの名品である。五百五十字と二千字でなる世界が完結してゆるぎないのである。よく、気軽にホレボレスルなどというが、惚れ惚れする文なのである。

　そして本書収録の解説、いずれも良い。「だれぞやってみんか」という声に、ひるむ少年たち。《そのとき、ひとりの少年がゆっくりと歩み出てき、ひょいと鉄棒に取りついた。ナイフで削いだように鋭く痩せ、こけた頬に蒼黝《あおぐろ》い翳《かげ》を貼りつかせた、背の高い少年である。どこかさびしげで、頼りなげで、とてもスポーツマンというタイプではなかったが、鉄棒を握るとにわかに身ごなしが軽くなった。彼は両腕をぴたりとそろえて二度三度振りをくれ、間合いをはかって空を蹴った。大きな円弧が空中に描き出される。白いトレーニングパンツの男がほうと声を立てる。幾回転かののち、痩せた少年は鉄棒上に倒立して動きを止め、やがて宙を滑ってなめらかに着地した。砂がサクリと鳴った。少年たちの拍手のなかで、彼はふいに表情をゆるめ、その内部に積り積った鬱屈を一挙に吹きはらってしまおうとするかのように大きく息を吐いた。》

開高健、十七歳時を目撃したさまである。よく知っている、強烈な印象を受けたからって、書きうる類の文章ではない。

　書いてしまって、著者自身が掌中の玉を逸したような感じをもったのではないか、と思いたくなるほどだ。

　谷沢や百目鬼恭三郎のようにただの批評家ではない。丸谷才一のごとく自説に有利なことだけを核として染め上げる批評家・解説者ではない。

　対象がもつあたたかさ・つめたさ・重さ・軽さ、複雑さ・単調さ、などなどのすべてを、自分の手のぬくもりで解きほぐし、スーッと頭に入るように説きおよぶ向井敏が、この骨法を鋳直して剛直な批評家として独歩することを、私は待望せずにはいられない。「晴ときどき嵐」とともに、「嵐ときどき晴」が出現することを。

（1985・12・1）

19 水利用を通した比較文化論

▼鯖田豊之『水道の文化』（新潮選書）

日本人は伝統的に自然を愛し、自然と共生してきたなどという見解を、私は端から信用しないことにしてきた。十分に国粋主義的な生き方をしていることを恥じている私でさえ、自然と共生することに大いに欠けるからでもある。

東西比較文化論には、思弁的な場合も、フィールド・ワーク的な場合も、きわめて単純な命題や経験例をもとに、壮大な理論を展開するものが多くて、鼻白むことしきりであった。**和辻哲郎**『**風土**』などがそのよい例である。

しかし、大学の主任教授であった**相原信作**先生が、しきりに鯖田豊之の名前を出して、比較文化論に言及されることがあった。『**肉食の思想**』（中公新書）がでたころであったと記憶している。一読して、よくある比較論とはずいぶん異質な感じをうけた。

『水道の文化』で主役を演じるのは、上・下水道である。しかし、主場面はさまざまな河川・湖・運河・海であり、かつ都市である。それらの利用ならびに形成の歴史を通じて、日本と西欧の文化形成の特徴があざやかに浮き彫りにされる仕掛になっている。

日本は、河川を利用する水運をはやばやとかつ全面的に鉄道に切りかえ、今日ではその鉄道を切り捨てつつある。しかし、上水道は全面的に河川に依存し、渇水期には給水制限を繰りかえし、慢性的構造的水不足に悩んでいる。

西欧各都市は、圧倒的に、河川流域に形成されたばかりでなく、今日でもなお水運と鉄道とトラックの貨物輸送の比重バランスがよい。ところが、上水道は、水量豊かでかつ流量変化の少ない各種河川にできうるかぎり依存しない方策を模索してきたのだ。

当然のことながら、日本では上水道を薬品処理しなければならず、西欧では薬品混水を極端に嫌うということになる。衛生上問題のない、しかも美味な水道水を、それでも、ミュンヘンの人たちは蛇口から直接飲もうとしない。このような行動は、水道の歴史をたどらなくては理解できない（私たちの常識なるものは、パリの水はまずく、しかもいささか衛生上問題があるのではないのか、というところに落ち着く）。

鯖田は、ケルンからはじまって、さまざまな都市の歴史と現状を探っているので、大雑把に言い切ってしまうことはできない。しかし、ごく一般化していえば、日本でも西欧でも、かつては、直接、河川や井戸に上水を依存していたことにかわりはない。ではなぜ、西欧が便利な河川から独立しようとして、良質な泉水探しにやっきとなってきたのか。

西欧各都市は早くから大規模な下水道を発達させていた。『レ・ミゼラブル』のジャンバルジャンが逃げこんだのは、パリの下水道であった。しかし、屎尿が、下水道を通って、あるいは直接投棄によって、河川にたれ流されていたのである。テームズ河に魚が住まなくなったのは一九二〇年のことなのだ。パリが今でもオシッコ臭く、水道水を飲まないのは、これによってよく理解できることである。

日本は、下水道の発達はおそかった。ただ今も進行中である。しかし、屎尿はかつては農業用肥料にされ、各戸ごとに農家によってくみとられ、河川等にたれ流しにはされなかった。

しかも、下水道の未発達にもかかわらず、終末汚物処理がかなりきびしく行なわれたのである。

西欧各都市は、下水たれ流し、河川の汚染によって発生するコレラ等の蔓延から、徐々に重い腰をあげる。良質な地下水（地下水不足は、人工の地下水をつくって補う）の開発と、自然的要素（灌漑処理や養魚処理など）を組みこんだ下水処理方式の採用が始まるのである。下水道の終末処理は、ウィーンでは緒についたばかりである。

都市形成史の違い、河川状態の違い、農法の相違を十分加味したうえで、鯖田が下す結論は、きわめて説得的である。

技術や効率だけを独立してとらえれば、日本の上・下水道の処理はヨーロッパをはるかにひきはなしている。しかも、日本の下水処理基準は、はるかにきびしく、ヨーロッパの各都市のは、これに照らせばほとんど失格ということになる。

ところが、これだけきびしくてもなお、日本の河川等の原水の汚染が進んでいるのである。しかも、下水道のないところでは、生活水等はたれ流しのままのだ。つまり、テームズ川に魚が戻ってきたのとは逆に、日本の汚染は着実に進行しているのである。

著者の見解をひきのばしていおう。高技術（ハイ・テクノロジー）などと誇らないほうがよい。人類が試行錯誤を重ねて築きあげてきた生態系を、効率と便益さを誇る技術で改変するときの悲鳴をこそ聞き取らなければならない。西欧に学ぶ第一のことが、これである。そして、比較文化論的にいえば、日本の技術応用は、西欧技術の一面的高度化にほかならないことが分かる。エコノミーの原理にだけ頼るということになっているのだ。

（1987・1・1）

20 嫌味のない自惚上手の「私小説」

▼椎名誠『岳物語』（集英社）

《自分の息子だけれど、しかしこいつはいい少年だな》と、椎名は父親離れしつつある少年を前にして、ふいに思う。こういうセリフを、世の父親は一度でいいから吐き出してみたいのだが、気がついた時は、自分の息子がはるか遠くの方をスタスタと歩いているというのが常なのである。この「私小説」を読んで、私と同年輩の、しかも同じ齢くらいの子をもつ椎名を、うらやましく思うというよりは、強く嫉妬めいた感情で矢を射たい気持ちにさせられた。

『岳物語』の「岳」とは、椎名の一人息子の名である。母は保母で、父は「自由業」。当然のように、保育園の送り迎えなども、椎名の役割になる。教育熱心な小平市に住んで、この夫婦は「三文両親の意地」とでもいうべきやり方で、岳を育てようとする。つまり、就学前の予備学習の一切をカットしよう、と決心するのだ。遊びや喧嘩に強く、勉強に弱い少年が就学すると、どうなるか。クラス三十四人中、文字が読めずまったく書けない唯一人の一年生ができる、ということになる。もとより、このことに少しもタジロがない夫婦なのだが。

しかし、とてもよいのは、岳は同級の高山クンのお兄さんのお金を盗んだとされたとき、担任の先生から椎名が呼び出されて、もったいをつけたように、今度のことはこれ以上追及しませんが、以降くりかえさないように努力をしてもらえませんかと、などと頭から岳を犯人あつかいすることに、内心にえくりかえるほどに腹立たしいにもかかわらず、椎名が少しも先生に対して抗弁していないことである。実のところは、高山クンが兄からくすねて、クラスのけんかのガキ大将の岳におべっかの貢ぎものをしたのだった。高山の母が、「うちの子にかぎって」金を盗るようなことをしない、だから岳にきまっていると告発したことを、椎名はヒドイと思う。ところがである。椎名はこう思うのである。

《あの呑気者の私の息子がプロフェッショナルの泥棒のように高山くんのお兄さんの部屋にしのびこんで机の中からぴんぴんの五百円札を盗み出してくる、なんていう高山くんの母親の言っているような光景は考えれば考えるほど滑稽で非現実的な風景であった。月々渡している小遣いの百五十円の硬貨を使いきれず机のまわりにころがしている子供がどうして人の家の金など盗むものか!》と。

椎名もまた、気づいてか、気づかずか、「私の息子にかぎって」という確信をもとにこれをいっているのだ。私などは、どうも、自分を信用するところが少ないから、「私の息子にかぎって」などと、口がさけてもいえないところだ。勿論、高山クンの母親と椎名とでは、心の向き具合は異質だ。椎名は、自らの子をかばって、相手を犯人あつかいにするような抗弁はしない。

ここのところは、本当に大切なところである。しかも、先生に向かってさえ、その告発や調停の無効さを抗弁しない。本当にむつかしいことなのだ。「私の息子」をとことん信頼してゆこうという確信につらぬかれているからである。こういう、父と子の関係がウツクシクないはずがない。

その岳が、五年生の時、急に本を読みだしたのだ。マンガの本しか読まなかったのにだ。ある時、本屋に一緒にいこう、といいだして、「自分はいままで一度も本を買ってくれ、とねだったことがないからエバって言うけれどこの本を買ってくれ」、といやに押しつけがましい言い方をして以来である。釣の本であった。岳の、父親からの自立の旅が、釣へ熱中することで本格的にはじまる。父との幾度かの釣旅行で、岳は父親をグングン引き離しゆく。椎名の眼は、その息子を酔うようにとらえ、冒頭の《しかしこいつはいい少年だな》という想いへとつれられてゆくのである。

でも、椎名の眼はいつも、岳の姿をとおりこして、同じ年齢だったころの自分の少年時代へとすすんでいってしまう。

しかも、「自分が岳と同じ年齢の頃のことを考えると私はいつも厭な気持になった。私は記憶にある子供の頃の自分がじつに決定的に嫌いだった」というような少年時代へ、である。

誰にしろ、自分の子どもボメをうまく、厭味のないようにするのは難しいものだ。しかも、自分＝父親とあまりにも似た成長過程をたどる息子をホメルことは、さらに難しいのである。自惚ということで終わるからだ。しかし、椎名は、岳少年を讃歌してやまず、しかも、厭味がないのである。

私が、自分の本当に「いい少年」である息子を、いつも他人さまのようにしか眺めえないことを思うと、嫉妬の情にかられるほどに、ホメ上手、自惚上手なのである。

「私小説」は、究極のところ、オノレ・ボメ小説なのであるということを、ホガラカに、しかも肯定的に語り切ったこの小説に、父親の一人として、かぎりない讃辞を送らずにはいられない。

（1987・2・1）

IV 本と人と 1988〜1989年

初出：月刊「潮」 1988.7〜1989.10

1　向田邦子の仕事

向田邦子作品のベストの3冊▼『父の詫び状』『思い出トランプ』『あ・うん』（文藝春秋）

▼細部に説得力がある

悪口のいいにくい作品がある。欠点がないからというのではない。悪口をいわせない硬い良質のものがまん中にあるからという他ない作品だからである。

それにもまして、悪口のいいにくい作家がいる。いくぶんじっとみれば、なんだ、と思うような所が散見されるのにである。それなのに、悪口のワの字もいいたくなくさせられてしまうのである。

そういう作品を書き、多くの支持者をもった作家の稀な一人が向田邦子である。その作品に対するだけでなく、その人柄に対してさえ、反感を懐く理由さえも与えなかった向田は、しかし、作家としては、良質の作品を書き続けることにおいては、大きな困難を前にしていたであろうことは、予測されていた。

一つは、山口瞳がいうように、一作ごとに、密度の高い張りつめた短編、随筆を書くため、息切れ、種切れはしまいかという危惧からである。山口は密度の高いものは三回に一回でもよいという風に心がけるべきだ、と忠告さえしている。

もう一つは、向田作品の魅力は、おおかたの人が指摘するように、細部（ディテール）を説得力をもって描くことにある。ことに、戦前の平均的な家庭の情景と交情の描写は、それをいくぶんかでも知っている者の胸に、ストンと落ちるのである。何の抵抗も許さぬほどに、涙腺の口が全開するほどにである。しかも、その細部の基本部分は、すべてといってよいほど、向田個人の実体験に重ね合うのだから、是非もなく説得力をもつということになる。創作『**あ・うん**』の細部は、エッセイ集『**父の詫び状**』とピッタリ重なる、という具合にである。

しかし、とくに奇異でもなく、多彩でもない実体験にもとづく細部は、一度見事に登場すれば、それで役割が終わる方がよいのである。魚は一番おいしい部分から腐る。向田の一番おいしい部分は、かぎりある個人体験のエキスを使いきれば、当然、色あせてゆくということになる。これは、誰にだって、避けえないことである。

▼「精神的別居」

成熟しない作家がいる。成熟できない作家は論外のこととして、すでにして成熟してしまっている、ということである。成熟する必要のない、変わりようのない作家のことである。向田はこの典型とみなしてよい。

向田が卒業した実践女子大学（旧実践女子専門学校）図書館が刊行した『向田邦子文献目録』によると、最初に活字になったものは、入社して配属された『映画ストーリー』（雄鶏社、2号、昭27・9）の「後記」である。アルバイトで書き始めた台本の最初は、日本テレビ「ダイヤル一一〇番」の五十五話「火を貸した男」（昭33・10・7放映）であり、昭和三十七年三月からは、約七年、二千四百四十八回続いた「森繁の重役読本」がはじまる。そして、はじめてのエッセイ「精神的別居」が『中央公論』昭和三十七年十二月号に登場する。すでに昭和三十五年十二月に雄鶏社をやめてフリーになっていた。向田の三回忌にあわせて発刊された『向田邦子ふたたび』（文藝春秋8月臨時増刊）に再録されたこの「精神的別居」は、後年の『父の詫び状』の中に収まっても何の不都合も感じえないできばえなのである。

自分が書いた台本が放送される。両親がモデルの場合、狭い茶の間で身のおきどころがなくなる。また夕方になると、トウフ屋さんのラッパや包丁の音が階下から聞こえてくる。立ち上がって台所へゆきたくなる。仕事に追われているんだ、と自分にいいきかせても、もう心は原稿用紙を離れている。あれやこれやでアパートへ移りたいと申し出たら、「女の一人暮らしはロクなことがない」と一蹴される。私の方にも「アパートへ越せば、夜中に友人を集めてビール・パーティもできるし」といった下心もあったから、強硬な反論もブテなかった。

それにしても、サルトルの『アルトナの監禁された人々』や『アンネ・フランクの日記』やヴァージニアウルフの『女の部屋』のように、石造りで他所と遮断されているのとは違って、日本の家屋は紙と竹でできている。しかも、二時間に一度は「お茶がはいったわよ!」というウエットな家族主義なのだから、たまらない。独立の仕事部屋は不可能である。しかたがないので目下、家族とは精神的別居という手段をとっている。

あえて要約すれば、こういうエッセイである。これを書いた三十三歳というのは、そんなに若くない。三十三歳でできあがっても不思議ではない。しかし、向田の場合、もし、二十歳で書いたとしても、同じように、かなり入り組んだ感情を、スッと、種も仕掛もあって、もとよりシャレて、他人なら二十枚使うところを、四枚ほどで書きあげたに違いないという気配が濃厚なのである。

▼「悲しき昭和ヒトケタ世代」

向田は成熟する必要がなかった。しかし、凝縮する時をもった。成熟のままで終わる人がいる。ブドウが熟れに熟れているのに、朝露にあたってピシッと味にしまりをもたぬまま、大味でもって終わる、という具合に形容したらよいであろうか。

昭和三十九年にはじまったテレビドラマ「七人の孫」以来、向田は、着々と人気脚本家の地位を築いていった。しかし、「だいこんの花」「寺内貫太郎一家」「時間ですよ」等、どれほどの人気番組を生みだすライターであっても、『父の詫び状』を書きえなかったなら、おそらく凝縮の時を迎えずに終わったと思いなした方がよい。

昭和五十年十月、乳癌発見。入院三週間だったが、事後経過がかんばしくなく、右手がきかなくなった。そんな時、連載で「銀座百点」に短いものを書かないか、という依頼があった。

《テレビの仕事を休んでいたので閑はある。ゆっくり書けば左手で書けないことはない。こういう時にどんなものが書けるか、自分でためしてみたかった。テレビ・ドラマは、五百本書いても千本書いてもその場で綿菓子のように消えてしまう。気張って言えば、誰に宛てるともつかない、のんきな遺言状を書いて置こうかな、という気持もどこかにあった》（『父の詫び状』あとがき）

「わが人生の『薩摩揚』」（昭51・2）から「鼻筋紳士録」（昭53・6）まで、連載を一本にして『父の詫び状』（文藝春秋）となる。作中の「冬の玄関」（昭52・11）を改題して「父の詫び状」とし、一書の題名ともした。

このエッセイ集ほど、大好評をもって迎えられたものは稀である。谷沢永一は、『徒然草』の系統を引く、人間味で読ませる生活随筆が日本になかったため、いわゆる私小説がその代わりを仰せつかった事由をのべたあと、ついに味読に値する生活随筆の「真打ち」がやっとのこと登場したと『父の詫び状』を推奨してこういう。

《向田邦子は昭和四年生れ。『父の詫び状』では著者が物心ついて以来の、戦中戦後にわたる平均的な日本人の暮らし向きが、ふっくらと鋭く繊細な慈眼で活写され、今までの例を見ない〝日常生活の昭和史〟が浮かびあがる。〝悲しき昭和ヒトケタ世代〟は、ここに最初の心優しい心境代弁者を見出すであろう》《一冊を貫いて娘から、比類なき父親像を彫り上げられた向田敏雄に、世の男性すべては羨望を禁じ得ぬであろう》(『紙つぶて二箇目』文藝春秋)

凝縮をはたし、文名はあがる。昭和五十五年、「小説新潮」二月号から「思い出トランプ」という総題で、はじめて短編小説の連作がはじまる。その第三・四・五話、「花の名前」「かわうそ」「犬小屋」でいきなり直木賞をうけた。異例のことであった。この日(七月十七日)から、向田はまるで死にいそぐように、昭和五十六年八月二十二日の飛行機事故死まで、凝縮のままかけぬけたのである。小説、台本、エッセイ、大きな旅行三回、雑多で無数の人づきあい……ああ、それに愛猫もいた。

完結した生なるものがあるわけではない。しかし、向田の突然の事故死は、人生を閉じる形としては、ほぼ理想的なものに近かった、と、死を聞いた時の驚きを離れてみれば、思わずにはいられない。このセンセーショナルな死も、向田の作品と人を、読者にいっそう容易に近づかせたのである。

(1988・7・1)

*〔参考文献〕『向田邦子の手紙』(別冊『クロワッサン』昭57・8)『向田邦子ふたたび』(文春文庫)『向田邦子文庫』

2 三島由紀夫の「仮面」

三島由紀夫作品のベストの3冊▼**『假面の告白』**（小説）**『小説とは何か』**（評論）**『サド侯爵夫人』**（戯曲）

▼三島の天才の定義

《谷崎潤一郎氏は、他の批評では三流の批評家だったが、自己批評については一流中の一流だった。八十年の生涯を通じて、氏がほとんど自己の資質を見誤らなかったということはおどろくべきことである。横光利一氏のように、すぐれた才能と感受性に恵まれながら、自己の資質を何度か見誤った作家のかたわらに置くと、谷崎氏の明敏は、ほとんど神のように見える。》（**『作家論』**中公文庫）

これは、三島の生前最後の著作とでもいうべき『作家論』に収められた一節である。まず、二つのことをいおう。

谷崎とは異なって、三島は、批評の世界でも、いくぶん極端にいえば、批評の世界においてこそ、一流である。何をもって一流なのかということを一言でいうのはひどくむつかしい。しかし、三島の批評はとても説得的なのである。専門家たちにというよりは、文学愛好者たちにたいしてである。小説好きで、いささかの偏見もなしに三島の評論を手にとれば、きっとそこに自分たちの力強い同盟者を発見するに違いない。

次の長目の引用文は、昭和四十五年十一月号まで新潮社の「波」に連載された**『小説とは何か』**の第一回分からのものである。

《もともと小説の讀者とは次のやうなものであつた。すなはち、人生徑驗が不十分で、しかも人生にガツガツしてゐる、小心臆病な、感受性過度、緊張過度の、分裂性氣質の青年たち。性的抑壓を理想主義に求める青年たち。あるひは、現實派である限りにおいて夢想的であり、夢想はすべて他人の供給に俟つてゐる婦人層。ヒステリカルで、肉體嫌悪症の、しかし甚だ性的に鋭敏な女性たち。何が何だかわからない、自分のことばかり考へてゐる、そして本に書いてあることはみんな自分と關係があると思ひ込む、關係忘想の少女たち。人に手紙を書くときには、自分のことを二三頁書いてからでなくては用件に進まない自我狂の少女たち。何となく含み笑ひを口もとに絶やさない性的不滿の中年女たち。結核患者。輕度の狂人。それから夥しい變態性欲者。……こんなことを言ふと、人は、小説の讀者を世にも不氣味な集團のやうに想像するだらうが、實はさうではない。

右の人たちはみんな善良な市民であり、法律を遵守し、習俗を守つてゐると云つてまちがひはなく、それはそのまま、いはゆる「社會の縮圖」であるにすぎない。社會とはもともとそのやうなものであり、もし右に擧げたおそろしいリストの數十人の代表者が一堂に會するとすれば、それは實に遠慮ぶかいやさしい人たちの會合であることはまちがひがない。》(新潮社、昭47・3)

小説なぞ読んで、なんの益があるのなどという人たちには、馬鹿馬鹿しいものいいだが、小説好きの人たちの心中を深くいいあてて、反論の余地がなきごときでしょう。

第二に、三島は自己評についても一流中の一流であった。彼は、谷崎に託して、「決して自己の資質を見誤らず、それを信じつづけることのできる人」をもって、天才と定義づけている。三島の自己批評、自己診断は、けっして誤ることがない稀有の部類に属するといってよい。むしろ、自己に甘えすぎたり、自己に辛すぎたりというような、自我没入的なところがみうけられないという点でいえば、いくぶん以上に物足りないくらいなのである。

何をいうか。あの昭和四十五年十一月二十五日、三島は、市ヶ谷陸上自衛隊の総監部で、自衛隊に決起をよびかけ、切腹してはてるという、異常としか思えない挙に出たではないか。理性を失い、狂徒と化したではないか。小説の世界・虚構の世界・イデオロギーの仮構性と、日常の世界・現実の世界・政治の実態との峻別を、あれほど強く主張したのに、自らはその境い目を侵犯するという過誤におちいったではないか。それは、小説家としての三島の敗北を自ら招きよせる愚行ではないか。何をもって自己批評における一流者といいうるのか。こういう反論は当然なされるであろう。しかしなのである。

▼「仮面」の告白

私は、三島が自ら最初の「小説」を評した『**假面の告白**』以来、その小説にも、その評論にも、そして戯曲にも、そして何よりもそれらを書く作家三島にも、異常さや狂気ごときものを感触したことはない。

三島は、自分の作家的出発時において、太宰治をその対極的位置においたことは、よく知られている。敗戦直後の太宰治熱が最高潮のとき、他人に太宰ぎらいを標榜し、初対面のとき本人の目の前で、「僕は太宰さんの文學はきらひなんです」と吐いて、身をのけぞらせもした。それは、こういう理由からだ、と三島本人が明言している。

《もちろん私は氏の稀有の才能は認めるが、最初からこれほど私に生理的反撥を感じさせた作家もめづらしいのは、あるひは愛憎の法則によつて、氏は私のもつとも隠したがつてゐた部分を故意に露出する型の作家であつたためかもしれない。従つて、多くの文學青年が氏の文學の中に、自分の肖像畫を發見して喜ぶ同じ地點で、私はあわてて顔をそむけたのかもしれないのである。しかし今にいたるまで、私には、都會育ちの人間の依怙地な偏見があつて、「笈を負つて上京した少年の田舎くさい野

心」を思はせるものに少しでも出會ふと、鼻をつままずにはゐられないのである。》(「私の遍歴時代」昭38)

だからこそ、「仮面」の告白でなければならなかった。『假面の告白』の主人公は、けっして、本心をのぞかせない。相愛する友人の妹を、それと分かる、しかし、はっきりした拒絶の言葉ではなく、のける。敗戦後、その女は結婚する。再会。二、三カ月おきに、それも昼の一、二時間「何事もなく逢ひ何事もなく別れるやうな機会をいくつか持つた」。

《私たちはお互ひに手をさしのべて何ものかを支へてゐたが、その何ものかは、在ると信じれば在り、無いと信じれば失はれるやうな、一種の氣体に似た物質であつた。これを支へる作業は一見素朴で、実は巧緻を要する計算の結着である。私は人工的な「正常さ」をその空間に出現させ、ほとんど架空の「愛」を瞬間瞬間に支へようとする危険な作業に園子を誘つたのである。彼女は知らずしてこの陰謀に手を貸してゐるやうにみえた。知らなかつたので、彼女の助力は有効だつたといふことができよう。が、時が来て園子はおぼろげに、この名状しがたい危険、世の常の粗雑な危険とは似ても似つかぬ或る正確な密度ある危険の抜きがたい力を感じるのであつた。》

「仮面」の愛だからこそ、「世の常の粗雑な危険とは似ても似つかぬ或る正確な密度ある危険の抜きがたい力」を持つ。

《私の本質、私の第一義が不徳である結果、道徳的な行ひ、やましからぬ男女の交際、その公明正大な手續、徳操高い人間と見做されること、却つてこれらのことが背徳の秘められた味はひ、まことの悪魔的な味はひで私に媚びるのである。》

こういう「仮面」の愛(愛に限定する必要もない)は、程度の差こそあれ、人間にとって何らアブノーマルなものを含んでいないのである。むしろ、(私なら、と限定してもよいが)、「仮面」をつけずに、裸体で人と人とが交情しなければならない破目のことを考えると、三島とともに、ゾッとしてしまうのである。

これは、三島の文学識であり、人生論でもあった。彼の数多くの戯曲の中で最上のものである『サド侯爵夫人』は、「仮面」をかぶった貴族の道徳や美徳の喜びを肯定的にうたいあげる。しかし、ここで「仮面」とは、表層と実層との二重構造ばかりをいうのではない。サド侯爵夫人はいう。

《充ち足りると思へば忽ちに消へる肉の行ひの空しさよりも、あの人は朽ちない悪徳の大伽藍を、築き上げやうといたしました。点々とした悪行よりも悪の掟を、行ひよりも法則を、快楽の一夜よりも未来永劫につづく長い夜を、鞭の奴隷よりも鞭の王国を、この世に打ち建てやうといたしました。……お母様、私たちが住んでゐるこの世界は、サド侯爵が創つた世界なのでございます。》

現実の世界は、ついに虚構の世界に、サド侯爵の一編に小説に及ばず、なのである。

だから、私は理解する。昭和四十五年十一月二十五日の三島の決行は、三島の小説と同じように、ごてごてした衣裳をつけた、異常な形でひとをのけぞらせるが、「仮面」の下にある日本の実層を冷静に語り、しかも、この日本の現実とわれもひとも思いなしているものが、虚構の世界にしかず、と説いていることを。

三島は、自分の文学識を信じて生きた。その信じるところを語った。私は、三島が自分の文学識を信じたからこそ、死をもって語りもした、とみなしたい。死とは、生との訣別であるが、どういう生を選ぶかの自己決断でこそあるのだ。

＊三島の本格的評価は、これからである。そして、その全作品は、文句なく面白い。反撥するしないにかかわらずである。

（1988・8・1）

3 司馬遼太郎をゆく

司馬作品ベストの3冊、あえて選べば

『梟の城』『花神』『人間の集団について──ベトナムから考える』

（サンケイ新聞社）

▼なぜ地名と人名にこだわるか

《伊賀の天は、西涯を山城国境い笠置の峰が支え、北涯を近江国境いの御斎峠がささえる。笠置に陽が入れば、きまって御斎峠の上に雲が湧いた。》

司馬の出世作『**梟の城**』（昭34）の書き出しである。この書で直木賞をとった。

《天正十九年。──三月もあと数日しかあまさない。落ちなずむ陽が近江の空を鮮々を染めはじめたその夕、茜雲の下の峠みちを、這うようにしてのぼってゆく老人があった。》

この老人は下柘植治郎左衛門、天正九年、伊賀ノ乱で織田信長に徹底抗戦した忍組の指揮者である。彼は、いま、葛籠重蔵に会うため、この峠をのぼっている。

人間の営みの堆積体を歴史とよぶならば、地名と人名に、どれほどデリケートであっても、ありすぎるということはない。その名によって、端的に、アイデンティティを知ることになるからである。大きくは、人類性、国民性のなんたるかであり、小さくは、家系、個性をである。

伊賀は「壺中の天地」である。天然の要害によって守られている。この国へ入る峠は七つ、伊賀の七口という。織田軍は、この七つの峠に満ちて、一せいに伊賀盆地に攻め入った。仙境に逃道なし。伊賀は血の海と化し、草木のことごとくにいたるまで焼き尽くされた。

この七口の一つが「おとぎ峠」である。司馬にとって、『梟の城』は、ぜひにも、「おとぎ峠」からはじまらなければならなかった。なぜか。「御斎峠」だからである。これでは説明にならぬ、というなかれ。この問答を解しかねる人には、歴史に対するデリケートな心に欠けるところがある、と断言してよろしい。したがって、司馬の小説世界を心ゆくまで楽しむことはできまい、と請け合ってよい。といっても、司馬自身がいくぶん解説している。

昭和三十二年、下柘植治郎左衛門がのぼったと同じ菜種梅雨といった季節に、司馬はおとぎ峠を訪ねている。宿にとまって地図をながめているうちに、「御斎峠」という小さな「活字」が目に入った。地図で見当をつけ、出かけてみたが、雨の日に登れるようなところではなく、「結局は遠望するのみで、地図を読みつつ書くこと」になる。

実見できずに、地図を読んで書く。「御斎峠」という字形と音のひびきには、だから、司馬のこの小説に対するおもいの深さが二層倍にこめられているのである。

右のことを、司馬は二度目に御斎峠を訪ねた時に書く。やはり、同じ季節の雨の日である。おとぎ峠といっても、伊賀上野市の住民でさえ、しかと分からない。その峠へむかって車をはしらす。同行の須田画伯が尋ねる。「なぜ御斎峠がいいんですか」。

《なぜ御斎峠がいいのか私にもよくわからないが、「梟の城」を書くときここが気に入ったのは、峠の名前だった。おとぎ峠などというふしぎな名前がついているのは、多くの伊賀者伝説を生んだこの盆地らしいではないかとおもったのである。》（『**街道をゆく**』⑦「甲賀と伊賀の道」）

▼子母澤寛の存在

司馬がはじめて書いた小説が「ペルシャの幻術師」（『講談倶楽部』昭31・5）である。応募小説で、第八回講談倶楽部賞を受けた。

美人コンクールでよくあるように、友人にそそのかされての執筆だったと、後に苦笑まじりに司馬は書いている。しかし、三十を過ぎてうまれてはじめて自分を解き放つことができた、と付言する。もっとも、原稿書きの小さな約束ごとも知らずに書かれたこの作品は、「あら選り」の段階で落ちた。偶然がかさなって、ひろいあげられた原稿が、選者の海音寺潮五郎の「ただ一人」の推賞で、入選した。この作品で用いた筆名が、そのまま現在にまで続いている。恥しがりやの司馬は、かりそめの、偶然のこととして、その作家生活の出発を記している。が、司馬遼太郎——『史記』の著者、司馬遷に遼（はるか）に及ばず——という、謙虚と自負が表裏となった命名が、なによりも如実に、自らを解き放つことの意義を語ってもいる。

司馬は、昭和三十六年三月、産経新聞社を退職している。三十七歳の時である。その後**『風神の門』**（「東京タイムス」昭36・6—37・4）、**『龍馬がゆく』**（「産経新聞」昭37・6・21—41・5・19）、**『燃えよ剣』**（「週刊文春」昭37・11—39・3）、**『国盗り物語』**（「サンデー毎日」昭38・8—41・6）、**『峠』**（「毎日新聞」昭41・11・17—43・5・18）、**『花神』**（「朝日新聞」昭44・10・1—46・11・6）等々、連載小説を陸続と発表してゆく。

司馬遼太郎といえば、すぐに子母澤寛を思いおこす。司馬がどんなにすぐれた作家的資質に恵まれていたにせよ、この三十歳年長の子母澤の存在がなければ、こんなにやすやすと自らの道を築き得ることはできなかっただろう。**『新撰組始末記』**（昭3）と**『勝海舟』**（昭16）の影響をあげるだけで十分だろう。もとより、影響は、直線的・肯定的なものばかりではない。

旧幕臣のおもむきさえある子母澤と開明派の司馬とでは、馬と汽車の時代と自動車と飛行機の時代との違いがある。しかし、私事にわたるが、『勝海舟』と『花神』の村田蔵六（大村益次郎）からは、御家人と村医者あがりの違いをさし引いても、なお余りある、思考と趣向、話し方や身ぶりにいたるまで影響を受けてしまった。大げさにいえば、回天の思考と行動の極大から極小にいたるまでである。こういう仕方での影響を与える小説は、ごく稀である、と貧弱な経験をかえりみずいってしまいたいほどにである。

▼革命期に出る三つのタイプ

しかし、決定的な相異はある。司馬は、自動車と飛行機の時代の人である。機械と組織の時代、端的にいえば、高度技術（ハイテクノロジー）の時代にこそ生きている。何も、私は、司馬を近代合理主義精神の持主だなどといいたいのではない。

司馬は、大革命には三つの型（タイプ）の人間があらわれる、という。第一に、吉田松陰のような思想家。第二は、高杉晋作や西郷隆盛のような戦略家。そして、最後に、村田蔵六のような技術者があらわれる。しかし、この合理的思考の技術者には、離れがたく、非合理的な攘夷という気分屋が住んでいる。徹底した合理主義者で開明派の福澤諭吉には、この「適塾」の先輩が気狂いとしか思えない。

文明と未開、合理と非合理、論理と気分、科学と野蛮、技術と信仰・信念は、あちらかこちらかというような、境界線のハッキリしたあり方で存在しているのではない。科学や技術や文明が、高度化すればするほど、この境界線が混迷の中に没してゆく、という性格のものなのである。司馬は、そういう現代を強く意識し腑分けする典型的作家なのだ。

この時代の推移を意識するきざしは、一九六〇年代に現われた。様々な学術、文芸の分野で地殻変動が生じはじめた。政治、経済、文化のすべての分野で、決定的な転換があともどりできぬ形となったのは、昭和四十五年である。そして、翌四十六年一月一日をきして、『街道をゆく』が『週刊朝日』

で連載されだす。

《「近江」

というこのあわあわとした国名を、口ずさむだけでもう、私には詩がはじまっているほど、この国が好きである。京や大和がモダン墓場のようなコンクリートの風景にコチコチに固められつつあるいま、近江の国はなお、雨の日は雨のふるさとであり、粉雪の降る日は川や湖までが粉雪のふるさとであるよう、においをのこしている。

「近江からはじめましょう」》

近江からはじまって、日本各地、全世界の街道をめぐりながら『街道をゆく』はまだ続いている。現在『愛蘭土紀行』で、三十二冊の単行本が横ならびしている。

通常は、画伯と編集者、それに、目的地になじみの人が一人、たまに二人、同行する。「街道」だから、歴史上の道である。しかし、歴史紀行ではない。現在、この地点が、長い歴史の堆積物からなっていること、そこに住む人が、すでに無意識として自分たちの意識のなかに閉じ込めてしまったものを、解き放つという具合に話が進行するのである。つまり、司馬の歴史小説の骨法で、有名、無名の土地と人々が語られてゆくのである。古い時代の所在、神々の名が語られても、それが、現に生きている人々と結びつくような仕方でのべられるのである。どこから読んでもいい。だから、この土地とこの人が、どんなものによって出来上がっているのかという、厚みのある人間学が次々と展開されてゆくのである。司馬は、忘失した歴史をむやみになつかしがったり、ありがたがったりする性向とは無縁である。まさに、この高度技術社会の土地と人間に、時の娘をよびおこさせて、あなたがたは何者であるかを諄々ととく。だからおもしろくないわけがないのである。

＊司馬にかんするまとまった評論に、第二期全集（33―50巻）の解説を一冊にした谷沢永一『円熟期司馬遼太郎エッセンス』（文藝春秋）拙著『司馬遼太郎を活用する！』（彩流社）がある。

（1988・9・1）

4 立花隆の「研究」

立花著作のベストの3冊▼『**思考の技術**』(日経新書)『**日本共産党の研究**』(講談社)『**脳死**』(中央公論社)

▼タフなやつ

ムダやムラをはぶき、最短距離で目的に到達しようとするのが、効率至上主義であり合理主義である。ところが、この効率的で一元的にコントロールされたシステムは、安定性が悪くモロイのである。一カ所の、ちょっとした故障が、全システムの機能マヒをひきおこし、ついにはシステムの破壊、死を招くにいたる危険をつねにはらんでいるからである。だから、ムダをはぶこうとすればするほど、最大のムダを招きよせる結果になるのである。

立花隆の処女著作『**思考の技術――エコロジー的発想のすすめ**』(日経新書)は、ムダ――思考、行動、社会組織においても――こそ、いきいきと活動するのに最も適した状態を生みだす母体であることを、ゆるやかに、そしてやさしく説いた、ユニークな本である。三十一歳になった直後の出版で、この三月、立花は週刊誌記者をやめて再入学した東大文学部哲学科を中退している。

これを立花の思考哲学とするならば、立花がとくに関心をもった思考対象は、昭和四十五年から五十年にかけて書かれ、『**文明の逆説――危機の時代の人間研究**』(講談社)に収録された諸論文のテーマである。このテーマの一部が各論的に拡大発展して独立した著作となった。

『**アメリカ性革命報告**』(文春文庫)、『**農協**』(朝日文庫)、『**宇宙からの帰還**』(中公文庫)、『**脳死**』(中央公論社)である。すべて力篇で、発刊後ただちに問題作として話題をさらってきた。

タフ――おしだしが強く、自信満々で、へこたれず――で、知能、知識ともに抜群で、楽々と各テーマをこなしてゆく（かにみえる）人間ほど、厭味にみえるものはない。このうえに商売上手がくわわると、厭味をこえて、嫉妬の対象になることうけあいである。そして、立花隆がこの条件をみたすのである。まったく、可愛げないほどに――まん丸の笑い顔でその分をカヴァーしているが――タフであり、知的であり、商売上手なのである。

しかも、このことを妙にてらわず、自分の特質として全面におしだすのである。おれはタフだ、頭がよく勉強家だ、そのうえ、ビジネスにも強い、と。

しかし、外観ほどあてにならないものはない。その書いたものは、とびっきり魅力的なのである。知的興奮をまきおこすのである。何か新しい知的地平が開かれて、読んだ後では、読む前とまったく違う眼をもった自分がいることを発見してしまうのである。どこにその魅力の秘密はあるのだろうか。

▼泳ぐ前に飛び込め

立花は、「農協　巨大な挑戦」を「週刊朝日」に連載しだしたとき、ほんの数回で終わる程度の構想をたてた。しかし、資料を読んでゆくうちに、六、七回連載の構想にたて直し、現実に取材をスタートさせると、十二、三回に分けることになり、さらに延びて二十二回となった、とのべている（単行本にするときには、加筆されている）。

カントは、泳ぐ前に泳ぎ方を学べ、とのべた。これに対して、ヘーゲルは、泳ぐことによってしか、泳ぎ方は学べない、と主張した。立花はヘーゲル流の泳ぎ手である。まず飛び込むのである。もがき、あえぎながら泳ごうとするのである。ヘーゲルは、過程（プロセス）こそすべてである、といった。つまりは、結果にたどり着こうとする過程の努力が貴重である、というのである。だから、出発から到着まで、一本道があって、そこを走るというのではない。ムダが多いのはあたり前である。連載が延びるのは通則なのだ。

最後の一行までハッキリ分からないと書けない人、書かない人がいる。たとえば三島由紀夫であり福田恒存である。私などは、スゴイなと思うが、結論が分かっているのに、よくまあ書きますね、と感心することしきりである。

これに対して、最後の結論がまずあると、書けない人、書かない人がいる。大まかに方向は決めるが、まず飛び込んで、泳ぎだして、さまざまな難所や楽園をへめぐって、着いたところこそ目的地だとするのである。ここには、どこにゆき着くか分からないという未知数に対する魅力がある。こういうムダには、とてつもないエネルギーがともなわなければ不可能である。その熱気が読む者に伝播してくるという、最大の魅力がある。そして、次々と通説という関所をのりこえて、どこまでも進んでゆこうという、偶像破壊の魅力がある。

およそ、効率を誇る世界にあって、これらは稀な魅力なのである。

だから、立花は、時の最高権力者田中角栄の政治資金の流れを徹底的に暴露するという、後難を恐れればけっして手をつけたりしないことを、いくぶん野次馬的気分ではじめて、途中で熱中し、意外な結論に、自分でも驚くという具合に終始するのである。つまり、立花は研究がすきであり、とりわけそのプロセスがすきなのである。

さらにつけくわえれば、立花は、かくも自分を熱中させたテーマが語られてしまえば、存外、あっさりとそのテーマを離れたり、忘れたりすることができ、だからまったく別のテーマに熱中するという具合の、典型的なチャンネル人間なのだ。

こういう性向は、勉強ずきで、しかも熱中してすぐ冷めやすい――非難してこういうのではない―

——時代傾向にとても似合っているのである。

▼「神話」の批判

立花の仕事＝研究の中で特筆すべきものは『**日本共産党の研究**』（講談社、上下、昭53）である。

ニーチェは、「神は死んだ」とのべた。そして、キリスト教道徳の欺瞞性を近代市民道徳（＝ヒューマニズム）の瞞着性に重ねて徹底的に批判した。

しかし、それは、「神話の系譜」が根こそぎあらわになり、批判されたのではなかった。「神話」は崩壊した。いえば、かつて共産党があおぎみていた、ソ連や中国をはじめとする現存する社会主義国が、ごく単純にその理念と現実の双方において、反論の余地なきほどの逸脱と誤りを示したからであった。

立花「研究」の圧巻は、日本共産党が、その栄光の源泉としてきた戦前の非転向時代、すでに、官憲のスパイに支配されていたこと、今なお共産党の最高指導者に君臨している宮本顕治が直接関連した、スパイ・リンチ殺人事件を、共産党に対する近親憎悪とか私怨、あるいは反共産主義的思考によってではなく、まさに研究の対象にふさわしい形で解明、批判したことによる。

これを、ニーチェの「道徳の系譜」批判に対応するものというのはオーバーだとしても、はじめての「日本共産党の系譜」批判であった。

▼多・雑門の人

私は、立花を、田原総一郎、柳田邦男とならぶ、ニュー・ジャーナリズムの旗手としてとらえ、立場や思想のない「軽薄短小」の時代にふさわしいジャーナリストと遇する傾向をつまらないと考えている。立花は、田原や柳田と違うだけでなく、火を吐くような反骨の言論でもって木鐸をたたくタイプとも違う、探索＝研究というプロセスの重みで言論を展開する、調査マンであり、学者であり、同時にリポーターにして物書きでもある、ありうべきジャーナリストのはじめてのタイプなのである。

ジャーナリストは、専門人ではない。多門人であり、雑門人である。すべてに興味をもち、手を染める。立花は「野球と競馬」以外にはなんでも興味を示す「野次馬」であると自認している。しかし、この多や雑は、専門の研究や主張の限界をこえて、どんどん先へ進もうとするのである。『脳死』は、あるいは『農協』は、おそらく、どんな専門人も、まして素人が束になっても書きえなかった代物なのである。

だから、ジャーナリスト立花の限界もここにある。立花が、無窮運動ともいうべき、その旺盛な探索や研究を続行するエネルギーを使いはたし——実際、まず飛び込んで、水の中で泳ぎをおぼえるというためには、抜群の体力や気力がいるのであって、誰にでもすすめられないのだ。まず飛び込んで、おぼれ死ぬ、というのが大方なのであるから——、自分の過去の知見の索引を片手に木鐸をたたきだすとき、コワイのである。

「週刊朝日」連載のコラム（昭62年分）が一冊になった最新刊『**同時代を撃つ**』（講談社）には、「木鐸」者としての妙な「自覚」がでてきて、ゆるふんになっている気配がうかがえる。これは残念であり、本当にコワイことなのである。警世家立花隆なんて、なんぼの値打ちもないことぐらい、先刻ご承知のはずであろう。

（1988・10・1）

＊立花批判の一例は、拙著『脳死論』（三一書房、昭63）で示した。一般的な立花批判原理も提出しているので参照されたい。

5 梅棹忠夫の思想「生態学」

梅棹忠夫のベストの3冊▼『文明の生態史観』（中公文庫）『情報の文明』（中央公論社）『美意識と神さま』（エッセイ集、中公文庫）

▼独創と常識

一九六〇年代の終わりから七〇年代のはじめにかけて、「明治百年」か「戦後二十年」か、という論争がはげしくたたかわされた。「富国強兵」、侵略戦争への道か、民主主義と平和への道か、という選択をせまってである。

こんな風に答えたひとがいた。梅棹忠夫である。

生活の実態や世相という点からみれば、現在の日本はむしろ一九三〇年ころの日本の延長線上に無理なく接続するとかんがえられる現象がたくさんある。むしろ、戦中・戦後のしばらくのあいだが、例外的な陥没の時代であったようにみえてくる。今日のわれわれの日常生活にみられるさまざまな事物も、昭和のはじめごろには、たいていそろっていた。まちには地下鉄がはしり、タクシーが氾濫していた。家庭にはラジオが普及し、電気洗濯機や掃除機がはいりはじめていた。テレビさえも、すでに実験段階にはいっていた。このように、戦前にはいちおうなんでもあったといえるのに、それが戦争になってからしだいに姿をけしていって、終戦のころには何もなくなってしまって、最低の状態におちこんでいたのだ（「日本の近代と文明史曲線」）。

一九三五年から四五年までの十年間が、日本近代史の特殊例外であって、一九七〇年までの日本近代の文明史を曲線であらわせば、ずっと連続している、というのである。単純にいえば、明治の「富国強兵」は、戦争への道ばかりでなく、今日（一九七〇年）の平和と「経済大国」への道をも準備したのである、と。

まるで、「明治百年」を擁護するかに見えるこの主張は、当然、進歩主義、平和主義を標榜する人びとから、保守反動の類として批判されたのである。

「明治百年」か「戦後二十年」か、からさらに二十年たってみて、梅棹の見解はごく常識の類になりつつあることが分かる。戦後「独創的」な思想家が覇を競ったが、独創という名に値する思考者は、梅棹を除いて、ごくわずかなのである。ところがである。

▼「仮説」の人

梅棹は、現在、国立民族博物館館長で、一国の首相も務まるほどの行政能力の持主だといわれている。しかも『**知的生産の技術**』（岩波新書、昭44）などというベスト・セラーを書いて、技術家といえるかもしれないが、思想家とよべるタイプの人間ではない。さらにいえば、梅棹は、もともとがフィールドの人で、探検家である。体の人であり、頭の人ではない。たしかに、器用なアイデア・マンかもしれないが、たんなるプラグマティストであって、理想や思想を語るイデアリストから一番遠い人だ、云々。実のところ、梅棹はこのように思われてきたのであり、本質的には、このような人物評価は今日でも変わっていないのである。

しかし、梅棹の本領は、まさに思想家が本分とすべき「仮説」の提示にこそあるのである。「仮説」というと何かとりとめもないように聞こえる。たしかに、思いつき（着想）のことでもあるが、それまで自明のことのようにみなされていた共通観念を断ち切るような、エネルギーあふれた「論理」をもたなければ、本当のところ、「仮説」などとよぶに値しないのである。端的にいえば、梅棹は、予言者の資格十分なのである。

▼文明の型

梅棹は、その思想家としての出発点で、はやばやと、二つの「仮説」を提示した。その「仮説」は、今日では常識の類になっている。しかし、すべての発見・発明がそうであるように、それがいわれた当時、いかにも新奇で根拠の薄いものとしてとりあつかわれたのである。

第一の「仮説」は「文明の生態史観」とよばれるものである。

従来、人類は、未開から文明へと進化してきた、未開国は、文明化した国をモデルにして進歩してゆく、こうみなされてきた。文明化の頂点に立つのが、先進西欧諸国であり、それに中進諸国、後進諸国が後続して進んでいる、と。

だから、日本が西欧をモデルにして近代化・高文明化してきたように、東南アジア諸国も日本や西欧をモデルにして近代化をなしとげるのであり、日本はその手助けをしなければならない、ということになる。

こういう考え方、歴史観は、「西欧においつき、おいこせ」をモットーに、近代化を達成した日本ならびに日本人には、なじみやすい思考である。

しかし、梅棹は、未開→文明という一直線の進化の歴史を、人類社会全体にあてはめるのは誤りだとする。未開→文明へが、内的・必然的に進む地域と、移行は外的条件によって左右され、常に、建設と破壊の連続である地域とは、本質的に異なる文明圏だ、とするのである。日本は、前者、つまり第一地域に属し、西欧と同じ進化過程をへている。これに対し、中国やエジプト、インドなど、かつて高文明を誇ったところで、現在、中進国、後進国に数えられている諸国は、第二地域に属する。だから、第一地域の成功した実例でもって、第二地域のモデルとするのは誤りであり、その文明圏に合致したやり方で歴史の進歩は実現されなければならない、とするのである。これは、文明化＝近代化＝西欧化という西欧中心主義思考を打ちくだく新歴史観なのである。文明の進化は多元的なものだ、とみなすのである。

▼情報の時代

第二の「仮説」は、「情報産業論」である。

人類の歴史は、農業の時代、工業の時代をへて、精神産業＝情報産業の時代に突入しつつある。《工業の時代が、物質およびエネルギーの産業化がすすんだ時代であるのに、情報産業の時代には、精神の産業化が進行するであろうという予察のもとに、これを精神産業の時代とよぶことにしてもよい》

この「仮説」は、今日では、まったく凡庸な見解にしかすぎないように見えるだろう。ポスト・工業社会とか、情報化社会という現実が、眼前で展開しているからである。しかし、梅棹が「情報産業論」という論文を発表したのは、一九六二年なのである。「情報産業」という言葉も、梅棹の造語なのだ。アメリカのマルハープが「知識産業論」を発表したのが、同じ年である。日本は、当時、まだ、高度経済成長が軌道にのりはじめたばかりで、この主張は、一部の方面以外では注目をあびることなく、その先駆性はほとんどかえりみられなかったのである。

二つの「仮説」とも、一種のアイデア＝発想の妙として評価されたにすぎなかった。とても、根拠ある思考とみなされなかったのである。

▼柳田国男を継ぐ

思想家というと、西田幾多郎を思い浮かべる。吉本隆明といってもよい（しかし、最近の吉本は、アンアン、ノンノ派で、軽薄の域を出ず、思想家失格である、といわれるが）。これに対し、梅棹は、小むずかしい表現を全部排し、水をゴクンと飲む時の気持ちによく似た、人間の生理にうまくとどく文章で、しかも、引用もなく、まったく非アカデミックなスタイルで論じるのである。読んだ方は、妙にひっかかりが少なく、アッ、ソウ、ということになる。しかし、いつもというわけではないが、事実に立脚する見解というものは、飾りがないのである。万人を納得させるに足る思考というのは、なんだかたよりなげなのである。独創的な思考は、実用的すぎるのである。

私たちは、こんなタイプの思想家として、柳田国男をもっている。そう、梅棹は、柳田の延長線上を歩いているのである。梅棹が学生時代、今西錦司を所長とし、石田英一郎（民族学）を副所長とする蒙古調査研究隊で、その学者の歩みをはじめたのであるから、これは当然のことなのかもしれない。私の私的な感想からいえば、日本中を歩きまわった柳田の延長線上に、世界を歩きまわった梅棹をおくと、日本の学問伝統や思想系譜が、ぐーんと広がりと深さをますのである。

梅棹の思想家、学者としての卓抜さは、エッセイの類の中にもあらわれている。雑文の類にこそあらわれている、といってよい。短文に、自ら解説をつけ、本文よりも長い「追記」を付して読者に提供する用意周到な配慮からなる本は、どれも楽しく、しかも知的刺激に満ちているのである。サーヴィス満点なのだ。

＊「情報産業論」は、二十五年余をへて、はじめて『情報の文明学』に収録された。

＊＊梅棹の学術紀行文は、みなためになる。とくに学問をこころざす人びとには。

（1988・11・1）

6 山本周五郎は残った

山本周五郎のベスト3冊（ごく平凡だが）▼『日本婦道記』『樅の木は残った』『季節のない街』

▼プロ・スピリット

山本周五郎は「歴史的な小説」についてのべている。

《現在、生活している最大多数の人たちに訴えて、ともに共感をよびたい、というテーマが見つかったからこそ——小説を書くわけでございます。話がワキ道にそれるかも知れませんが、私は、自分がどうしても書きたいというテーマ、これだけは書かずにはおれない、というテーマがない限りは、ぜったいに筆をとったことがありません。それが小説だと思うんです。

それを読んで、現在、こういうアトム（原子）時代の生活をしながら、私の、その小説から、読者の共感をよびおこすことができた、とするならば、それはまさしく現代小説であって、背景になっている時代の新旧は、問うところではない、と思うのであります。》（「歴史と文学」「中央評論」昭36・4）

こういうあまりに高い自負心は、たいそうな厭味にきこえる。「これだけは書かずにはおれない」ということで、山本周五郎があの厖大な数の小説を書き続けてきた、というのも本当ではない。しかし、この自負心は、絶対に大切であり、不可欠な作家魂（プロ・スピリット）とでもよぶべきものなのである。

山本の作品や言動をじっとみていると、奥底から浮かびあがってくるのは、自分はプロの作家だ、プロの作家たらねばならないという、強い想念である。プロとは、職業人であるだけでなく、常に上等で、代替不能なものを提供する手職人というほどの意味である。もとより、山本の作家生活が、その開始時からプロにふさわしいものであった、というわけではない。むしろ、逆である。
周五郎の文壇的処女作とでもいうべきものは、二十三歳の時に書いた「須磨寺附近」(「文藝春秋」大15・4)である。すでに習作期を脱した作品であるが、テーマをとわずの多作、乱作をかさねた末に、**『日本婦道記』**の第一作目「松の花」(「婦人倶楽部」昭17・6)で、自他ともにプロとよぶにふさわしい、作家的成熟をとげるのである。まもなく四十歳を迎えようとしていた。『日本婦道記』は、昭和十八年度の直木賞に推されたが、山本は受賞を辞退している。
《こんど直木賞に擬せられたそうで甚だ光栄でありますが、自分としてはどうも頂戴する気持にはなれませんので勝手ながら辞退させて貰いました。この賞の目的はなにも知りませんけれども、もっと新しい人、新しい作品に当てられるのがよいのではないか、そういう気がします。新しいとだけでは漠然としすぎますが、とにかくいま清新なものがほしいという感じはあると思う。局外者がこんなことを云うのはおせっかいに類するけれども、新人と新風とを紹介する点にこの種の賞の意味があるので、もちろん在来もそうであったと思いますが、今後もなおそういうものが選ばれてゆくことを希望したいと思います。》(「文藝春秋」昭18・9)
受賞辞退の弁である。私は、もはや新人ではない、と山本はいい放っているのである。新風でもない、といっている。しかし、山本こそ、つねに新風をと、一作ごとに試行するその人なのである。この弁の中に、いかなる権威にもおもねない不敵な自立心の披瀝というよりも、私は作品一本で勝負しますよ、という強烈な作家魂を発見して、いささか以上にたじろがざるをえない、ということになる。

▼大衆小説こそ小説なのだ

現在生活をしている、最大多数の人に訴え、そして読まれたい、これが山本の作家的願望である。だから、山本は、大衆小説に強くこだわるのも当然である。「文学にはよき文学と悪しき文学の二つしかない」という根本律をすえたうえで、小説はぜひにも最大多数の人に訴えうるものでなければならない、と強く祈念するのである。こういう。

《大衆小説（私は単に「小説」と呼びたいのだが）はむずかしいわけでしょう。純文学のほうは高校生にも制作することができるばかりでなく、相当に価値あるものと認められなくはない。大衆小説は普遍性の上に立つもので、教育や教養の差別なく、最大多数の読者を対象にしなければならない。即ち、いかに高くかつ深切なる主題でも、その構成や表現には、かみくだいて入り易く理解し易くする必要が、欠かせない付帯条件であるし、半面、そのために教養ある（これは厄介な存在であると同時に案外なくらいアマイのであるが）人士にあくびをされてもならないのである。もちろんこれは表現技術という末節の問題であるが「普遍性」という点を真剣に守ろうとする作者にとっては、これは相当に困難であり重要な問題だということができると思う》（「朝日新聞」昭30・2）

大衆小説こそ普遍性の上に立つものだ、と断じるのである。

しかし、もとより、山本は最大多数の読者に訴えうるものを、ということで大衆小説をいうが、大衆の意識、多数者の意識でもって小説を書くべきだ、といっているのではない。まったく逆である。

山本の小説は、カフカの『城』を連想させるような短篇「よじょう」（「週刊朝日」増刊号昭27・3）をスプリングボードに、通念化している善悪の仕切りをたち切って、人間どもをぎりぎりのところまで追いつめてゆく境位を獲得してゆくのである。それは、「みんなで渡ればこわくない」式の多数意思とはまったく正反対のものである。

多数でであれ、一人ででであれ、そこを渡れば、善悪の彼岸である、という場に人びとを立たせてしまうのである。

『**樅の木は残った**』（昭33）の原田甲斐がそうである、この作品は、仙台伊達六十二万石の内紛という歴史的枠組を正面にすえた上で、清濁をあわせ飲んで逆賊の政治的人間を生き抜いた原田の勝利の意義を訴えているのである。

『**五瓣の椿**』（昭34）のおしのがそうである。法や掟を超えて、なき父を死よりも苦しい境地においこめた生母と、その母がまじわった男たちを色仕掛けで殺害してゆく復讐劇、しかも、血をもってあがなわれたものは、血をもって終わらなければならないという悲劇である。深読みを許されれば、正義と清潔さをあわせもった無垢の魂から（こそ）、卑俗で醜悪な行動がいともたやすく出てくるという条理が強く訴えられている、とみたい。

▼「婦道」と「街」の女

山本周五郎の作家的試みの到達点は、『**青べか物語**』（昭36）であり、これに対をなす『**季節のない街**』（昭37）である。とりわけ後者である。

八年間、伊賀の国の南端に住んでいたことがある。小さな団地で、しかも十数軒しか家が建っていない頃である。三十前の、同年輩で、同じ齢ごろの子どもを持つ主婦たちの間で本のまわし読みがされていた。学校も病院も店屋も、ましてや本屋などのないところであった。ひそかに人気をえていたのが、山本周五郎の小説である。『**栄花物語**』『五瓣の椿』『季節のない街』なのである。たまたまお会いした一人に、どうエロチックでしょう、と乾いた声で尋ねた。何も答えなかったが、眼が笑っていた。

『季節のない街』に出てくる女たちは、『日本婦道記』の女性たちと、一見して、正反対である。街の男たちの子をはらみ、自分の夫との間にだけは子のない女。フッと夫婦をとりかえ、また、フッともとに戻る二組の夫婦。性的秩序などどこをさがしても、かけらほどもない女たち（もとより男はそうである）。『日本婦道記』の妻たちは、夫にもその本当の姿をみせることなく、寄り添うように死んで貞節をまっとうするのである。

正反対なのは事実である。しかし、山本は、いずれかをよし、としているわけではない。ともに、ナチュラルである、といいたいのである。つまり、時と場を換えれば、両者は、是非もなく、転換可能なのだ、としているのである。現実の人間どもは、この両極のあいだで、右往左往しているというのが本当である。この二小説の極の軸の上でおのれの生き方を観察してみると、スッと胃の腑に落ちるものを感じるのである。

山本は、大衆にこそ訴えたいとした。しかし、そこに登場する人物たちは、けっして、通念を疑わない凡庸な大衆ではないのである。山本の小説には、触れれば血の出るほどの痛みがある。胸に焼きごてを押されるような威圧感ではなく、体がまるごと別境位へとひきずりこまれるような避けがたいものがある。それは滅びない。善悪の彼岸を描いて、此岸の人びとをはげますからである。しかも、そのはげましが尋常でない。つき放すようにたぐりこむのであるから。

（1988・12・1）

＊山本の作家論・作品論は、まだ書かれていない、とみなしたほうがいい。その死（昭42年）からすでに二十年経過したのにである。

7 大西巨人の『神聖喜劇』

大西作品ベストの3冊▼『神聖喜劇』(文春文庫〔光文社文庫〕)『天路の奈落』(講談社)『地獄変相奏鳴曲』(講談社)

▼寡作かつ勤勉

大西巨人の小説は三篇でている。

『神聖喜劇』(文春文庫、四百字詰四千七百枚)、完成に二十五年費やしている。**『天路の奈落』**(講談社、七百二十枚)、三十年。そして**『地獄変相奏鳴曲』**(講談社、一千枚)四十年、である。三番目の、最近刊(昭63)の「奥書き」には、**『二重式火山』**が近刊予告されている。

寡作である。敗戦直後以来、とぎれることなく書きつづけてきているのだから、いまさらながら驚かされる。スローモーである。一作完成に、二十五年、三十年、四十年をかけている。文字どおり、起稿から脱稿までの時間である。構想○×年、執筆一年、などという類とは違うのである。もとより、「どんな長い年月を費やして書いたところで、あるいはどんなに長い枚数を書いたところで、それが作品の値打ちを保証するわけでもない」と、大西自身がいうとおりである。しかし、完成した三作は、やはり、時間という成熟器のなかでいたぶられただけのことはあるのである。

私などの貧乏性は、よくもまあ、作家専業だけで生きのびて来たなあ、と感心することしきりである。それでも最新刊『地獄変相奏鳴曲』の閉幕近くで、主人公にこんな述懐をさせている。

《「そのとおり。何十年間も『火の車』続きだった家計に、その二種の作品刊行で、目下めずらしく若干の余裕がある。それで、長らく懸案の『片道切符的な旅行』を——諸関係事象を『立つ鳥、跡を濁』さざるべく整理清算して――いよいよ実行すること(が可能)にもなったのだ。この機を失したら、何やかやが手遅れになるかもしれない、とおれよりもよほど若い瑞枝が、おれよりもむしろ積極的なくらいに言ったのだった」と志貴は思った》

「目下めずらしく若干の余裕」をもった、六十代後半の夫と、五十代後半に入ったばかりの妻が、「立つ鳥、跡を濁」さざる「情死」を決行しようとするのである。してしまうのである。

大西は寡作だ。しかし、『神聖喜劇』(全五巻、光文社)が発刊されだした昭和五十三年ごろから、毎年一冊強の割合で、小説、随筆集、評論集等が出版され、そのけっして多くないであろう読者は堪能させられているのである。そして、大西は、ごく率直に、こういう。

《さしあたり私は、もし私の著書が三百部ほど売れたならば、言い換えれば、もし私の著書が有志具眼の読者約三百人に出会うことができたならば、それは望外のよろこびであろう(さらにもし同様の意味合いにおいて三千部ほど売れたならば、「以て瞑すべし」であろう)、と考える。

しかし、また、――「上木」、「上梓」ないし「出版」という言葉の反意語は「篋底に秘す」であろうか、――私は、私の作品を「篋底に秘」しておくことなく上梓した以上、それが三億部か三十億部売れることをも願望せざるを得ない》(『神聖喜劇』文庫版奥書き)

いわれるとおり、一見して、一読して、近づきにくいというのが、大西作品の特徴だといってよい。

▼イデアリストかつ歴史家

大西の作品は、長篇小説であれ、ごく短いコラム風のものであれ、ほぼすべて、読む者の息を詰まらせずにはおかないものである。小説は、大説とは違う。演説などしない。こんなふうにいわれ、私とていいもする。しかし、大西の作品は、なまじっかの思想書と銘打たれたものよりも、その抽象度においても、したがって論理性においても、きわだってすぐれているのである。

大西はマルクス主義者であるが、その作品は、すべて、「個々人の私人間の関係を支配すべき道義および公正の単純な諸法則を、諸国民間の交際の最高法則として、擁護せよ」（カール・マルクス「第一インターナショナル『創立宣言』」）を、理念としてかかげ、実現すべきことを訴えるのである。革命のためには、ひらたくいえば、良き目的のためには、多少の犠牲は強いられる。敵が没義道の、不公正にやるのだから、当方も、多少の逸脱は許される。それは、革命が成就すれば、敵が打倒されれば、おのずと解決する類のものなのだ。むしろ、犠牲は、没義道は、過渡的なものとして不可避であり、必然的だ。こういう、目的は手段を聖化する、清いヒューマニズムは革命の障害物だ、という思考や行動と、徹底的に闘うのである。むしろ、「勧善懲悪」をふりかざすような仕方においてさえ、そうするのである。どこまでも個々人間の道義を守りながら、しかもいかに現実社会の変革を貫くか、を全篇のモチーフとしているのである。総論賛成、各論反対を許さない仕方で、作品をねりあげてゆくのである。最も政治的人間が、最も人間的人間でなければならない事由を追跡してゆくのである。むしろ、
しかし、人間のあるべき理念型を語ることに、大西が終始しているとみなすのは誤りである。むし大西が描くのは、強烈な意志と行動力をもつが、ついつい現実の宿命論的なりゆきに負けそうになる、歴史の具体的事件のなかで生きる人々である。

超人的な記憶力を武器に、軍隊内で抵抗しつづけた東堂太郎は、敗戦を運命論的に受けいれる感懐を脱却できぬまま、しかし、こういうのである。

《私の兵隊生活（ひいて私の戦後生活ないし人間生活）は、ほんとうには、むしろそれから始まったのであった。しかし、たとい総じてたしかにその胚胎が一期三か月間の生活に存在したにしても、もはやそれは、新しい物語り、——我流虚無主義の我流揚棄、「私は、この戦争に死すべきである」か

ら「私は、この戦争を生き抜くべきである」へ具体的な転心、「人間としての偸安と怯懦と卑屈と」にたいするいっそう本格的な把握、「一匹の犬」から「一個の人間」へ実践的な回生、……、そのような物事のため全力的な精進の物語り、――別の長い物語りでなければならない》(『神聖喜劇』終曲)
終わり、が、いつも、あらたな始めを胚胎する物語を、大西は書きつづけるのである。それは一大教養小説といってよい。

▼非旧式かつ超新式

軍隊とは何か、国家権力とは何か、『神聖喜劇』のテーマである。この国家権力に対峙する革命組織とは何か、何であってはならないか、これが『天路の奈落』のテーマである。「十五年戦争中から敗戦後現在までの一日本人の魂の変遷(発展)を描出すること、またその間の歴史的・社会的現実を象徴的・縮図的に表示すること」が『地獄変相奏鳴曲』の願望テーマである。それは、とりわけ、「私の仕事は終った、なぜこれ以上生き長らえる必要があるか?」という主意のもとに、「具体的(形而下的)な理由も抽象的(形而上的)な理由もない」、しかし人間の能動的な出方による自殺を肯定的に明示しようとするのである。

おそらく、などといっても、いかほどの保証にもなるまいが、この三作品は、かの三テーマ、戦争、国家権力とは何か、革命組織とは何か、人間いかに生くべきか、死すべきか、に関する、最良の、それも、二、三がないというほどの、文献である。

大西作品は、とっつき難く、旧式にも正攻法で、愚直だ、と考えられ勝ちだ。しかし、大西の作品や小論のすべてにおいて、剛直で、言い放って終わりという性格のものと受けとられそうにみえたとしても、旧式とは正反対なのである。大西を新式だ、モダンだ、といいたいのではない。大西は、自説に最も異論多きもの、困難なものに踏み込んで、そこで解答を出そうとするのである。自分に都合のよい、容易に答えられそうなものを例示して終わりではないである。それは、おのずと、体制に反体制を、知識人に労働者を、男に女等々を対置して終わりという近代社会が設定した自明とも思える構図を、無根拠なものとしてとり去ってしまうのである。『**闘争のエチカ**』（河出書房新社）で、**柄谷行人**が、大西を「ポスト・モダン」に位置づけた含意が、ここにある。マルクス主義者であるにもかかわらずではなく、マルクス主義者であるからこそ、大西は、既成社会が設定した対立図式を自我流に、つまりは主体的に揚棄して、とどまることをしないのである。

だから、その小説も評論も、そしてエッセイも、いちどじっくり味わったら、読む者の背骨を打ちつづけることになる、と私がお約束する。本当に、よく思考するようになりますよ、と。

＊大西の評論・随筆集は、全部おもしろい。万葉集から俵万智までを駆使して、論理と情念の分裂的統一を、簡潔にあるいはくどくどと語ってやまない。『大西巨人文芸論叢』（立風書房、上下）『運命の賭け』『遼東の豕』（晩聲社）『巨人の未来風考察』（朝日新聞）。

＊＊谷崎潤一郎作品を革命の文学として読む大西巨人の文学論を最も良く知るためには、『日本掌編小説秀作選』（光文社文庫、上下）を読むにしくはない。

＊＊＊大西論は、まだその片鱗さえも書かれていない。

（1989・1・1）

8 向井敏の「文章読本」

向井敏のベスト3冊▼『文章読本』『読書巷談・縦横無尽』（谷沢との対談集・講談社文庫）『にぎやかな遊歩道』

▼第三バイオリン奏者

向井敏が「文章の秘密」という総タイトルで、「潮」誌上に連載しはじめたのは、一九八五年一月号、第一回目が「湿った文章と乾いた文章」であった。八四年十二月初旬、雑誌が届いた時、すぐに編集者に電話をして、「ヤッタネ！」といったのを今でも思いおこす。最終回は、十二月号「殺し文句の功罪」。全面的に改稿のうえ、タイトルも『文章読本』（文藝春秋）という挑発的な名に変えられて一本となった。

物書きなら、誰だって、これこそ自分の作品だ、といいうるほどの幸運を持ちたく思っている。しかし、実現は稀の稀、願望と結果との距離の大きさに、臍《ほぞ》を噛むのが常なのである。だが、美神や知神はいるもので、その常ならぬことが達成されることも、ある。

向井敏は、『紋章だけの王国――テレビＣＭの歴史と構造』（日本実業出版社）から『読書遊記』（講談社）まで、十冊の著書・共著を出している。さらにさかのぼれば、谷沢永一らが始めた同人誌「えんぴつ」（計17号１９５０・１～１９５１・５＋特別号・開高健「あかでみあ・めらんこりあ」１９５１・７）の第十三号（１９５１・１）に書いた小説「点景（一）」以下がある。その三十五年以上にわたる物書きの過程を、一冊に圧縮して『文章読本』はできたといってよい。そのできばえは、めざましい成功といわねばならない。

向井は、「えんぴつ」仲間の、開高健や谷沢永一といつも比較される。比較されるというよりは、常に二人の解説者を買って出て、自らを第三バイオリン奏者として目立たない位置におこうとしてきた。しかし、**開高・谷沢・向井**の鼎談集『**書斎のポ・ト・フ**』（潮出版）を一読すれば分かるように、野の遺賢、なのである。そして、『文章読本』こそ、**開高**の『**輝ける闇**』、**谷沢**の『**完本・紙つぶて**』に比肩しうる、向井にして書きえた一冊といってよいのである。野の遺賢ぶりを、いかんなく発揮したのである。

▼長槍・剛剣・小太刀

開高を長槍、谷沢を剛剣、向井を小太刀と形容した者がいる。一見して、三人の特徴をいいえて妙である。しかし、三人三様とはいえ、三人とも、長槍も剛剣も小太刀もうまく使いこなすのである。ただ、使い方が違うにすぎない。

長槍——最も遠いところまで、おのが身をはこんでいって暴れに暴れまわるのは、たしかに開高健である。しかし、SFや村上春樹までとじっくりつきあって、その美質をさぐりだして帰還してくるのは向井なのである。文芸時評等で、村上春樹包囲網がしかれつつある。しかし、向井の評言に対して、どう答えるのであろうか。

村上春樹の短篇集『中国行きのスロウ・ボート』の一節を引きつつ、こういう。

《清潔で風通しが良くて、今までの日本語の文章ではほとんど見かけなかった種類の文章である。もし私がこの短篇の作者を知らずにいて、「僕」というのはフィリップ・マーロウだといわれても、信じたかもしれない》

マーロウがどうした、といいかねない人には、次の評言。

《『世界の終りとハードボイルド・ワンダーランド』は、自我とは何かという主題を真正面から扱った意欲的な大作で、現実の世界の「私」と、架空の閉鎖都市をさすらう「僕」とをそれぞれ主人公とする二つの物語が並行して進むというSFふうの構成がとられている。物語はやがて、自我の意識を失うという試練に直面した「私」と、肉体を失うという危険にさらされた「僕」とが、時空を超えて接近し、一瞬交叉する印象を残して終ることになるのだが、右に引いたのは自我の消滅を目前に控えた「私」が図書館の女の子に電話をかけるくだり。電話口から洩れてくる声を手がかりに、まもなく別れようとする現実世界の感触をたしかめる、一刷きの抒情を含んだうまい仕立ての文章である。》

「ほどほどに新鮮、ほどほどに巧妙、そしてある種の感性はたしかに鋭い。だがブレーン・ソーダさながらに、恐ろしいくらい何も残らない」（「朝日新聞」1988・12・6）という村上評の通念からは、けっして到達しえない評言である。村上作品はファッションとして迎えられている。だから、一過性のファッションの類として評してもよいという、くだらない、しかし、なかなかに強力な通念に足をすくわれないためには、そうとう遠くまで駆けてゆかなければならないのである。

剛剣──「そう言っては悪いけど、たかがコラムニストやエッセイストに『文章読本』は書けるもんじゃない」（山下武『週刊文春』1988・11・24）、これは一番つまらない物言いのたぐいである。まさに、谷崎潤一郎から井上ひさしまで、わけても大成功をおさめた**丸谷才一**の『**文章読本**』──作家だけが書く、書きうる特権を持つという通弊を打破しうる勝算をもって、向井敏『文章読本』は書かれたのである。

もっとも困難なことを正面突破するのが、剛剣である。大江健三郎や野間宏の悪文・駄文を批判するのは、別にむつかしいわけではない。すでに、いわずもがなのことに属している。しかし、丸谷才一の『文章読本』の継承的批判を正面からやり抜くことは、誰にとっても困難なことなのである。そして、ぜひにもいっておくべきは、丸谷の成功という大前提があって、その上での向井の剛剣が披瀝されえたのだ、ということである。一寸の発見や発明を、全部、おのが源から発したなどと騒ぐ精神から、この剛剣は一番遠いところで発揮されるのである。

小太刀——これについてはいうまでもない。

▼何斗もの塩

《着眼が新鮮であること。文意が明確であること。展開にとどこおりがないこと。人目を楽しませる彩りに富んでいること。文章が備えるべき美徳は数えあげていけばきりもないが、そのすべてに君臨するものがあるとすれば、それは晴朗で快いという徳であろう》

「晴朗で快い」を、向井は最高の文徳とする。人徳とて、晴朗であれば、まだ救われるというものだ。しかし、この文徳・人徳は、けっして生得的なものではないのである。馬鹿で晴朗というのは、生徳的な徳といってよい。しかし、「カラリと晴れて快い」という人格も文章も、それが実現されるためには、「一しょに何斗もの塩を食わねばならない」（キケロ）のである。

開高や谷沢との交誼や応酬のなかに、大量の塩を食らいあうことがあったばかりではない。スランプがえんえんと続くかに見える開高。ウツが宿痾《しゅくあ》となった谷沢。それにくらべると、向井はとてものことバランスがよくみえる。しかし、そんなことは外見上のことにすぎないのである。すでに谷沢が引いているので気がひけるが、やはりのこと示しておきたい一文がある。「追悼　金子光晴」という題のコラム。

《金子光晴さんがなくなった夜、ひとりのコピーライターが街の底へおりて行った。止まり木に腰かけ、目の高さに盃をあげて、ひそかに冥界を行く詩人の平安を祈った。あわせておのれの免罪を。

二十年もの昔。ものがたりのように遠い昔。かれは文庫本のちいさい詩集を買った。「鬼の児」「おっとせい」「落下傘」「蒙古は来る」、その鮮烈なことばがかれを魅した。「洗面器のなかのさびしい音」が耳のなかでこだました。詩集はいくたびも読み返され、表紙は、ポケットのなかでぼろぼろにすり切れた。

コピーライターの職を得てからも、「蛾」が、「鱶」が、かれをとらえて放さず、それはコピーのなかにまぎれこんだ。詩を汚しはしまいかと恐れながら、しかしそのたった一語のためにコピーが力を得て立ち上がるのを見ては、誘惑にさからいきれなかった。

ある日、ひとつの文章を読んだ。「詩人みずからの孤独を賭けてうみだした一行が、いまでは調子のいい名文句となって、日々テレビの宣伝文のなかにさえ躍っている」と。かれはふかく恥じ、デスクから詩集を遠ざけた。

止まり木を離れようとして、一枚のポスターが目にとまった。おぼえのある語調がコピーをひきたてている。まぎれもない、それはわが詩人の語法。かれはあらためて腰をすえ、同業の男の心情を思い、その免罪を願ってふたたび盃をあげた。目の高さに。》(**『にぎやかな遊歩道』**創拓社)

このコピーライター、開高でもいいが、向井にいっそう似つかわしい。そして、『文章読本』の最終章にかかげた伊藤整「青春について」とかさねあわせて読むと、いっそう「何斗もの塩」を食らうことの痛切さ、大切さがよく分かるのである。

八八年春から『週刊朝日』の書評欄に登場した向井敏。一皮も二皮もむけましたよ。

(1989・2・1)

*向井敏の仕事は、『文章読本』を中じきりにして、いっそうの新境地を開くことを期待できる。ちなみに、一九三〇年大阪生まれ。

9　いいだももの万能ぶり

いいだももベストの3冊▼『エコロジーとマルクス主義』（理論、緑風出版）『これで昭和もおしまいだ』（評論、現代書林）『おなつかしや鞍馬天狗』（現代書林）

▼オールマイティの人

万能選手という。器用貧乏ともいう。いいだももは、金ピカの万能選手である。いいだは、かつて詩人であった。若い時はみな、詩人である。詩を書く、という程度のことをいいたいのではない。

《目を瞠れば　鞣した海　黒い海　黒い浪
乾いた心に海が漲る　黒い海　鞣した浪
まつわる髪毛は夏の日に汗ばんで……

かつて千々に寄せていたさざなみよ
もろもろの畜群よ　涙よ
吾児よ眠れ　吾児よ眠れ　と
ゆさぶっていた腕よ　さざなみよ

目を瞑れば　鞣した海　黒い浪
乾いた心にどぼどぼと腋臭の海が――

腕は蛇よりもなおなおやかに
まつわる髪毛は夏の日にじっとりと汗ばんで》

これは、一九四五年の作である。中村稔がいうように、《「乾いた心」にみなぎる鞣した黒い浪のざわめきは、ういういしい、しかし、こらえがたくつらい青春の憂悶を、じつに典雅にひびかせている。表現はじつにしなやかで、しかも強靱であり、ゆるぎない正確さをもって定型の中に確乎たる位置を占めている。》（『いいだ・もも詩集』青土社「解説」）

いいだは、惜しげもなく「詩」を捨てた。

小説家であった。三つの長編を残している。

第二次大戦を描いた反戦小説**『斥候よ、夜はなお長きや』**（角川書店・1961年〔1952年に脱稿していた〕）、原爆を投下した米軍兵を描いた**『アメリカの英雄』**（河出書房新社、65年）、大衆化社会の光と影を描いた**『神の鼻の黒い穴』**（河出書房新社、1966年）である。

評論家である。より広い意味で、ジャーナリストといってよい。世界のあらゆるところで生じる、大は政治から、小は箸のあげさげまで、すべてをつなげて何事かを論じるという、野次馬精神に満ちている。文体も、硬から軟、スローテンポからハイテンポまで、自在である。最新刊**『これで昭和もおしまいだ』**（現代書林）のあとがき「ポスト昭和へ」に、こうある。

《ゲケツ、ゲケツで……、戦後は終わる、昭和が終わる。

わたしたちは「粛々」として、ポスト昭和へと向かう。あの町、この町、日が暮れる……。

戦後がだんだん遠くなる、日本もだんだん遠くなる。今来たこの道、帰りゃんせ、帰りゃんせ……、といわれても、わたしたちはもう帰れない。戻れない。》

理論家である。厳密にいえば、マルクス主義理論家である。とても、オーソドックスなのである。

オールド・マルクス主義的である、といってよいほどにである。オーソドックスとは、教条主義的というほどの意味である。

かつて、いいだは、構造改革派に属し、まぎれもない修正主義者とみられていた。かつての修正主義者が、今日では教条主義者であるといわれるほどに、マルクス主義の方が変わったという見方は誤りではない。しかし、正確ではない。いいだには、詩にしろ、評論にしろ、むしろ型破りというところが少ないのである。端正ともいうし、硬直ともいう。この両端でゆれている、といった方が当たっているかもしれない。つまり、良い意味の伝統主義者なのである。

編集者であった、今も編集者だ。戦後、学生だけの編集になる総合雑誌「世代」(四十六年七月創刊、発行部数三万部)の編集者であった。現在は季刊「クライシス」の編集長である。いいだは、ライターであるとともに、エディターであり、ライターたちの集合力でもって何事かをなすというタイプの人間である、といってよい。

職業(プロ)革命家である。だから、一度も「正業」についていないのである。雑誌「世代」に集った群像を描いた、**粕谷一希『二十歳にして心朽ちたり』**(新潮社)はこう書かれている。

《いいだももは戦後早くから、職業革命家の道を歩んでいる。東大法学部を卒業したのは昭和二十四年であるが、大学時代から産別会議の本部雇として戦後、もっとも先鋭な労働運動の中心に身を置いており、卒業と共に日銀に就職が決定するものの——ということは学業成績も抜群だったということであり、同年、三島由紀夫は大蔵省に就職している。——ほとんど同時に結核で倒れ、やがて茨城県村松の晴嵐荘で療養生活に入り、患者として待遇改善の闘争組織をオルグし、日本患者同盟中央委員、茨城県原水協幹事、安保反対茨城県民会議幹部等を経る。七年間の闘病生活を送りながら、その間に日本共産党員として、朝鮮戦争勃発後は地下生活も送っている。》

五五年の「六全協」以降における日本共産党内での活動、日共除名後、六八年共産主義労働者党結成後の活動から、一つ飛びに今日における社会主義運動の革新へ向けての様々な活動にいたるまで、戦後一貫して、いいだは、まずもって革命家であった。

▼貧乏クジを引く

いいだは、万能選手である。マルクス主義者はオールマイティでなければならない、という遺訓を墨守しているのである。しかし、万能選手はやはりのこと、貧乏クジを引かざるをえないのである。いいだは、詩人ではない。詩を捨てたといったが、中野重治が詩を捨てたのとは違うのである。いいだは、失敗した小説家である。書き続けていれば、ひとかどの作家になったかもしれないが、やはり代表作は残さないタイプの作家であっただろう。

評論家として、失敗したなどは、口が裂けてもいえない。でもなにか、あまりにスイスイとすべてのことを書いてしまうので、読む方に余裕を与えず、納得させるという点で欠けるところがあるのである。

理論家としては……。

革命家としては、いいだの駆け抜けたあとで、いいだと対立していた党派、グループ、人物たちが、いいだが主張し実践したことを、実現してしまうのである。だから、自らの成果にとぼしいということになる。――例えば、共産党で、「細胞」という呼び方を、「支部」にかえた。これは、「六全協」後、いいだが要求し(拒否された)たものなのである。

いいだは、進み具合が速すぎるのである。しかも、彼は、いつもグルグル同じ中心をまわり、そして少しずつ輪を広げてゆくというタイプの人間である。このことは、もとより、いいだにおいては無意識なのだろう。つまり、いいだは、一見して変化に富んだ――変わり身がはやい――ようであって、変わっていないのである。この変化と固着のほどよい釣合は、凡庸な目には見えないのである。

そして、貧乏クジ云々は、なによりも、著作に現われている。

いいだには、最初の評論集『**モダン日本の原思想**』（七曜社、63年）以下、二十指に余る著作がある。しかし、主著とよばれるほどのものはないのである。もとより、いいだという名前がつかなければ、立派に誰々の主著として通用するものはある、といってよい。『**エコロジーとマルクス主義**』（緑風出版、82年）や『**コミンテルン再考**』（谷沢書房、85年）などである。しかし、やはり、不足なのである。

▼万能＝貧乏、大いに結構

しかし、と私は悪びれずにいってみたい。貧乏クジでいいではないか。主著がなくてもかまわないではないか。三島のように断固として死なずに、ぐずぐず生きても（――もとより、いいだを指していっているのではない）、いいではないか。

いいだは、いつも新しがりやである。自分の中に、うんと古いものがあるからである。エネルギッシュである。どこにでも出かけてゆく。実は、広い庭のある家で、遠くを眺めているのが好きなのである（書きまくる。どうも、これだけは好きらしい）。自らの中にある、沈滞したもの、カビ臭いもの、反動的にすら定型的なもの、そういうものどもを愛しくおもい、しかし、いくぶんオソロシク思うからこそ、万能選手よろしく出かけてゆくのである。

こういう図は、才能の薄い人たちには、相当こっけいに映るだろう。虎がグルグル猛スピードでまわって、バターと化してしまうのに似ているからである。しかし、いくぶん自分の才能を信じたい人たちには、うんと励ましを与えてくれることになるのである。

ところが、六十歳をすぎて、加速度をまし、どんどんといいだの作品が生産されだした。還暦で、一生が回った。また新たに人生が始まるかのような勢いである。驚き、かつ、あきれているのは、私だけではないだろう。

＊いいだもも論は、まだない。自伝めいたのを、まず、いいだが書く義務はある。

（1989・3・1）

10 村上春樹の踊り方（ダンスダンスダンス）

村上春樹の小説ベストの3冊▼『**ノルウェイの森**』（講談社）『**羊をめぐる冒険**』（講談社）『**1973年のピンボール**』（講談社）

▼子どもを拒否する

村上春樹は、一九四九年生まれだから、すでに四十歳である。小説の中でもそうだが、子どものいる村上など、考えられない。村上龍なら、子どもを産ませても許せる。許せる、というのも変だが、膝の上に子どもを抱いていても、少しも不思議ではない。

子どもがいない生活、というのは考えられている以上に重要なポジションである。おそらく、現代的であるということの最も核心的なポイントは、子どもを産まない、ということであろう。不幸にして子どもを持ってしまったら、親と子という関係を断念することである。

『**ノルウェイの森**』（講談社、1987年）のワタナベ君とキスギ、直子は少年時代をともにしているが、けっして子どもではなかった。『**ダンス・ダンス・ダンス**』（講談社、1988年）の美少女ユキは、まだ中学生だが、子どもではない。彼女の両親にとっても、子どもではない。不幸にして子どもを持ってしまったが、ユキは〈子ども〉などになれないのである。

子どもを産まないということを、即物的に、シングル、といってしまうこともできる。しかし、村上春樹の場合、もう少し、攻撃的なのである。子ども（であること）を拒否するのだ。子どもだから許されること、子どもゆえに享受できる特権を、認めない、といってよい。村上の作品で、拒否の態度がストレートに表明されているわけではないが、この態度は絶対的である。

村上の作品が、子どもとして、あるいは子どものようにあつかわれることに許し難いものを感じている若い人びとや、不幸にも――はじめは、もとより幸福なこととして――子どもを持ってしまった母親たちに、圧倒的な支持を受けるのは、相応の理由あってのことなのである。子どもだから、まだ○×するのははやい。若いから、未熟だ、などという評言は、そのほとんどが、たんなるオドシ以上のものを意味しないのである。

▼一貫したものの発見

子ども（であること）を拒否するのは、しかし、子ども期と大人期を貫流する、首尾一貫した態度を要求するからなのである。『ノルウェイの森』で、主人公のワタナベ君と同じ寮の永沢の恋人ハツミさんの中にある、「何かしら人の心を強く揺さぶるもの」「共鳴」させるものがでてくる。

ワタナベ君は「少年期の憧憬のようなもの」、かつて自分の中にそんなものが存在したことすら長いあいだ思いださずにいた、という。おそらく、キスギの死と直子とを、ワタナベ君に強く結びつけるものは、ハツミさんの中にある人の心を揺さぶるもの、と同質なものである。この「共鳴」させ、「憧憬」させるものを、ワタナベ君は、後に、サンタ・フェの町で眺めた奇蹟のように美しい夕日の中で発見するのである。そして、もう一度おそらくというか、この奇蹟のように美しい夕日の中で発見されたものは、人を「共鳴」させ、「憧憬」させるが、けっして幸福な性質のものではないのである。もとより、感傷的なものとも違う。柳田国男は、夕日があんまり赤かったから、殺さずにはいられなかった、と証言した男の事件を書き留めている。その美しく赤い死のイメージと同質のものだ、といってよい。

つまり、首尾一貫したものを追い求めるということは、死に直面する、ということと同義なのである。

『**羊をめぐる冒険**』（講談社、１９８２年）では沢山のものが失われた。二十代で獲得した「青春」を指示するものすべて、といってよい。その続編『ダンス・ダンス・ダンス』は、かつて失ったものを再発見する旅である。しかし、失ったものの意味は発見されるが、失ったものは戻ってこない。意味の発見は、しかも新しい喪失なしにはやってこないのである。ハツミさんの中にあった特別なものの発見は、ハツミさんがかき消えるように自殺していったことと無関係ではないようにである。

▼勤勉さの意味

子ども（であること）を拒否する態度は、村上にとって、勤勉であることと同義である。村上春樹は、ひたすらダンスを踊り続ける。それは、何ものか（＝サムシング＝重要人物）になるために踊るのではない。

ゲーテは、大人になることは、ある一つのことに自分の生き方を決定する（限定する）ことだといった。子どもは、何ものかになれる可能性はあるが、いまだ無規定な、何ものでもないものにすぎない、という。この伝でゆくと、村上は、何ものでもないものに固執する、つまりは子どものままでいたい、と主張していることになる。子どもとしてあつかわれることを拒否しながら、いつまでも、何事をも決着づけず、ぬくぬくと親の懐にくるまっているトッチャン坊やの典型こそが、村上作品の登場人物である。

しかし、ゲーテの「勤勉が美徳」の時代の精神である、ということを忘れないほうがいい。「勤労」と「勤勉」とは同じ言葉である。しかし、ゲーテと村上とでは、向きが反対なのである。人間の本質は労働である、働かざるものは食うべからず、というのがゲーテ的「勤労」である。村上の「勤勉」

さは、ビジネス・ワークはキチンと迅速にやる。しかし、その上で、正確には、それ以外に、本質的な活動を持つことを要求するのである。だから、ビジネス・ワークを免除されている子どもの勤勉さとは、違うのである。しかも、子どもは、本人がどう思おうと、何ものかになるために勉強（ワーク）するのである。

　村上の勤勉さは、いくぶん以上に、死と戯れることと似ている。死と戯れる、とは、死をもてあそぶ、こととは異なる。

『ダンス・ダンス・ダンス』で、〈僕〉は羊男に再会する。「僕はいったいどうすればいいんだろう？」に対して、

《「踊るんだよ」羊男は言った。「音楽の鳴っている間はとにかく踊り続けるんだ。おいらの言っていることはわかるかい？　踊るんだ。踊り続けるんだ。何故踊るかなんて考えちゃいけない。意味なんてことは考えちゃいけない。意味なんてもともとないんだ。そんなことを考えだしたら足が停まる。一度足が停まったら、もうおいらには何ともしてあげられなくなってしまう。あんたの繋がりはもう何もなくなってしまう。永遠になくなってしまうんだよ。そうするとあんたはこっちの世界の中でしか生きていけなくなってしまう。どんどんこっちの世界に引き込まれてしまうんだ。だから足を停めちゃいけない。どれだけ馬鹿馬鹿しく思えても、そんなこと気にしちゃいけない。きちんとステップを踏んで踊り続けるんだよ。そして固まってしまったものを少しずつでもいいからほぐしていくんだよ。まだ手遅れになっていないものもあるはずだ。使えるものは全部使うんだよ。ベストを尽くすんだよ。怖がることは何もない。あんたはたしかに疲れている。疲れて、脅えている。誰にでもそういう時がある。何もかもが間違っているように感じられるんだ。だから足が停まってしまう」》

　羊男の言を、コトバ通りに受けとれば、スポーツ根性ものの監督のシッタと似ていなくはない。し

かし、スポーツという、特定のルールと目的のある枠組みを前提としたものとは、まったく異質なのである。

▼ステップの軽さ、重さ

『ダンス・ダンス・ダンス』は、重いテーマを軽いステップで踊りきってきたこれまでの作品といくぶん感じが違う。高度資本主義批判などがでてくるからなのか。ある特定の現実の事件を連想させるような殺人や自殺が登場するため、リアリズムばなれがうまくゆかなかったからなのか。

村上は、重いステップでも踊りはじめた。その比重が程度以上に大きくなりつつあるのである。人は、生きている間に、さまざまなものと関係を持ち、何がしかをわが身に付着させてゆく。〈僕〉は、その付着物を払い落し、軽快に踊りきるために、殺人とか自殺という形で始末をつける。しかし、羊男のいった「こっちの世界」は、その始末によって、ますます濃密になるのだ。「踊り続ける」とは、こっちとあっちの世界の境界線上以外においてでないことを考えるならば、にわかに、ステップが重くなることも仕方のないことなのである。

そうすると、もはや「逃走」論では処理しきれなくなる。軽くばかりステップを踏んではいられなくなる。殺人の動機を、夕日があんまり赤かったからだ、で納得するだけで済ますわけにはゆかなくなる。実際、美少女ユキは、普通のオトナになってゆくような予想が立つ。変身したイルカ・ホテルに働くユミヨシさんを胸の中にいだいて、僕は、「現実だ、と僕は思った。僕はここにとどまるのだ」などということを確認して、小説は終わるのである（ツマラない）。

村上春樹のことだから、またステップを踏み直して再登場ということはあるだろう。しかし、軽いステップをやめる村上などに、私はあんまり期待したくないのである。

（１９８９・４・１）

11 丸谷才一　短文はむつかしい

丸谷才一の小説以外のベストの3冊▼**『低空飛行』**（新潮文庫）**『文章読本』**（中公文庫）**『梨のつぶて』**（文芸評論集、晶文社）

▼短文の名手

短ければ、短いほどよい。スカートの丈のことである。よりいっそう、挨拶にあてはまる。

林達夫は短文の名手である。その林を、丸谷才一は、中学生のころから尊敬し続けてきたそうだ。中学生時に尊敬の対象になったものは、後年、かならずといってよいほど、軽蔑の対象に転落するというのが、避けがたい運命である。この運命をまぬがれて、林が丸谷の変わらぬ尊敬の対象であり続けた原因に、短文の名手であるということがあげられる。

いうまでもないが、林なき後、丸谷が当代随一の短文名人である（などと私ごときが力んでも仕方のないことだが）。

林達夫に「思想の運命」という二十枚（四百字詰）足らずのものがある。思想とはなにか、の外法がきわめて的確に論じられている。これ以上、上手に、しかもシャレて述べることがほとんど不可能なほどに、である。同じ伝でいえば、文学とは何か、の外法を、これ以上無駄なく的確に述べたものに、丸谷の「二次的文学」（**『低空飛行』**新潮社、75年）がある。七枚に満たぬものだ。全文引用してもたいしたことはないが、それはできまい。

丸谷は、ソルジェニーツィンとナボコフというロシア出身の作家を対極的に位置づける。ソルジェニーツィンの自伝『仔牛が樫の木に角突いた』の序文を引きつついう。

《二次的文学という、少なからぬ量の文学がある。すなわち、文学に関する文学や、文学をめぐる文学、文学によつて生まれた文学がそれだ（かりに、一次的文学が前になかつたら、二次的文学も生まれなかつただらう）。わたし自身も、職業柄、そのような文学作品を読むのは好きだが、一次的文学よりずつと下においてゐる。
だから、自叙伝などといふ「二次的文学」を書くのはためらつたのだが、といふのがソルジェニーツィンの考へ方なのだ。
かういふ意見は間違つてゐるし、滑稽である。この自叙伝は非常にすぐれたものだが、この本の価値自体と、この文学論の錯誤との対立は、むしろ驚くに堪へる。すくなくともわたしにとつてはさうであつた。わたしの考へ方は、「文学に関する文学や、文学をめぐる文学、文学によつて生まれた文学」を一次的文学よりも低く見るのがをかしいといふのではない。さうではなくて、あらゆる文学がもともと文学に関してゐるし、文学をめぐるものだし、文学によつて生れた、といふのだ。つまり、ソルジェニーツィンの分類で言へば彼が一次的文学と思つてゐる『イワン・デニソヴィッチの一日』も、わたしに言はせれば、ドストエフスキーの『死の家の記録』がなければあり得なかつたゆゑ、あれは二次的文学といふことになつてしまふのである》
文学によって文学を作るという原理を自覚的・意識的にしたのが、二十世紀の文学、殊にジョイスやプルースト以降の文学者であり、その極北にナボコフがいる、と丸谷はいうのである。

▼挨拶はむつかしい

丸谷の本職は、小説である。だが、小説以外は全部面白い。もちろん、小説だって面白いものはある。あるが、「本職」以外のほうが断然、勝っているのである。

その面白さの欠かせない要因に、短さ、ということがある。短く書くためには、的確でなければならない。的確とは、論理的とほぼ同じである。的確さに劣らず、必要なのは、知的であることだ。しかも、それがシャレていなくてはならない。もっとも、的確で、知的かつシャレていても、フランスのモラリストのみたいだと、いくぶん以上に敬遠したくなる。苦すぎるのである。薬が効きすぎる、ということだ。だから、ほろ苦くなければならない。

ほろ苦さはどこからでるか。作者が、自分自身をいくぶん滑稽風に、しかも、自虐的にではなく、描くゆとりみたいなところから生まれる、といってよい。つまり、自慢の仕方がたいへん上品でうまいのである。もとより、他者をほめるのはたいそううまい。山本夏彦も、ほめたら、ウマイ。しかし、どこまでも直球である。ところが、丸谷のは、超スローボールで、曲球なのだ。

こういう丸谷だから、挨拶が下手なはずがない。しかも、丸谷は、ある時期から、原稿を書いて読むという挨拶スタイルを採用するほどに用意周到なのである。その挨拶原稿が集められて、一冊になっている。『**挨拶はむづかしい**』（朝日新聞社、１９８５年）は稀有の本だ。

挨拶の要諦は、第一に、短いことである。原稿を書いていって、読めば、この第一要素は、まちがいなくクリアーできる。第二は、挨拶であるから、やはり上品でなければならない。ところが、宴会などで、酔ってしまうと、知らずに自制心がほどけ、つい旧悪暴露風のものになり勝ちになる。仲間うちだけの会ならそれもよいが、そうでない参加者を白々しい気分にさせるのである。なによりも、挨拶を受ける主に対して失礼ということになる。第三、第四を飛ばして（なにせ、短ければ、よりよいのだから）結論だけをいおう。

挨拶の時、原稿を作ってゆくことの最大の余得は、それを集めて、一冊にし、印税を得る、ということだ。私たちは、丸谷のような短文の名人ではないから、印税云々ははるかなことに属する。しかし、どんなことがあるか分からないのだから、あきらめずにおくことが大切である。

七九年群像新人賞贈呈式での祝辞の後半部分。

《村上春樹さんの小説『風の歌を聴け』は満票で当選と決りました。これだけ傾向や資質を異にしてゐる五人が、一致してこの作品を推したことは、『風の歌を聴け』の質の高さを保證するものでせう。実はわたし、この小説は珍しく二へん読みまして、ほかの四人の方は反対でも、自分一人だけはこれを強く推さう、一票だけの少数意見になつても仕方がない、なんて覚悟を決めて出席したのですが、みなさんこれだとおつしやるので、いささか拍子抜けしたくらゐでした。

まるで若葉の林を吹きわたるさはやかな風のやうな新風でありまして、その点、『風の歌を聴け』といふ題は、「この小説を読め」といふ意味がこめてあるのかと疑ひたくなります。日本文学が曲り角にあるといふことはよく言はれてゐますが、そのことを作品の実質でこれほど納得させる小説は珍しいし、まして新人の第一作となれば、稀有のことではないかと思ひます。

お祝ひの席なので、もつぱら褒めるほうだけに話をしぼりました。この作に対するわたしの不満のほうは、『群像』の選評に、やんはりとですけど書いておきましたから、そちらをごらん下さい。とにかく、村上さん、おめでたう。五人を代表してお祝ひを申上げます》

▼いかがわしさの魅力

短文の名手には、林達夫でもそうだが、予言者的性格が必要らしい。右の村上春樹などは、「日本文学の曲り角」にひきつけて、今日からいえば、異論なきような仕方で述べているのである。林も丸谷も歴史好きといってよいが、歴史家風にではなく、予言者風に語って、的確なのである。

予言者風というと、いささか良質なものに聞こえる。しかし、いくぶん以上に、強引で、思弁が勝ちすぎるほどの論理を振りまわす魅力といってよい。私のみるところ、林や丸谷（それに山口昌男を加えてもよいが）の書き手としての魅力は、短く切って、異論を許さぬ風の強引で、我田に水を引く、というやり方なのである。大道芸に通じる、といってよい。見ている間、聞いている間は、得心たらざるをえない、ということになる。しかし、いったん家に帰って顔を洗えば、なにか、虚仮《こけ》にされたような気持ちにさせられる。しかも、こんどこそはと、大いに疑いをもって、その書くものに対面すると、やはり、得心させられてしまうのである。

私は、このいかがわしさをたいへん気に入っている。だが、真似はけっしてしないつもりである。生兵法は大怪我のもと、だからである。山師たろうとしたら、それにふさわしい技術（テクノロジー）が必要だからである。私は、丸谷が「芸能人」と揶揄された時、本当にうらやましく思ったものだ。芸能人とはテクノロジストのことなのだ。

＊丸谷の「本職」の小説は、いくぶん以上に短文・雑文の魅力に負けているというのが、私の判断である。

（１９８９・６・１）

12　森嶋通夫の頭脳流出

森嶋通夫の3冊▼**『マルクスの経済学』**（東洋経済新報社）**『イギリスと日本』**（岩波新書）**『学校・学歴・人生』**（岩波ジュニア新書）

▼世界に通用する学者

森嶋、という名前は、ずいぶん前から知っていた。

おまえが、マルクスなどをやろうという気ならば、阪大に、世界に通用する学者が一人いる。窓が高く、暗い狭い倫理学研究室で、相原信作先生がうつむきかげんにつぶやいた。あれが森嶋だ、とすぐあとに指摘されたが、顎のトンガリぐあいを含めて、相原先生によく似ていた。どうやら、ものをつきつめて考えると顎が出てくるらしい。シェストフのようにである。

阪大社会経済研究所は、近代経済学の牙城で、しかも森嶋はその変わり者の代表者ときかされたので、本人はもとより、その著作にさえ近づくことなく終わった。四半世紀も前のことになる。しばらくして、森嶋は、四十四歳の時、ロンドン大学へ頭脳流出してしまった。

自然科学の分野でなら、国際的にも突出した仕事をしている学者は何人もいる。しかし、それでなくても不毛な社会科学の領域で、しかも特殊日本を対象にした研究分野とは無関係に、独自で価値ある成果をあげるのは、そんなにやさしいことではないのである。厳密な意味でなら、森嶋が、そのファースト・ランナーであるといってよい。

森嶋の専攻は数理経済学である。そこでの特殊研究は、二著作にまとめられた。**『マルクスの経済学』**（東洋経済新報社、１９７４年）と、**『ワルラスの経済学』**（東洋経済新報社、１９８３年）である。

通説では、根本的に対立するとされるマルクスとワルラスを、リカードから出た、同一学派の左派と右派の関係にあるものとして位置づける森嶋は、ワルラス理論を「ケインズ理論のミクロ的基礎づけ」になりうるとして、これら三つの古典を現代経済分析の有効な手段としてよみがえらそうとするのである。もっとも、この二著作は、門外漢はもとより、経済専攻者にさえ難解をもって知られているのだから、知ったかぶりはやめよう。

▼「亡命者」

森嶋の名前が広く知られるようになったのは、**『イギリスと日本』**（岩波新書、1977年）と国防論論争である。この論争をまとめたのが、**『自分流に考える——新・新軍備計画論』**（文藝春秋、1981年）である。

日本の防衛をめぐる論争では、森嶋のソフト・ウェア——外交力・経済協力・文化交流等——による国防論にたいして、自主防衛論を主張する人々から、激しい非難が出た。しかし、論争自体に関していえば、とくにあたらしい論点はなかったのである。森嶋は、現時点における、きわめて冷静で現実的な非軍備拡張平和論を展開する。それが大きな反響を呼んだのは、防衛問題に素人で、しかも国際的に著名な学者が、国外から、つっけんどんに発言したからである。

森嶋級のひとが、こわれたとしても、生々しくて微妙な政治問題のなかでも、とりわけ足をすくわれやすい防衛問題などに、声明や署名以外の、しかもいくぶん理論的できわめて具体的な方法で参入するのは、まれなのである。わたしなどは、もうそれだけで拍手を送りたくなる。

しかし、森嶋批判の言葉は、「亡命者が何をいうか」に集約される。売国奴などという枕詞をつけた、頭ごなしの愛国者ぶった意見が、いまもなおまかりとおっている日本論壇のみじめさについてはいわなくてもいいであろう。

▼イギリスに学べ

『イギリスと日本』は、ユニークな教育論である。おそらく、森嶋と同じような経験とキャリアをつまなければ、書くのが困難な書物なのである。

森嶋の主張は、きわめて単純明快である。ひとつは、画一教育はやめること、いまひとつは、学歴によって給料に差をつけないこと、である。このふたつが、イギリスの経験を参考にしながら、さまざまな角度からのべられるのである。

日本では、画一教育反対は、文部省サイドからも主張されている。次のような森嶋の見解は、臨時教育審議会の答申と見紛うばかりである。

《「教育の機会均等」は決して全員に同じ教育をほどこすことではありません。人間に同じ教育をほどこすことは、人間性の冒瀆であります。各人はそれぞれ、異なった持味や資質をもっており、教育を受けることによって、自分がどんな資質を持っているかがわかり、それらがさらに育てられ、伸ばされるのです。それのみではなく、各人には能力の差があります。資質の違うものに一様な教育をすれば、人間を型にはめることになるだけで、それぞれの人の長所を伸ばすことはできなくなります》

しかも、森嶋は、能力差のあるものどうしに、同じ教育をすれば、できるものはやさしすぎて、できないものはむずかしすぎて、共に厭になり、教育自体が不能になる、というのである。つまりは、資質、能力にあった多様なコース設定が必要だというのである。習熟度別学級編成、複線化進学コースが、文部省の基本方針なのであるから、森嶋と同じなのである。もとより、文部省と同じだから、ただちにナンセンスなどというのは、それこそナンセンスである。しかし、能力も資質も違うのに、同じ教育をするという日本の戦後教育のスタイルを、画一教育などときめつけるのは、いくぶん以上に軽率である。多様な能力と資質とが、一所でぶつかり合うのは、きわめて好ましいのである。それがどんなに困難や弊害を伴うものであっても、教育の王道だとみなしたいのである。それを手放せば、デモクラシィ教育が消えてしまうほどのものなのである。

大学の就学年限を短縮させよなどという主張と共に、森嶋には、経済的効率主義の影が付きまとっているといわざるをえない。

▼日本の内なるイギリス

これに対して、学歴によって給料差をつけるべきでないという主張は、うなずける。イギリスでは、高学歴者は、たいてい、教師をはじめとするインテリ職につき、労働者より給料は決して高くない。つまり、学歴は、厳としてあるが、学歴社会ではないというのである。もっとも、日本でも、学閥めいたものはあるが、どの大学を出たからといって、給料の差はそれほどないのである。

私にとって、森嶋がおもしろいのは、むしろ、イギリスが日本の外、異物なのではなく、日本のなかにでんと腰を据えていることに気づかせてくれるからである。森嶋が、日本とイギリスを比較すればするほど、日本のかなりまともな風景が見えてくることである。

最新刊『**サッチャー時代のイギリス**』（岩波新書、１９８８年）で、サッチャーが、インテリや旧階層に不人気だと指摘している。サッチャーが、デモクラシィと経済効率主義のローラーで、イギリスを席巻したからである。「保守主義者」によって良き保守主義が死につつあるのである。

▼大学では効率主義

大学のなかでは効率主義、社会のなかでは良き保守主義、これがイギリスから学ぶべき流儀だ、と森嶋はいう。これは本当である。森嶋には、『**学校・学歴・人生**』（岩波ジュニア新書、1985年）という、ユニークな「自伝」がある。大学では、無能者が保護され、そこでのデモクラシィは、凡庸な多数こそ力ということになるのである。これに嫌気をさして、森嶋は、日本を出た。賢明であったと思う。その切れ味鋭い論法は、考えたことをすぐ口に出すという性格は、日本の、とくに大学では不適である。無能なものと同時に昇格するのが厭さに職を放ろうとしたほどなのであるから。だから大学の同僚には、好ましい人物ではないのである。

私は思う。森嶋のように、自分の移り住んだ国の良さを、率直にのべる人がふえると良いな、と。日本もじゅうぶんに複雑だから、外国崇拝などの弊害をもはや考える必要などないのである。しかし、大学や教育と実業社会が、同じ価値尺度で共存していくのはやさしくないのである。どこまでも大学の知的独立性を守りながら、何事かをいおうとするなら、大学のなかでは効率主義に、社会では保守主義にならざるをえないところがあるのである。森嶋という存在は、自分の生き方でそのことを示しつづけているといってよい。

（1989・7・1）

13 田辺聖子のかたり

田辺聖子の小説ベストの3冊 ▼『**花狩**』(東都書房)『**感傷旅行**』(文藝春秋)『**ジョゼと虎と魚たち**』(角川書店)

▼**『挽歌』と『花狩』**

田辺聖子が生まれたのは、大阪の福島である。初期の作品の舞台となってしばしば福島が登場する。中心街の梅田から歩いてもさほど遠くないが、典型的な下町、工場街であった。この町で、六〇年代のはじめ、最初の学生生活をはじめた私は、戦災を免れた長屋の二階で、田辺の出世作『**花狩**』(「婦人生活」昭和33・3～12)に息づいているのに似た人の臭いをすっていた。

この『花狩』(昭33)は、東都書房からただちに出版された。この社からは、昭和三十一年に釧路の**原田康子**の『**挽歌**』が出て、大ベストセラーになっていた。当時、妹と奪うようにして読んだこの本について、田辺は、「私は文学学校のリチギな生活記録や、『虹』の貧しい暮らしの小説なんかやめて、こういう舶来のハンケチのように美しく、はかなげな小説を書きたい、と思った」と、のちに「自伝」(『**しんこ細工の猿や雉**』文藝春秋、昭和59年)で書いている。田辺と原田は、同じ歳である。二カ月あまり、原田がうえにすぎない。「舶来のハンケチ」のような小説を書く原田と、「メリヤス埃」のたちのぼる小説(『花狩』)を書く田辺とは、一見して、あまりにも対照的ということになるだろう。しかし、いくぶん以上に、大仰で、垢抜けした書きっぷりという点では、二人は、むしろ同形の作家なのである。それに、ゆったりとした、のびやかな書きっぷり、話しっぷりも似ている。生まれた場所と言葉があまりにも違うため、二人の共通点が、見逃されているにすぎないのである。

また、二人は、純文学と大衆小説の区別に目くじらを立てるいき方を、その作品において、やすやすと解消してしまった先駆者なのである。「小説」だけがあるので、そこでのジャンル分けは便宜的なものにすぎず、差別などはもってのほかである、とみなすのである。じっさい、田辺は、芥川賞を『感傷旅行』（文藝春秋、昭和39年）で受けるが、この作品は立派に大衆小説（「多数者に読まれる小説」〈山本周五郎〉）なのである。

▼悲しみをひっぱらない

田辺は、文学少女だった。大学ノートにせっせと「小説」を書き、友人に回覧していた。よくあるように、最高の愛読者は、田辺自身であった。昭和十九年、女専の国文科にはいったが、担任教授に、好きな作家はときかれ、「吉川英治の『宮本武蔵』」と答えて、級友にどっと笑われている。しかし、田辺は、「吉川」の線で小説を書き続けた。雑誌の懸賞小説に応募しては、落選するが、めげないのである。

はじめて当選し、活字となったのは、十五枚の短篇「診察室にて」（「文章倶楽部」』昭和27・1）であった。男名で応募した作品である。しかし、『虹』で大阪市民文芸賞をもらうまでは、泣かず飛ばずであった。『虹』は「文芸大阪」（第二集、昭和32・1）にのった。文字どおりのデビュー作である。まだ若かったが、「創作」歴を考えれば、決して早くはなかった。

「寒い冬がきて、足の痛みがはじまると、わたしは感情的に脆くなるくせがあった」から始まるこの短篇は、足の悪い女が主人公である。金物卸問屋で「越冬資金要求」運動を起こし、ワンマン社長に簡単に切り崩され、交渉係の卯之助とともに、辞表をたたきつけるはめに陥る。しかし恋人の卯之助は、頭を下げて会社に戻り、おのずと二人の恋も壊れる、という筋立てである。

《卯之助の家は伝法線と阪神本線の交わる大物駅ちかくにあった。石炭ガラの埋立地でくさいドブ川がよどみ空は紡績会社の煙突の煙で昼もくらい。土地が低く、水たまりだらけで長屋の壁は湿気で崩れ、柱はカビでくさっていた。そして子ども、泥だらけの小芋のような子どもが卯之助の家の傾いた軒下へ吸われたり、吐き出されたりわめいたり泣いたり、ぶち合ったり、わたしと卯之助のあいだへ割りこんで鬼ごっこをしたりしていた。奥の間で臥せたっきりの継母はなぜかわたしに敵意をもっていた。わたしは怖かった。訪うと起き出してきてつめたく見据えながら、

「卯之よ！お人やで」

とトゲトゲしい視線をこちらにつけたまま彼を呼んだ。》

感情も、情景も暗く沈んで救いなきようである。悲しみがあり、敵意が発せられている。しかし非情はない。目は三角になっているが、心は、しょないんとちがうか、と呟いているのである。この、悲しみを、切なげにうたう調子で、しかもつよくひっぱらないというところが、ずーっと田辺作品に流れているトーンなのである。

▼ことばが湧きあがる

田辺は、「お聖さん」と呼ばれる。仮名にすると、いかにも「おさんどん」風である。第五十回芥川賞をえた『感傷旅行』（「航路」昭和38年）は、まさに「おせいさん」調の全面開花となった。『花狩』では、登場人物にその呟きを、語らしきれないもどかしさがあった。しかし、ここでは、言葉が、感情を飛び越すような勢いで闊歩する。デリケートではあるが、開高健のように大声ではない。十分に知的だが、山崎正和のように鋭利さを誇示していない。フットワークもいいが、司馬遼太郎のように、天空を駆けるわけでもない。フツフツフツと言葉が湧きあがってくるのである。こんなぐあいに

である。

《ひどくむし暑い八月のおわりのある真夜中、僕のうちに（といっても、ある家の離れの一室を借りていた。オオサカ市の周辺のベッドタウン、N市の……）電話がかかってきた。

「ねえ、ちょっとヒロシ（彼女はいつもぼくを呼びすてにする。僕のほうではいつも彼女を森さん、というのだが。それは彼女が二十三歳のぼくより十五も年長であるからでなく、有似チャン、なぞと呼ばせるような可憐な風情はとっくの昔に失っているせいである）、プレハーノフって何なの？」

ぼくはろくすっぽ聞いてもいず、就寝中であると哀願した。

「いいから、いいから……早いとこ教えてよ、プ、レ、ハ、ノ、フ！」

ぼくは人名辞典でも引くように懇願した。

「あッ！　人の名なの？　つべこべいわずに、知ってるんなら教えてくれたっていいじゃないのさ、それからなんとかいったっけ……弁証法的唯物論とさ、唯物論的弁証法とはどう違うの？」

ぼくは、バストイレ付きとトイレバス付きみたいなものだろうと愚考する、と答えた。

「バカ！　あたしまじめにきいてんだから怒るわよ……それからトロツキストって、いいほう？　わるいほう？」

だれにとってか、とぼくは反問した。

「バカ、そんなことどっちだっていいじゃないのさ、善玉か悪玉かッてきいてんのよ。（彼女はこの二種類の色わけが大好きだった）。アカハトの口ぶりじゃ、きっとそいつ、悪玉なのね？」

ぼくはいっぺんに目がさめたんだ。》

▼**交情のかたり**

もの書きならば、否、ものを書かない者にとってこそ、男と女の交情をかたることばを手に入れたいものである。

すーと口からでて、すーと消えてしまい、しかも、相手はもちろん、いった本人にも残るようなかたり、である。それも、十分に成熟した男女の間にである（若者に言葉などいらない）。田辺は、絶妙にうまいのである。

「白いもんが見つかるようになってから、男と女は楽しいおすやね。これから、やねんで。先途、楽しみまひような……」（「雪の降るまで」『**ジョゼと虎と魚たち**』角川書店、昭和60）

こういう物言いは、関西言葉の特権であるように思う。しんみりと、自分にもしみいるように語るとき、われにもなく、この言葉に近くなってしまうものである。関ヶ原を越えた北・東の者にとって、それは十分に「船来」に拮抗する言葉なのである。

せっせと小説を書いてきた、今でも自分が第一番目の読者である（にちがいない）ひとりの作家がいる。読むのが好きで、書くのも好きだ。しかし、この心性をもち続けるのは至難のわざなのだ。すぐに書けなくなる群小を尻目に、あれもこれもと書き続ける田辺聖子に、最後まで乾杯。

（1989・10・1）

＊芥川賞受賞までの小説修業を綴った長編「自伝」に『しんこ細工の猿や雉』がある。

＊＊田辺の、エッセイ、古典の翻案、伝記小説等は、主婦層によく読まれている。公立図書館では、「常設」図書である。

V　大衆小説の世界
1989～1990年

初出：月刊「潮」　1989.11～1990.7

1 海野十三の科学小説

▼『海野十三全集』（三一書房）

▼少年軍事SFのパイオニア

今ではすべてマンガに席巻されてしまったが、昭和三十年代まで、大衆少年少女小説が独立のジャンルとして生き残っていた。その象徴的存在が、「少年倶楽部」（大正3年11月創刊、昭和21年4月「少年クラブ」改題、37年12月廃刊）であった。全盛期の昭和十一年ごろには八十万部を出している。読者年齢層が上だとはいえ、あの「新青年」でさえ最高時で五万部に届かなかったことを考えると、両者は、現在の「少年サンデー」と「宝石」との関係と似ているとみてまちがいない。海野十三《うんのじゅうざ》は、「少年倶楽部」全盛期のスター的存在であった。

早稲田の理工を出て、逓信省に職をえて無線の研究をしていた海野は、科学小説やシャーロック・ホームズ張りの帆村荘六が活躍する探偵小説を書いていた。海野が最初に書いた少年小説が「**太平洋雷撃戦隊**」（「少年倶楽部」昭和8・5）である。この短篇の末尾にこうある。

《ああ、わが連合艦隊からの無電！

「吾が連合艦隊ハ今ヤ×国艦隊ニ対シテ攻撃ヲ加エントシ、南洋○○群島ノ根拠地ヲ進発、真東ニ向ッテ航行中ナリ。×艦隊ハ既ニハワイパール軍港ヲ出デテ、大挙西太平洋ニ向イタリ。太平洋大海戦ハ遂ニ開カレントシ、皇国ノ興廃ト東洋ノ平和ハ、正ニコノ一戦ニ懸レリ。貴第十三潜水戦隊ハ×国艦隊ノ航路ヲ追イ、機会ヲ求メテ×ノ主力戦隊ニ強襲スベシ。終」

ああ、第十三潜水戦隊の新たな任務です。祖国をねらう憎むべき×の強力艦隊と一戦を交えることは帝国軍人の最も本懐とするところです。さあ行こう光栄ある戦場へ！皇国の存亡の懸けられたる太平洋へ！》

少年軍事冒険科学小説作家海野十三の誕生である。端的にいえば、少年科学（SF）小説のパイオニアが飛び立ったのである。この分野で海野の名前を不動のものにした作品は、長篇**「浮かぶ飛行島」**（「少年倶楽部」昭和13・1〜12）で、彼の少年物の最初の著書になり、大好評を博した。この作品には、主人公が少年でないということをのぞけば、当時の時局を色濃く反映した大衆少年小説のすべての要素が入っているといってよい。

まず、国家的密命を帯びて、ヒロイックな青年軍人が敵陣に潜入してスパイ活動をする。その敵陣は、英国が南シナ海の洋上に中継基地として建設中の「飛行島」である。バカでかいもので、東京駅がすっぽり入ってまだあまる大きさだ。しかし、この島は、ただの飛行場ではなく、英国が、中国とインドの権益を日本から守るために、日本に領土的野心をいだくロシアと提携して、日本を叩くための先端軍事基地なのである。敵陣に潜入した軍人の、超人的な働きによって、敵の野望を未然に防ぎ、アジアの盟主日本の力を世界に示す、という筋である。

しかし、この作品の真の主人公は何といっても、動く要塞「飛行島」である。近未来（当時の）科学の粋を集めた外国産のこの島の巨大なメカニックである。それが、少年読者ばかりでなく一般読者の目をみはらせ、賛嘆のため息をつかさせるのである。

この巨大な敵の軍事科学力の前に日本の運命は風前の灯ということになるが、機知と冒険心にとんだヒーローの活躍で、相手の野望を挫くところで、拍手喝采ということになる。

なんだ、軍国少年の愛国心、英雄的戦闘心をあおるプロパガンダ小説ではないか、というであろう。

海野が、日本の科学技術の遅れを訴え、好戦心をいたずらに煽るのではなく、耐えに耐え、我慢を重ねたすえ、敵の横暴を懲らしめるという筋で一貫したからといって、彼の書いた少年軍事小説は、戦争（をあおる）小説ではなかったなどというのは、正しくあるまい。

しかし、海野の作品が、敵を悪の一色で塗り潰し、虫けらのように殺してもよい、殺すべきだという類型的な戦争小説であるなどとはけっしていえないのである。五十年後の現在、他の戦争小説が完全に姿を消した中で、海野の作品がなお読むにたえうるものであるのは、偶然ではないのである。

▼少年の「夢」

海野の戦前の少年小説の代表作は、「**怪鳥艇**」（「少年倶楽部」昭和16・1〜12）である。すでにヨーロッパで戦端が開かれ、日米決戦は必死という情勢を反映して、この小説の敵は、米国である。しかも、日本の軍事技術が、欧米を抜く水準にあり、その発明が少年で、そのうえ少年たちがアメリカの侵略を初戦で叩くということになっている。文字どおり、過去（大人）は欧米が勝っているが、未来（少年）は日本が優れている、もし日米戦わばかならず勝つということを、強く訴えているのである。これが、多くの少年たちの戦争心を鼓舞し、海野をスターにしたといってよい。

しかし、特殊合金でできた、軽量で超高速、しかも飛行と潜水両用の「怪鳥艇」が実用化され、それが、少年たちによって担われるという「空想」的前提のもとにこの小説ができあがっていることを忘れることは、できない相談である。むしろ、この小説に登場する少年たちの戦争に対する夢は、当時の平均的な軍国少年よりも、温和で理性的であるという点で、ユーモアに富んだものであったといってよい。つまり、未知なるものに対する勇気と好奇心と理知に満ちた冒険小説という趣なのである。スピルバーグ監督描くところの、スピーディな少年未来映画と同じなのである。

▼少年少女小説の死

戦後の代表作は「**四次元漂流**」(「子供の科学」昭和21・3〜22・2。後に『**謎の透明世界**』、さらには『**透明人間**』と改題されて単行本化された)である。敗戦後、海野は戦争協力を悔いて、筆を断つことはもちろん、自死さえ考えた。しかし、辛うじて自殺を踏みとどまって後は、病身をおして、以前にもまず健筆ぶりを発揮した。

かつて、ロバート・ランシング主演の「4Dマン」(四次元の男)を見たことがある。海野の「四次元漂流」は少年物であるが、より精巧にできており、しかも「高度」な「科学」知識を子どもが読んでわかるという難所をうまく切り抜けている。「戦争」とか「地球滅亡」という切迫した主題から離れると、科学冒険小説は、魅力を大減殺されることは事実である。戦争(協力)から解き放されて、純粋科学小説を書く機会をえた海野ではあったが、かつてのように多くの少年たちを引きつける力をもはやもちえなかったとみたほうがよい。これは、大衆歌手が、歌がうまくなると人気が落ちるというのとよく似ている。

しかし、「四次元漂流」は、よくできた小説である。当然ながら、大人の鑑賞にも十分たえうる作品である。われわれが住む三次元の世界と四次元の世界とがどのように繋がっているのかという謎が、この物語のポイントである。若い女性科学士が、失踪するところから始まるこの作品は、練られた文章にくわえ、登場する一人一人のキャラクターもユニークで、私などには、江戸川乱歩の明智探偵よりも、ずっと好ましく感じられるのである。

うまくなると売れなくなる。しかも、時代は、少年少女小説からマンガに、読み物の主流が移りつつあったのである。この流れを決定的なものにしたのは、昭和二十四年二月創刊の「少年少女　冒険王」である。いみじくも、この年、海野は五十一歳の短い生涯を終えたのであった。

▼**海野十三全集**

海野が切り開いた少年科学小説は、手塚治虫をはじめとする少年科学マンガに引き継がれたのだ、ということがその死後四十年近くたって、しかも当の手塚が死んで、初めてよくわかる。この少年科学マンガも、読者年齢層を特定しない、正真正銘のＳＦ（科学小説）に席巻されてしまった感がある。この意味でいうのならば、海野の志は、時代を超えて実現されたとみなしてもよいのである。

おりもおり、『**海野十三全集**』（全13巻、別巻2、三一書房）が刊行されだした。少年科学小説だけでなく、多面的な海野の作品が手軽に読めるようになったのである。

第三巻には、大好きな「**深夜の市長**」が載っている。海野は、昭和十年、長く勤めた逓信省を辞して、二足の草鞋を脱ぐ決意をする（もっとも、生活不安を隠せず、弁理士特許事務局を開設し、昼と夜の仕事ということに変わりはなかった）。そして、一本立ちするという抱負をもって書いたのが「深夜の市長」（「新青年」昭和11・2〜6）である。T市の夜と犯罪の匂いの中を、いくぶん単純化されたキャラクターたちが駆け抜けて行く。しかも日本の探偵物にありがちなおどろおどろしたところの少しもない、勧善懲悪の薬味もきいた、わくわくさせるできあがりとなっている。探偵作家海野の頂点を示す作品である。

子どもに読まれるというのは、万人に読まれうるということを意味している。つまりは、大衆（大多数）に読まれるということだ。それを実践した海野の作品が、今、静かに読まれはじめている。

（1989・11・1）

2　岡本綺堂の半七捕物帳

▼『半七捕物帳』（春陽文庫、光文社文庫）

▼江戸のホームズ

読む機会さえあたえられれば、誰でも一度は夢中になって通りすぎるのが、シャーロック・ホームズの世界である。おそらく、今世紀、年齢、性別、肌の色、宗教、政治制度等の違いをこえて、世界中の人々に愛されてきた最大のヒーローはホームズであろう。

しかし、怪力乱神のこの探偵も、ヴィクトリア王朝期の世紀末爛熟と、あのロンドン馬車と霧がなかったならば、これほどまでに読者を魅了することはできなかったであろうことは容易に想像できる。それに電話も「なかった」（すでに存在していたが、登場は最後期になってから）のである。

ロシアを経由してなった日本近代小説は、日本独特の「私小説」を生みだした。「純文学」である。これに対してイギリスのホームズを経由したもうひとつの流れから、「捕物帳」という純日本的探偵小説が生まれた。

ロンドンと江戸の違いはあれ、日本の探偵たちも、ホームズにけっしてひけをとらない勘のさえで、大江戸の夜を彩るのである。むっつり右門であり、平次である。仙波顥十郎もいれば、鬼平もいる。

しかし、ホームズを直輸入して江戸探偵物語の原型を作ったのは、『**半七捕物帳**』である。作者は岡本綺堂。右門も平次も、半七がいなかったら、とうてい生まれえなかったのである。

▼一話読み切り

コナン・ドイルのシャーロック・ホームズ物がこれほどまでに読者を招き寄せえたのは、一話一話が読み切りにほどよい長さであり、しかもシリーズ物だということにある。トルストイ『戦争と平和』はけたはずれの傑作である。しかし、それにもましてけたはずれなのがその長さである。あれをやすやすと読み切れないからこそ、古今稀なる傑作といわれるゆえんがあるのだといいたくなるほどの長さなのである。長いから読まれない、というのはかならずしも真ではない。吉川英治の「宮本武蔵」は、容易に他の追随を許さないほど長いからこそ、類似の武蔵物を蹴散らしてきているともいいえるからである。もっとも、吉川の武蔵は、中篇を横に並べた大河小説であり、一章一章を独立の物としても読めるようになっているのではあるが。

しかし、初めて本を手にとる者や、旅行先の旅館であるいは枕元で一時の憩いをえようとする者にとって、一話の長さというのは、決定的なのである。『半七捕物帳』の第一作「お文の魂」（大正6・1）は、半七を「江戸時代における隠れたシャアロック・ホームズ」として登場せしめている。しかし、後に半七物がめざましい成功をおさめえたのは、一話読み切りのシリーズ物という形式を、ホームズ物から受け継いだことに負っているといってよい。そして、実際、物語は、明治まで生き延びた老人半七が、若い新聞記者に昔の手柄話を語ってきかせるという仕組みになっているのである。

▼生きた江戸市井の物語

半七物が最初に本になったのは、大正六年であるが、初版千部、さしたる評判をえなかったようである。しかし、各種雑誌に書きつがれ、関東大震災後集められて四十編あまり、全五巻（新作社）、これはよく売れた。大衆の時代が始まったのである。

今日から思うと奇妙でもなんでもないが、明治の挙国一致による西欧近代化がいちおうの成果をあげ、しかもそんな明治から否応なく決別しなければならない時代の曲角で、『半七捕物帳』のような江戸情緒だけででき上がった、地味な読み切り物が受け入れられたのである。ここには、もとよりモダンな世界はない。『大菩薩峠』のようなアナーキーとニヒルを加乗したような世界もない。江戸川乱歩のような眼光紙背に達する論理の冴えもおどろおどろした精神の密室状態もない。藤沢周平のような、いかにも前近代の江戸を思わさせるめんめんたる情緒の匂いもない。人間の関係は濃密そうに見えるが、いかにも風通しのよい「自我」の病にとりつかれていない世界があるのみだ。

半七はホームズのような超能力者ではない。いくぶん外れた軌道を経て、岡っ引きになったが、特に変わった性格はもちあわせていない。腕っ節と度胸はある。しかし並はずれたものというわけではない。しかも、大盗賊を単身で捕えたり、反権力の姿勢で庶民の喝采を浴びるという類の市井のヒーローでもないのである。むしろ、功名心もあり、手柄のためには十手をちらつかせたり、脅したり凄んだりすることを厭っていないのである。特に男前でもないし、顎が長いわけでもない。投げ銭のような特技があるわけでもない。

ところが、このような探偵に事件を解決させて、しかも水準以上の物語にしあげるのは、最も難しいことなのである。しかも背景となっている江戸は、作者にとって、あくまでも江戸でなければならなかった。時代の約束事がきちんと生きて動いている時空でなければならなかったのである。武士の約束事ならば、過半はそれほど困難なく知ることができる。しかし、巷にいきづいている人たちの約束事は、ごく簡単なことでも知ることさえ難しいのである。そして、おそらく岡本の半七物が、時代をこえて読まれ続けることができると断言してもいいのは、生きた江戸市井の物語を再現しようとしたことによる。

▼なぜ反近代か

しかし、私は半七物が反近代だからよいなどといいたいのではない。「江戸情緒」というと、何か特別の思いをこめて、浮世絵、心中等を思いおこすむきがほとんどであるが、そのような反近代ではないのである。

江戸の生き残りの半七老人が、若い新聞記者に語るというのが物語の結構であるといった。しかも、話の内容は古い。文明開化とはおよそ逆のゆき方である。魂がのり移るというような類の話も多い。ものの怪にとり憑かれたということも頻繁にでてくる。半七自身は、ごくわずかな例外をのぞいて、これらの現象にとらわれていない（もっとも信じているかもしれないが）。だから、古きよき時代を反芻するのに適した小説ということになるのか。そうとは思いたくないのである。

近代は、科学の時代である。科学が迷信を打破し、未知な世界を解明してゆく。こう信じられてきた。これは、半分だけしか本当ではないのである。科学は、人間の力をこえると思われたもの、説明のつきかねるものを、この地上からつぎつぎに追放してきた。今もしている。しかし、そのことで、未知の世界が狭まったといえるのであろうか。ましてや、未知の世界が消失しつつあるといえるのであろうか。逆なのである。

科学が既知の世界を大きくしてゆくに比例して、未知の世界も広がってゆくのである。多くの知識をえればえるほど、知らない世界が膨れあがってゆくのである。いくぶん上品にいえば、近代（科学）の進展は、膨大な非近代（非科学）を蓄積してゆくということである。この蓄積されつつある非近代の処理にこそ、ポスト近代は注目せざるをえないのである。

▼探偵物の魅力

岡本綺堂は『修禅寺物語』（明治44年）でも知られるように、徹底して反近代の姿勢を崩さずに書き、生きた人間である。小説や怪奇物もすくなからず書いている。それが、大衆のあいだで、こと『半七捕物帳』に限って読まれつがれてきたのには、やはり、探偵小説という独特のジャンルのゆえであったといわなければならない。どんなに江戸の市井を映しだすことに成功したものであっても、探偵推理小説の形をとっていなければ、つまり、シャーロック・ホームズの子孫でなければ、生き残りえなかったといってよいのである。

なぜ人間は探偵推理物が好きなのか、などと問うことは、人間とは何か、と問うことに等しい問題である。だから、野暮な問いには答えないでおいたっていっこうにかまわないが、あえていえば、のぞき趣味とでもいえようか。未知なるものへの飽くなき探求心などというと嘘になる。もっとなだらかな気持ちから、わたしたちは、探偵たちに拍手を送るのである。彼らは、私たち読者の好奇心がむかう方向の先導役であったり、逆に好奇心の流れをせきとめる障害物であったりする。しかしいずれの場合も、すっきりと、起きた事件の解決を、彼らに委ねることができる。読者にわかりきった解決なら面白くない。しかし、どうもわかりかねるというものはもっとつまらないということになる。この兼ね合いが難しい。半七物の成功は、ひとえにこの兼ね合いのよさによるといってもよい。そして、これがまたいちばん難しいのである。

綺堂は、半七物を六十六編書いた。その多くは、気が進まず、編集者の執拗さに敗けて書いたということである。ところが、いやいや書いたのが、むしろ面白いということになっているのである。この事情は、ホームズ物でも変わっていないようである。特に、主人公に特徴のない半七物を、晩年になるにつれて書くことがそもそも嫌いになっていった綺堂が続けてゆくのは困難であったろう。しかし、作品自体は、そんな作者の思いとは関係なしに、あくまでも静かに語りかけるのである。江戸というわたしたちの無意識下に蓄積された世界にやすやすと読者を誘ってゆくのである。

（1989・12・1）

3 隆慶一郎の時代小説

▼『吉原御免状』『かくれさと苦界行』『鬼麿斬人剣』（新潮社）

▼歴史意識の転換

思い切って、一冊の時代小説の登場が、時代意識を、国民大衆の歴史意識を変革してしまった、といいきってしまいたい誘惑に駆られている。それほどまでに隆慶一郎の第一作『吉原御免状』（新潮社、昭和61年）の出現は鮮やかだった。しかも、第二作『鬼麿斬人剣』以下、矢継ぎ早に出される作品のすべては、期待をはるかに上回っていたのである。しかし、そのめざましさをもたらしたのは一体なんなのだろうか。

隆はその第一エッセイ集の「あとがき」でいう。

《現代の歴史学が大きな変換期にある、ということも、私の時代小説にたいする偏向の理由の一つである。一口にいって、それは今までの農業定置民の視点にたいして、同じ重さで、非農業民の視点を重視しはじめたことだ。きまった土地も家も持たず、全国を放浪して一生を終えた人々。更には海人・山人・輸送業者。こうした一種の自由人たちの眼で歴史を眺めたら、一体どんな様相が展開するか。そこが何ともいえず楽しく、面白い。近頃日本史、特に近世を専門とする歴史学者の方々の著作は、下手な小説家には及びもつかない壮大なロマンを持ち、文章もまた緊密で美しい。私自身も含めて、小説家は不勉強だったとつくづく思う。歴史家に負けていてたまるか、と秘かに敵概心を燃やしているのである》（『時代小説の愉しみ』講談社、平成元年）

隆の小説の面白さは、一読すれば、歴史が違って見えるようになることにある。気ままな見方の転換ではない。そこには最新の歴史学説の裏付けが控えているのである。そのうえ、彼は、歴史学の最新の成果に学びながら、それに負けたくないという自負心をもって創作にたちむかおうとしているのである。歴史は物語でもある。小説は、もとより、物語である。ならば、小説が歴史の物語になってやろうかという、燃えるような野心を隠していないのである。

事実の時代だ、大きな物語は終わった、といわれる。現実世界の貧しさ、惨めさ、出口のなさを、美しい「理念」を紡ぐ物語で隠蔽するなどということは、金輪際願い下げたいものである。しかし、「事実」というものは、わたしたちの眼の前に、目を開きさえすれば即了解という仕方であるわけではないのである。「事実」を読み込む目というものが備わっていなければ、新事実も猫に小判なのである。「新」たるゆえんが見えてこないのである。

江戸川乱歩は、大都会東京が作り上げた、大衆の稀薄な人間関係をその探偵小説の土台に据えた。目が険しくなった近代人をである。読者は、それを読んで、初めて、つくづくと鏡をのぞき込み、自分たちの目が鋭くなっていることに気づいたのである。戦後日本人は、司馬遼太郎を読んで、日本の近代化がすでに江戸時代にその準備は終わっており、いつでもテイク・オフは可能だったのだ、ということに初めて気づかされ、敗戦で失った自信を回復したのである。そして隆慶一郎である。

▼日本人の新発見

昭和天皇が亡くなった。あらためて天皇（制）とは何かが、日本（人）のアイデンティティとは何か、ということの関連で問い直されている。

稲こそ、水田こそ、農耕民こそ、農村共同体こそ日本（人）の魂である。天皇はその頂点であり、象徴である。したがって、天皇を失えば日本の魂は失われるのだ。日本人を究極でつないでいる結び目が解けるのである。日本人でなくなるわけだ。平たくいうと、こういう議論が有力であったし、今もそうである（米が自由化されれば、日本人の魂が失われる、などという議論さえある）。

網野善彦等が先鞭を付けた中世史の研究成果は、天皇と非農耕民、とりわけ、傀儡子、山伏、陰陽師、勧進聖、説経師、楽人、舞人、猿楽師、遊女、巫女、等の「道々の輩」と呼ばれる特殊な技能集団（芸能人・テクノロジスト）との特殊で特権的な結びつきを明らかにしてきた。彼らは、天皇（権力）に庇護されて、全国を自由に往来した漂白の民であった。主人持ちではなく、何人にも縛られない自由人であり、「公界」の地を形成して、封建領主に対抗した。したがって、封建権力は、彼らをことあるごとに弾圧し、非人、賤民として差別したのである。

隆が思いをこめて描くのは、この「公界」であり、漂白の民である。しかも、時代と、社会にとり残された、怨念の民として描くのではなく、自分一身の技能を誇りに独立独歩し、近代日本に自由と技術をもたらした歴史の相続人たる人々として描こうとする展望を与えているのである。これは、言うまでもなく、新しい日本人の発見である。否、日本ばかりに特殊なのではない。阿部謹也等の西洋中世史研究が明らかにしたように、普遍的な事実なのである。したがって、新しい人間の発見といってもよいのである。

しかも、この漂白民（技能集団）たちは、天皇と直接結びついているのである。天皇（制）が、日本の権力の一角に、不動の形で生き残ってこられたわけは、農耕の神としての地位だけでは説明がつかないのである。農村共同体が崩壊して行く近代社会、技術社会のなかでしぶとく生き残りえたことには、別な説明原理がいるのである。隆が描こうとする物語の世界をおもいきり引き伸ばして言えば、こういうことになる。

▼「吉原」とは何か

しかし、小説は、歴史観でもないし、大説でもない。まさに、生身の、血と肉をもった人間たちが生きぬく世界なのである。

生身ということを狭くとる必要はない。人間は、たとえそれが一個としてのものであれ、歴史の堆積が血肉化されたものとして存在するからである。運命といってもよい。

『吉原御免状』と**『かくれさと苦界行』**（新潮社、昭和62年）は一続きの物語である。舞台は「吉原」。主人公は、松永誠一郎。

「吉原」は、女の肉体を売る廓である。幕府が、大量に移り住んだ男社会江戸の政治的社会的不満を和らげる手段として開設を許可した、女が身を売る「苦界」である、とみなされてきた。

しかし、「吉原」は、性の技能集団、傀儡子《くぐつ》一族の「公界」なのである。性は、人間の交情（コミュニケーション）に不可欠な営みである。その営みの何たるかに精通しているのが、傀儡子なのである。したがって、「吉原」は、知を教授する学校があるように、性を教授する自由学校なのである。

この「公界」を幕府は許しておけない。しかし、「吉原」には、神君家康の「御免状」がある。この「家康」、実のところ、関ケ原の合戦で死んだ家康の「影武者」であり、やはり漂白の民につながるものなのである（この「家康」を主人公にして、隆は大作**『影武者家康』**上下〔新潮社、平成1・5〕を書いている）。この「御免状」をめぐる熾烈な奪い合いが、幕府の命を受けた裏柳生と「吉原」傀儡子一族の間で展開されるとともに、忍法と幻術をこととする技術者集団が闇のなかで激突するのである。

▼剣豪小説の新風

主人公松永誠一郎は、二十五歳まで、熊本の山中深く、宮本武蔵に剣を教わり、けものたちと生きてきた。その誠一郎が、武蔵の遺言にしたがって、吉原を尋ねくるところから、この物語は始まる。誠一郎、もとより剣は強い。しかも、貴種なのだ。二代将軍秀忠の娘和子が嫁した後水尾天皇の落し種なのである。自分の孫を天皇にするために、秀忠は天皇の子をすべて暗殺しようとしたが、誠一郎は、偶然、武蔵に救けられ、秘かに育てられたというわけである。

「吉原」の名主（指導者）たちは、この誠一郎を惣名主におしたて、幕府と裏柳生の攻撃を防ごうとするのである。天皇と「公界」が誠一郎を結び目にして接合し、幕府権力に拮抗する図がここに描かれる（もっとも、隆は、天皇権力と「公界」との関係を意識的に押し出すことはしていない。天皇も「公界」の民にとっては、一つの権威以上のものではないとみなしている）。

剣が強くて、世間の塵芥に塗れておらず、しかも貴種で気品もあり、さらに野性味に欠けるところなく、男前であるという誠一郎が、性技の里に暮らし、傀儡子一族の秘儀を受け継ぐのである。鬼に金棒どころではない。すべての女が、男が、好ましく思うのである。敵でさえ、一瞬ひるむほどに、魅力ある自然体なのである。すべての魅力が天与の物として浮き出てくるのである。彼のなかには、一生を修業として生きる吉川武蔵はいない。剣だけが強い浮世離れの五味一刀斉も、異端とニヒルに生きる柴田狂四郎もいない。だが、すべてが充足している人間の、何かものたりないような、ものうくような心情が伝わってくるのである。だからなのか、少しも嫌味なところがないのである（おそらく、こういう人物を演じれらる役者はいないだろう）。

隆の魅力の一つに、剣豪小説に新風を吹き込んだことがある。誠一郎はよい。しかし、さらに、第二作の巨漢鬼麿はもっとよいのである。**『柳生非情剣』**（講談社、昭和63年）も**『一夢庵風流記』**（読売新聞社、平成元年）も、剣豪小説なのである。存分に、天地のすべてを剣の行方に任せて自れを託す、正負のきっちりした世界が描かれている。この、強き者こそが勝利するという世界は、しかし、テクノロジストの世界である。技術の世界なのである。芸能のなかに、性技も、剣術も、生産術も入っているのである。剣を孤立した、妙な精神主義が支配する世界として描かない隆の小説世界には、あらゆる技術が等価なものとして、しかも人間が再び手のなかへ取り戻すべき術として登場するのである。これは、芸能の復権であり、技術の人間への取り戻しでもあるのだ。

第一作を発表してから四年、隆慶一郎は平成一年十月三日、六十三歳で逝った。しかし、時代小説の新しい波は、すでに開始されてある。

（１９９０・１・１）

4　吉本ばななの主題は死

▼『キッチン』（福武書店）『白河夜船』（福武書店）

▼嫉妬の時代

大衆小説を、文字通り、多数に読まれる小説といい換えてみれば、「現在」の大衆小説のナンバーワンは、間違いなく吉本ばななである。この意味でなら、第二回山本周五郎賞をえたばななだが、それは少しも奇妙ではないということになる。周五郎こそ、大衆に読まれることを目して、ひたすら小説の研鑽に励んだその人であった。

大衆の時代とは、大衆（マス）と知識人（エリート）の境目が見えにくくなる時代のことである。西部邁的にいえば、大衆の原型が、専門知識人（東大教授）であるということである。吉本隆明的にいえば、大衆が知的になるのは自然史的過程であるということである。端的に、大衆が十分に知的であるということだ。小説に限っていえば、大多数の人が書き手になるという時代である。書くということが身近になったが、しかし逆に、独自のよいものを書くことがかえって難しくなった時代であるといってよいだろう。

かつて読者にとって作家（書き手）は羨望の対象であった。自分たちがなし得ないことをやる能力をもった稀な人として作家をとおくに見たのである。一も二もなく才能の違いを認めたのである。しかし、一億総書き手の時代、作家は、嫉妬の対象でしかない。書き手ということでは、私も作家も全く同じである。彼が、彼女が作家になったのはたまたまの偶然、幸運のためであり、私が作家にならなかったのはこれまた偶然、不運のためである。だから、彼の作家としての脚光を浴びている位置に自分がいても何らおかしくない。フン、何さ。憎らしい、ということになる。自惚れ鏡で満ちるということになるのである。

▼誰にでもすぐ書けそう

山本周五郎は、若書き、駄作・多作を積み重ねて、三十代の後半に一人立ちした。吉本ばななは、日大芸術学部の卒業制作として「ムーンライト・シャドウ」を書き、処女作「キッチン」で「海燕」新人文学賞をえ、続編の「満月」をくわえた以上三部作を収録した『**キッチン**』（福武書店、昭和63年）で泉鏡花賞を獲得するというはなばなしさなのである。しかもそれ以降出す本のことごとくが、ミリオンセラーとなっているのである。

しかし、ばななの小説に、万人を強く引き付けるに足る華があるのであろうか。ないのである。ないだけではない。全編モノトーンなのである。筋も単線であり、起伏にだって乏しいのである。華、筋、起伏という点でなら、どこぞのカルチャーセンターに群生している作品よりもはるかに劣るのである。

つまりは、誰にでも、すぐにでも書けそうな作品ばかりなのである。どんなに好ましいからといって、周五郎の『青べか物語』や『季節のない街』をただちに書きうるとも、ましてや書こうなどと思う人はいないであろう。これに対して、ばななの作品は、すーとはいりこんで容易に書きうるようにみえるのは確かである。

しかし、本当にそうなのであろうか。よくいわれるように、少女漫画を小説化したたぐいのものなのであろうか。少女漫画を蔑んでいうのではない。ばななの作品が少女漫画（オリジナル）の翻案

（コピー）であるという大方のいい回しに、少しだけ異論を唱えたいからなのである。

▼小説とはコピーなのだ

漫画の影響はある。おおいにあるといってよい。しかも、日本の少女漫画は、世界の漫画先進国日本のその最先端に位置するという事情もあるのだ。だから、私は、この影響がすさまじいまでの読者を獲得した原動力であることを何ら否定するわけではないのである。つまり、ばななの小説は、大量の少女漫画の読者を招き寄せることによってミリオンセラーを続けているということは本当なのである。しかしである。

私は、「翻案」（コピー）であるから文学的価値が少ないなどという意見に決して与したくない。私は哲学専攻の徒であるが、すぐれた哲学者はすべてオリジナルな見解を恥じる姿勢でものを書いてきたと思っている。一度読んだり聞いたりすれば、なるほど自分（読者）がずーっと（無意識に）昔から考えてきたことと同じであると思いなす意見こそ最高のものなのである、という具合にである。

人は小説を「創作」とみなすが、それは「フィクション」のいいなのである。つまり「虚構」である。オリジナル（原物）ではなくコピー（模造）ということである。小説のコピーである小説もある。大江健三郎の初期作品は、サルトルのコピーであった。正確にいえば、サルトルがいなければ大江は存在しなかったであろう。子母沢寛がいなかったら、司馬遼太郎は出なかったであろう。少女漫画がなかったら、ばななは生まれなかったであろう。

しかし、だから、大江が、司馬が、ばななが価値なきものとなるのであろうか。そんな馬鹿なことはないのである。

▼死を書く

山崎正和がいうように、戦後の価値変化のなかで、人類史上最大のことは、「永生」観念の稀薄感をあげて間違いないだろう。個体の死がすべてであるということになったのである。これは、死を個人的なものにし、したがってきわめて卑小なもの、稀薄なものにしたといってよいのである。

しかも、死が個体的、私的なものになればなるほど、人は、自分の死に意味を与えることができないことになるのである。もとより、自分の生にもである。何かのために生を燃焼するという主題を失うことによって、自分に固有な生の意味を失っているのである。だから、生の目的は、たかだか長く、健康に生きる、つまり長生きすることにあるというところにまで切りちぢめられてしまうのである。ヘルシーライフ等という標語は、このような時代意識を背景にしていることは忘れないほうがいい。

ばななの小説の主題は死につきている。簡単に親密な人が死ぬ。多くは事故、事件、自殺である。しかし、ばななは、別に「死」をもてあそんでそうするのではない。人は他人の死を生きることはできないということを、他人の死に寄り添いながら淡々と語るのである。死は、したがって、いつも「外部」のものとしてある。この観念は、死が切羽つまったものとしてある老年の者にも共通のものだといわなければならない。

私たちは、他人の死には眼を凝らす。しかし自分の死からは眼を背ける。つまり、自分の「内部」に死をもたないのである。もちにくいのである。もちたくないのである。正確にいえば、自分の死にばかり関心がいくから、それが少しも見えてこないのである。したがって、人が、自分一個の生と死にしか関心をもたず、しかも自分の「内部」に死をもたない時代の大多数の意識を、ばななは書いているといってよいのである。だがこれだけならば、ばななは時代の大衆意識の代弁者（にすぎない）ということになる。

ばななは、死は「外部」にしか過ぎないということを前提にしながら、しかし、そういう「外部」との接点の中から、「内部」の死にむかう入口を模索するような可能性を断念しない気配で、書くのである。こういう気配を濃密化したところに将来のばななを置いてみるならば、素材も、背景も、登場人物も、書きっぷりも違う周五郎と、重ね合わすことができる所にたどりつくのではと思いたくなるのである。

▼「眠る」小説

しかし、ばななの作品は、村上春樹のように死へと人を誘う作品ではない。死は独在的には体験不能であるといったのは吉本隆明である。もとより、体験できなくても語ることはできる。最も容易なのは、「死」と「眠り」とを接合するやり方である。ばななの作品は、すべて夢ですでに知っていることが、既視感を伴って実現していくという展開を示しているといってよい。無意識の自然史的過程といいなおしてもよい。それが端的にあらわれているのは**『白河夜船』**（福武書店、平成元年）である。

「睡眠」は「短い死」といわれてきた。そして、「死」は「長すぎる睡眠」といわれてきたのである。人工呼吸器に繋がれているが、すでに脳の活動を停止した状態、いわゆる「脳死」を、最初「超過昏睡」と定義したことはよく知られている。

『白河夜船』には三つの眠りがある。一つは、主人公の友人の眠りである。彼女は、性的交渉はないが同じベッドにはいり一緒に眠るということを仕事とするコールガールである。お客に十分な眠りを提供するという役まわりである（この友人が自殺する）。

いま一つは、恋人の妻の眠りである。彼女は植物人間として昏々と眠っている（死の眠りといってよい）。そして、主人公の眠りである。一人でいるとき、彼女は果てしなく深く眠っている。しかし目覚めているときも、眠っていないわけではない。彼女は、自殺した友人や恋人の妻の眠りを現実の世界で演じているような気持ちで呼吸しているのである。こういうことだ。

他者の眠りに添い寝してその夢を奪うのがコールガールの仕事である。つまり彼女は、他者の「死」を代行しているのである。それが過剰となると彼女自身に「死」がやってくるのは必然である。主人公は、この友人の「夢」ばかりでなく、恋人の妻の「夢」も夢見るのである。「死」を夢見るからこそ「生きている」という状態なのである。いうまでもないが、ここで夢見るとは、憧れるということとは全く別である。

現代は、死と生との断絶を徹底的に個人的なものにした。同時に、死の意味を稀薄にし、したがって、生きる意味を奪い、「生きていない」と「死」との中間状態に私たちを追い込めたのである。ばななの小説は、あくまでも「憧れ」と「転生」(サクセス・ストーリー)を主題にする少女漫画とは本質的に異なり、この中間状態を生きぬかなければならない、退屈でしかもものがなしい大多数の無意識を、過不足なく、つまりはおもねることなく描こうとしているのである。私は、面白いとも、目覚ましいとも思いたいのである。

(1990・5・1)

5　筒井康隆の唯の教授

▼『文学部唯野教授』（岩波書店）

　筒井康隆『文学部唯野教授』（岩波書店、平成2年）を読んで、大いに腹を抱えた。しかし、笑ってばかりはいられないのである。これはとてもインテリジェンスにとんだ小説である。**高橋和巳**の処女作**『悲の器』**（第一回文芸賞受賞）は、法理論を駆使する主人公の栄光と悲劇をあつかったものだが、筒井の繰りだす知性と比べたら、問題にならないくらい薄いのである。「知性の反乱」に与すると同時に、「知性の共和国」を夢み、中国文学の泰斗吉川幸次郎（京大教授）の後を襲った高橋が、なぜに筒井に後塵を拝するようなことになるのか。これは十分に考えてみる価値のある事柄である。

▼知的最前線をゆく「講義」

　この小説の圧巻は、何といっても、主人公唯野教授の「文学批評論」の講義である。唯野は、本務校ではただの平教授であるため、自分のやりたい講義を開くことができない。それで、非常勤講師の口を見付けてこの講義に臨むのである。「印象批評」、「新批評」、「ロシア・フォルマリズム」、「現象学」、「解釈学」、「受容理論」、「記号論」、「構造主義」、「ポスト構造主義」の全九講が前期の授業である。この講義部分、四百字詰で二百枚、小説全体の三分の一を占める。

　大学の授業はほとんどおもしろくない。授業はおおよそおもしろくないものである。しかし、難解であるから（正しくは、理解不能であるから、教えるほうがとんでもないから）おもしろくない。

「理解」可能なのは、幼稚で、全く知的興味に欠ける。しかし、唯野教授の講義は、難しいことを、必要最小限のスペースで、知的であると同時に、ミーハーをも引き付けるようなゴシップも織り混ぜて、スピーディーに展開されるのである（まるで、あの学習院大の篠沢教授の講義を、さらにスマートにしたようなのである）。

哲学を本格的に研究した者でさえ（者ならなおのこと）、唯野が掲げた各講義を、およそ十五枚から三十枚で、わかりやすく、知的で、スキャンダラスかつスピーディーに論じることなどは至難の技なのである（唯野の授業を読んで、「哲学」を教えている私などはひどく傷つけられ、落ち込んでしまった）。

この講義は、批評の歴史を、その理論的根拠にまで下りていって展開しながら、しかもその無効性を論じるというD難度の技をめざすのである。

「構造主義」の所。構造主義は記号論と関係がある。批評家は、本来作家がいるから存在できる。はじめから作家に敗けているのである。それで、作家に絶対敗けないような難しい理論を持ち出してくる。批評がますます難しくなる理由がここにある。――ここまでなら誰にでも言えるであろう。しかし唯野は、構造主義が出てきた理由（歴史）、その理論的根拠（哲学）、文学批評との関係（応用）、その無効性（結果）を、スッといってのけるのである。

知の最前線などと銘打っている駄本の類とは異なって、この講義を開けば、いっぱしの批評家気取りぐらいはできるのである。それに、後期の講義も聞きたくなるのである。予定されているのは、「フェミニズム批評」、「精神分析批評」、「マルクス主義批判」、それに唯野教授自身の文学批評論、「虚構の、虚構による、虚構のためだけの理論」である（私が編集者なら、この講義だけを独立させて、売り出すことをまず考える）。

▼大学教授は大衆の原型

かつて、筒井は『**大いなる助走**』で、直木賞受賞を題材に、文壇の恥部を暴いてみせた。この小説では、大学の「教員」制度の恥部が暴かれている。東大教養学部に見切りを付けた**西部邁**は、『**学者この喜劇的なるもの**』（草思社）等で、大学教員（専門化された知識人）こそ、現代大学教員（専門化された知識人）こそ現代の「大衆」の原型である、と実名をあげて述べた。この小説でもテーマは同じである。

大学制度のなかではペイペイにしか（だがやはり教授ではある）すぎないが、専門知に閉じこもることなく、文学批評の存在理由とその無効性に切りこみ、しかも、実験的小説によって、自己の文学批評理論を実証してみせようというのが唯野なのである。しかし、問題は、唯野の稀な能力と努力の有り様を示すことにあるのではない。

西部もいうように、現代社会（制度）に生きて、誰も「大衆」であることを免れることはできないのである。大学教員が大衆の「原型」であるのは、彼らが、無制限に自己の欲求を追求することができる制度的保証のなかにいるからである。ボス教授ならば、他の構成員の生殺与奪権を恣意的に行使できるからである。普通の大衆ならば、無制限かつ恣意的に自己の欲求を行使することは、どんなにそれを望んでもできない相談である。しかし、いずれにしろ、自己の欲求を疑わず、それを実現することが当然だと思うのが大衆である。西部流に言えば、「自己懐疑がない」ということである。

唯野は、制度の恐ろしさも、その中で自分もまたいくぶんかの「特権」を享受していることをも自覚している。彼もまた大衆の一員であることを免れていないこと、をである。しかし、その制度の外に自分のいまひとつの存在理由を求めようとする。もとより、制度に、非制度が単純に対立してあるのではない。制度の外は、非制度ではなく、いまひとつの制度であるにすぎない。そのことを痛いほど知りつつ、自己の属する制度を超えようとするところに、彼の知的な努力が傾けられるのである。したがって、格好悪く、どたばたすることは否めない。万事にすっきりしないからである。単純明快に進むことができないからである。

▼唯野教授の性格

この小説のおもしろさは、唯野教授のキャラクターに大いに負っている。四十代、独身。短躯である（二枚目ではない）。おしゃべりである（沈黙は金なのだ）。上に弱く、下に強い。教授の地位にしがみつき、金銭欲も十分にある。外交も下手ではなく（金をばらまいて非常勤講師の口も見付けた）、女好きで（同僚の恋人と寝ることにもなる）、美人で若い女の子にはめっぽう弱い（自分が好む女の子を授業時間中にも気になってしかたがない）。マスコミ嫌いというがまんざらでもなく、それに、気が弱く十分にけちである。なのに金がなく、無趣味で、気取り屋である。あわよくば、大学内でも文壇内でも成功し、若いかわいこちゃんを伴侶にして、るんるんのんのんといけたらと思っている筋があるのである。

普通、こんなキャラクターは嫌味の極みである。しかも、唯野は、その望む所をほぼ手中にしてしまう気配濃厚なのである（小説は、これを暗示するところで終わっている。つまりは、ハッピーエンドふうなのである）。全く許しがたいのである。しかし、否、だからこそ、唯野の魅力は倍加するということになる。しゃくだが、それを納得してしまうのである。

そう、これは、大衆が自らの「大衆性」に気づきつつ、それを乗り越えてゆく「脱構築」小説でもあるのだ。

▼教授になる方法

この小説の効用は、教授になる（なれない）方法のノウハウを懇切丁寧に教えてくれることにある。この舞台となる大学は、ランクで言えば一流校に属する。だから、いくぶん以上に難しいノウハウが書かれている（実際は、もっと簡単に教授になれる場合がほとんどである）。職業選択がこれほど自由になったのだから、一度、大いに実験してみるかいはある。こんなふうにである。

ちょっと古くにドイツ語をならった人ならば関口存男の名前は知っているであろう。ドイツ語の天才といわれた人で、わたしたちは教科書で大いに苦しめられたが、ユニークなエッセイ類も数多く残している。その関口がこんなことをいっている。

肉体労働で人に差を付けたとしてもたかだか知れている。五十九個の荷物を運んだ人と、六十個の荷物を運んだ人の差は一にしか過ぎない。しかし、今、試験で五十九点の人と六十点の人の差では、地獄と極楽との違いがある。一方は落第で、一方は合格だからである。知的な努力は、ちょっとの違いで、絶大な効力をあげる。このちょっとの差をばねに、自分の進む方向を見いだすことこそ「知識人」の道なのである。

この道を取ることが決まれば、大学院に進み、ひたすら主任教授、先輩たちに頭を垂れ、まず、助手の席を確保する。胡麻をすり、指導教授の命を聞き分け、専任講師になったらしめたもの。後は、論文（学内雑誌掲載の内容いかんを問わない）を揃え、ひたすら時間を待てば、助教授、教授になれるようになっている。論文は、あまり刺激的なのはいけない。マスコミ等で有名になるのはマイナスである。しかし、いったん教授になってしまえば、首になることはまずない。やりたい放題なのである。もっとも論文など書かないほうがいいにきまっている。

ただ、三十五くらいまで、定職はあきらめ、「徒弟制度」のなかで身を粉にする「気概」のある人間だけに開けている道である。こんなことが馬鹿馬鹿しい人にはとてものこと勧められないしろものではある（あなたならどうします）。

これで、人格が歪まなかったらおかしいのである（以上が、筒井の小説の一流校の教授職の舞台裏である）。

しかし、すべてがインスタントの時代である。私ごときも大学教授の肩書きをもつような時代なのである。もっと簡単なコースが普通なのである。だから、筒井の小説を読んで、大学教授になることをあきらめることはないのである（この小説の教授論は、一流校のものであることをくれぐれもお忘れなく）。

知的であり、制度論（批判）あり、主人公のキャラクターがユニークで、しかも「知的人」になる（なれない）方法まで書いてあるこの小説は、大衆（大多数の人）が「知的」になった時代にふさわしい、しかも底抜けに面白い、そして「知識人」には十分恐ろしい小説である。筒井だからこそ書けた小説である、と最後にいおう。

（1990・7・1）

VI　今月の文庫三冊　1990年

初出：中公公論　1990.1〜12

1　時代小説の新潮流ほか

▼隆慶一郎『吉原御免状』(新潮社)**▼桐生悠々『畜生道の地球』**(中公文庫)**▼長谷川慶太郎『関東平野は世界の心臓』**(徳間文庫)

いまここに隆慶一郎の七冊の文庫本がある。重ねると、二二センチほどになる。第一冊目の『吉原御免状』が昭和六十二年二月、最後の同文庫本が平成一年九月に出たのだから、ほぼ二年半の長さだ。平成一年十月四日、隆は六十四歳の生涯を終えた。

時代小説といい、歴史小説という。この分野で独走してきた司馬遼太郎、『梟の城』からすでに三十年以上たったことになる。隆の登場によって、初めて司馬の地位が揺らぎ始めた。そのやさきの夭折である。もっとも、隆は司馬より三つ年下にすぎない。それに、満州での軍務経験もある。明らかに同じ世代に属するのである。しかし、隆は「新人」である。ポスト司馬なのである。

司馬が生産と技術(テクノロジー)により大きな光をあてる。司馬は高度成長期の人であり、隆はポスト産業社会の人といえようか。司馬が梅棹忠夫の「生態史観」につながるとするならば、隆は網野善彦の史観につながる。一言でいえば、天皇―農業民の線のみで日本の社会構成の特徴を押さえるのではなく、天皇―非農業民というもうひとつの、しかし、日本近代化のなかで忘れ去られた社会構成を歴史のなかから掬いだすという手法である。

もとより小説である。『吉原御免状』の舞台となる吉原は、女の生き血を吸う「苦界」ではなく、権力の不入の土地「公界」である。この特権を与えたのが、「影武者」徳川家康で、二代目秀忠は幕府権力の威信をかけてこの「公界」を押しつぶそうとする。まもるは吉原町衆、じつは、遊行の民、傀儡子《くぐつ》一族、性の技術者集団である。裏柳生の猛襲から吉原を救うのは、宮本武蔵に剣を学んだ松永誠一郎。もとをただせば後水尾院の子である。天皇―非農業民のラインがここに形成される。

太い根をはった幹から、いく本にも枝分かれして、時代小説の巨樹へと育つことを約束されていた隆の死は、まことに残念である。

▼明治リベラリストの真骨頂

桐生悠々、地方新聞にたてこもり、反軍の抵抗を終生貫いたリベラリストとして知られる。信濃毎日新聞で「関東防空大演習を嗤う」を書き、軍の圧力によって主筆の地位を奪われた悠々は、翌昭和九年から名古屋で読書会をおこしてパンフレットを発行。後に「他山の石」と改題して、戦火拡大をはかる政府、軍、産業界に痛烈な紙つぶてを投げ続け、昭和十六年九月に死去するまで、初志を貫いた「極北に輝く星」（井出孫六）であった。この異例な言論人については、様々に言われてきたが、『畜生道の地球』の文庫化で初めて大衆的にその見解に触れる機会をうることが出来たわけである。

一読すれば分かるが、悠々は、典型的な明治リベラリストである。戦後の日本近代史解釈になれたものならば、「自由主義」は明治憲法こそが保証するところであり、あわせて、明治帝が五箇条ノ御誓文や教育勅語でその精神を余すところなく披瀝しているのだ、という悠々の基本見解に出会うと戸惑うであろう。そう、悠々は、明治憲法を楯に、政府、軍等の「逸脱」行為を批判し続けるのである。だから、死ぬまで発禁や差し押さえの弾圧に屈せず、「社会の木鐸と無冠の帝王」（大田雅夫）であったという側面よりも、明治リベラリストの側面のほうが、新鮮に映るのである。日本近代の出発のなかに負の遺産ばかりを見ようとする近代主義者とは違った眼差しをもつことを、悠々は、抵抗精神の芯にかかわって訴えているように思えるのである。

▼世界に通用する思考

長谷川慶太郎は思想家の風貌をもつ、説教と駄弁から最も遠い、稀な経済ジャーナリストの一人である。『関東平野は世界の心臓』は、その長谷川の思考法の核を簡潔に示す絶好の一冊である。

テーマは、なぜ日本の企業は世界のトップになったかである。解答1、その原因を日本の特殊性に求めてはならない。つまり、日本が世界でもっとも民主化・平等化された社会制度をもったからだ。解答2、軍事大国の路線をとってこなかったからだ。1も2も、今日、社会体制の違いを超えて世界がめざす目標それ自体である。

さらに付け加える。条件1、矛盾と困難のないところに発展はない。デメリットな条件は、メリットを生む母である。条件2、短所を長所にかえるのは、矛盾を解決しようとする人間と組織の工夫と努力次第だ。条件3、新しいものをすべてよしとすべし。

何か、昔、「唯物史観」の教科書で読んだようなテーゼばかりである。ところが、それを暗記しているはずの社会主義国が、がたがたなのである。けだし、右の解答、条件ともを、まったく無視した結果だといわれても仕方ないであろう。

本書は、国際モデルとなった日本経済の拠点、関東平野を構成する企業群の生死を賭けた戦略と具体的な努力の跡を平明に説き明かすルポルタージュである。そして、提示された解答と条件を失えば、日本はトップの座から一瞬にして滑り落ちることを示す警告の書である。しかし、行間から透けて見えるのは、経済主義者の顔ではなく、人間（学）通の成熟した思考なのである。

（1990・1・1）

2 「近代」を超えるとはどういうことか　ほか

▼廣松渉『〈近代の超克〉論』（講談社学術文庫）**▼田中康夫『ぼくたちの時代』**（新潮文庫）**▼J・C・S・スミス『少女が消えた街』**（扶桑社ミステリー）

昭和が終わった。かつて「明治・大正は終わった」、というスローガンのもとに近代の終焉・超克ということが言われた。横文字にすれば、ポストモダンである。「近代の超克」を直接かかげたのは、昭和十年代、米英の西欧近代（資本主義）とソ連社会主義とにたいする日本・東洋の優位を説く論者たちであった。天皇主義日本の聖化と「大東亜戦争」の合理化に終わった「近代の超克」論は、しかし、過去の亡霊なのか。

本書で、廣松渉は「近代の超克」論をその周辺にまで探ることで、とりわけ、西田幾多郎とその門下の「京都学派」との関係を丹念に跡づけることによって、旧ポストモダン論を、日本は一番だ、「西欧技術」や社会主義の「終焉」とも無関係であるとする、昭和末期の新ポストモダン論に見事につなげてみせるのである。

哲学不在といわれる時代、廣松は超人的なエネルギーを発揮して、近代的思考法の総括とその体系的乗り越えをめざしてきた。ヘーゲルとマルクスとをあわせたような思考努力を自らに課してきた、といってよい。**『存在と意味』**（岩波書店）はその精華である。本書は、数ある廣松著作中でも稀な一冊である。対象が日本思想である。しかも、理論（拘泥）家には稀な歴史センスが躍動している。私なら、哲学の本領たる雑学魂が息づいているといいたい。難解をもってなる廣松の中でも、したがって、とびっきり読みやすいのである。

この本でもそうだが、廣松は、論敵の議論を、もっとも高いバーでかならず超えようとする。「近代の超克」論という歴史的産物のつまらない議論を拾い集めて、いっちょうあがりという態度を拒否するのである。この稀で困難な行き方にこそ、その難解さが由来してもいるのである。しかし、最近、二冊の入門新書版が出、そして二冊が文庫化された。廣松が、グーンと身近になったのである。

▼「クリスタル」世代の意識

「快楽の動作をつづけながら形而上学について考えること、精神の機能に熱中すること、それは決して下等なたのしみではないだろう」。これは、**大江健三郎『われらの時代』**（昭和三十四年四月）の冒頭である。二十年して、田中康夫がエッセイ集『ぼくたちの時代』を出した。大江風にもじっていえば、精神の機能を形而下に熱中させること、それが「クリスタル」世代の標語だといってよい。「われら」と「ぼくたち」は逆方向をむいているようである。事実、田中は、ことあるごとに戦後民主主義の擁護を標榜する新旧・岩波朝日派文化人を揶揄し、大江をその代表者の一人とみなしているのである。しかし、一読してみると、両者の違いは、いたって仲のよい親子の年齢差ほどさえないことに気づかされる。つまり、「クリスタル」世代は、純粋戦後民主主義の鬼子ではなく嫡子であるということである。

戦後民主主義の理念は、平和と民主主義に集約される。物が不足し、平和が稀であった時期を体験した大江が、物不足を精神の高揚で補い、平和の過剰さではなく脆さにこそ注意深くなるのは当然である。反対に、物が過剰で、平和が過剰な時代しか体験していない田中が、精神を高揚させたり、平和を声高に言うことにシャイな態度しか取りえないのも当たり前なのである。しかし、体験主義、「皮膚感覚」で時代と付き合うことを第一義とするという点で、二人に違いはないのである。もっとも、田中が、「クリスタル」世代にたいして意識的に距離を取っている分、いくぶん大人に見える。「新人類」がその親たちよりも「大人」らしく見えるようにである。

▼車に乗らない探偵

わたしたちは、シャーロック・ホームズの血を受け継ぐ名探偵を数えきれないほどもっている。「史上最低の探偵」、ロンドン警視庁の鬼警部ドーヴァーの親戚筋を少しだけもっている。『少女が消えた街』(原題「ジャコビーの最初の事件」)の探偵クエンティン・ジャコビーは、ドーヴァーの方に少し近い。

五十五歳。父はオランダからの移民。三十年つれそった愛妻が病気で死んだ。その看病のため、地下鉄警官を最後に警察を退職した。年金で細々と暮らしており、唯一の趣味が競馬である。その行きつけの競馬場が事件の発端となる。麻薬をやって、売春をもちかける(少)女と、その女を探す少年に会うのだ。少年の依頼で「消えた少女」を探すジャコビーの前で展開する事件。筋も展開も平凡というわけではないが、華々しさや鮮やかさがあるというわけではない。社会性で読ますというのでもない。むしろ小粒である。

しかし、ジャコビーがいい。松本清張の「探偵」たちは、車ではなく、汽車やバスにのるか、歩くかが似合う。もっとも、彼らの素性からして、スピードが支配する大都会向きではないのである。車嫌いのジャコビーは、大都市ニューヨークの山の手から下町までを、地下鉄とバスと足でかけまわらなければならない。そして、その移動スピードの「じれったさ」と彼の思考の「もたつき」が事件を解決する鍵となる。それればかりではない。そのもたつきは、自虐的なあの金田一耕助のように読者をもどかしくさせるのではなく、むしろ探偵のゆったりとした思考のなかに誘い込むのである。

一人の探偵の「創造」は、作者にとっても、読者にとっても、無尽蔵の鉱脈をあてたに等しい。

（1990・2・1）

3 美しい破粒を集める ほか

▼開高健『耳の物語』（新潮文庫）▼二宮フサ訳『ラ・ロシュフコー箴言集』（岩波文庫）
▼高橋克彦『闇から来た少女』（中公文庫）

開高健が死んだ。五十九歳の寸前であった。小説を書かない小説家といわれたが、最後に、文字どおりの「珠玉」（「文學界」平成二年一月号）を残した。雑誌発売を追いかけるようにその死がやってきた。鮮やかな死などということはない。しかし、作品もその死も、鮮烈としかいいようのない印象を読む人に刻み付けたのであった。

開高の小説で単行本になったのは、あわせて十五冊、長篇が九本だから、けっしておおくない。しかし、『**輝ける闇**』『**夏の闇**』という比類なき作品を残したのだから、読者として文句を付けるわけにはいくまい。『耳の物語』は、既刊で最後の長篇小説である。

開高は、根っからのスタイリストである。一作ごとにスタイルを変えようとして泥沼にあえて自らをひきずりこむことをやめなかった。ようやく這い出したとき、作品は、読者の五官全部を貫いて立ち上がらせる新鮮さをもってやってきた。

これは、半自叙伝的な作品である。開高は、かつて『**青い月曜日**』という自伝的作品を書いている。『耳の物語』は、「音」を唯一のたよりに生涯をたどろうとする作品である。しかし、この作品が私たちを引き付けるのは、かならずしもプルーストをしのごうと意気込んだそのスタイルの実験的な目覚ましさにあるのではない。人は二度人生を生きられない。しかし、開高は同じ生を二度書いた。その意味にこそ注目したいのである。

こういうことだ。これまでの生と作品をグラスにたとえよう。開高は、まずそれを粉々に打ち砕く。それから、ばらばらになった粒子や破片を拾い集め、つなぎあわせてゆくのである。ゆっくりと、掌中の珠を愛でるように扱わないと、この仕事に成功はない。こうして再生された「グラス」は脆いが、しかしそれだけいとおしさが増すのである。ただの一吹きでばらばらになるそんな危うい、しかし作家の筆力だけが創造しうる美しい微粒子でこの作品は出来上がっているのである。

▼苦い真実を集める

寸鉄人を刺すという。

「もしわれわれに全く欠点がなければ、他人のあらさがしをこれほど楽しむはずもあるまい」（ラ・ロシュフコー）

一行で世界を言い尽くすともいう。「人間は考える葦である」（パスカル）

これは、例外をのぞけば、日本人には苦手なスタイルである。俳句はある。しかし、イロニーはない。川柳がある。しかしビター（苦さ）はない。寸鉄……の名手は、十七世紀フランスのモラリスト、ラ・ロシュフコーである。いく種類もの邦訳があったが、今度、二宮フサ訳で、新版が出た。グッド・タイミングである。

ギリシア古典主義が滅んでいった。それは、貴族社会が、絶対王政によって打ち倒されてゆく過程と手を携えていた。ラ・ロシュフコーは、有力な貴族の一員として、絶対王政に反対して勇猛に剣で戦い、その敗北の後は、一転して、古典主義に対して筆で戦った。彼はデカルト、パスカルと同時代人であるが、真善美の三位一体を人間の理想とした古典主義の復活をも意味する近代理性主義に反対した最初の一人でもある。

ついすこし前まで、ラ・ロシュフコーの「箴言」は、人間の暗黒面だけを照射する、知的ではあるが陰性的な人間に特有の言葉として迎えられてきた。しかし、近代科学と民主主義が訴えた美しい言葉が、人間社会に災厄と圧政をもたらす原因でもあるということが、つい最近になって分かりはじめた。彼の「箴言」を違った意味で私たちが読みはじめる理由が生まれたのである。ただし、「自己愛」を徹底的に批判しながら、しかし、それは人間の「本性」であり、それを無視して美しい言葉で人間を語ることを拒否したその思想は、単純ではない。二宮訳が依拠する、**田中仁彦『ラ・ロシュフコーと箴言』**（中公新書）を参照して読むことを勧めたい。

▼潜在意識を集める

開高は、三十半ばに、人生上の大きな転換期がある（べきだ）と述べた。自分の内部から形のないなにものかがせりあがってくる。それに身を任せたくなる、というようにである。高橋克彦『闇から来た少女』は、ミステリーでありホラー仕立てではあるが、テーマは同じことのように思える。

死んだ姉の一人娘「怜」（七歳）が自動車の轢き逃げ事故にあう。けがは骨折程度ですんだが、血圧が一七〇以上、しかも動脈硬化の症状さえ出るのである。原因は分からない。ミステリーだから筋を言うわけにはいかない。しかし、一人の人間の中には、幾人もの形をとらない人格が住み込んでいる。多くの場合、それが潜在意識のまま一生出てこないのである。開高の言うように、それを無理にも意志的に引き出そうとして形になることもある。あるいは、ごく稀に（ミステリアスに）、それが何かの拍子で偶然出てきて、人格転換が生じることがある。ということぐらいは言ってもよいであろう。

高橋は**『写楽殺人事件』**で江戸川乱歩賞、**『北斎殺人事件』**で日本推理作家賞を取った中堅作家だが、私には、むしろ地味なこの作品のほうが、おそらく面白い、と断言したく思われる。この作品には、不意に昼間目覚めて、ふと自分の人格をどこかに置き忘れでもしたようなそんな、奇妙な「うれしさ」のリアリズムがある。

（1990・3・1）

4 借りる人生 ほか

▼内田百閒『新・大貧帳』（福武文庫）**▼宮崎市定『中国政治論集』**（中公文庫）**▼寺尾五郎『中岡慎太郎と坂本竜馬』**（徳間文庫）

岡山の良家出身の文学少年が、東大に入ってすぐに夏目漱石の門をたたく。陸軍士官学校、海軍機関学校、法政大学のドイツ語教官を兼ね、「飲む、打つ、買う」のうち、飲む以外には無縁であった内田百閒の、これは常人の想像をはるかにこえた借金記のアンソロジーである。題して『新・大貧帳』。旧『**大貧帳**』は昭和十六年に出ている。

《砂利場の奥の、どぶ川のほとりに、一人一室賄附一ヵ月二十円の高等下宿を見つけて、その一室に閉じ籠り、三四年の間、世間との交渉を絶っていたところが、旧友が私の身の上を案じて「砂利場の大将はどうしているのだろう」と云った》。「砂利場大将」の冒頭である。

不如意がかさみ、出版社、職場、友人から借りられるだけ借り、質屋に入れたものはほとんど流し、ついには高利貸へ通いつめ、借金を返すために新たな高利の借金を重ねて、にっちもさっちもゆかなくなり、挙句のことに、借金鬼の矛先をかわすために、三つの学校を依願退職し、家族からも離れ、一人暮らしに逃げ込んだのが「砂利場の奥」である。どうしてこれほどの不如意に追いこまれるのか。

東京空襲の夜、焼けだされた百閒は、「これだけはいくら手がふさがっても捨てて行くわけにはいかない」と、飲み残しの一合の酒を一升ビンのまままもって逃げた、と書いている（『**東京焼盡**』）。動転しての仕儀ではない。これはユーモラスというよりも、いわば、「生物的反応」（川村二郎）とでもいうべき性格のものである。金に窮していても、学校へは人力車で出動する。それは、毎日門前で人力車夫が待機しているのを断れないからなのである。性格が弱いのか。そうでもない。無責任なのか。そんなことはない——。

漱石門下でもとびっきり破格な百閒の、少年期から一貫する、魅力ある「不可解」な文学の原質を示す小品集がここにある。

▼「一冊も売れなくてもかまわない」

《現在の社会はあまりにも政治に毒された若者が多い。政治に汚染されるのは、少数の特定者に止めておいて貰いたい。政治に毒されるよりは、まだしも政治に興味をもたぬ方がましである。自由主義社会の倫理では、専門の政治家でない一般人の政治に対する貢献は、要求することであって実施することではなく、選択することであって加入することではない。政治問題には節度を保って深入りしないことも立派な実践の一種である。だから他人に一言も政治を語らなくても、充実した人生を送る妨げにはならぬ。私は現今の若人に対し、政治から一歩離れて関心をもつことを望みたい。そのためには政治論集などは一冊も売れなくても構わない。》

本書のあとがきの結語である。日付は、昭和四十六年一月、全国的な大学闘争の余燼さめやらぬときである。

中国史の泰斗宮崎は、中国の政治問題は官僚（知識人）の問題に集約でき、官僚の問題はその素質の問題であり、その素質の問題はつまるところ教育の問題であるという。王安石から毛沢東まで、この本質を説く点ではほとんど変わっていないという。

まず原文を、ついで書き下ろし文、最後に解説文を読むという楽しみが存分に味わえる。もとより各政治論の歴史的勘所が的確に示される。

そして何よりも胸に納まるのは、中国政治に対するきわめて的確な寸評とでもいうべきものである。宮崎は、中国が日本をはじめ諸外国から学ぼうとしない閉鎖性を、さまざまな角度から鋭く批判する。しかも中国の歴史に対する「愛」と少しも矛盾しないように語るのである。政変ごとに変わる通弊の中国評価とは本質的に異なる理解の道が本書に含まれている、と私は断言したい。

▼革命家の「美学」

その説と結論に反対の場合でも、読んで魅力ある書物はあるものだ。

寺尾は、薩長連合の演出で主役を演じたのは中岡慎太郎で、坂本竜馬はたまたま居合わせた見物人の類にしかすぎないという。中岡は革命の理念を最後まで手放さず、その理念を実現するために寝食を忘れた、真の稀な革命家として描かれる。竜馬は中岡とはことごとく違った歩みをする。目的は商売であり、幕府と反幕の二股道を行き、行き当たりばったりで、志士とはほど遠い性格のもの、とみなされるのである。

通説を百八十度引っ繰り返すこのような見解を、思想史家寺尾は、ドキュメント形式によって、二人の生家からたどりなおして証明しようとする。寝小便たれと俊才神童、商人的郷士と革新的庄屋、単独者と組織人、現実主義者と理念主義者、同じ土佐の勤皇党に属しながら、薩長連合の接見場で出くわし、同じ場所で殺された以外に接点をもたなかったというほどに、ことごとく寺尾は二人を対照的に見るのである。こういう意見は、十分に魅力的である。特に、竜馬に対して中岡は、余りに小さな役割でしか評価されてこなかったのであるから。

だが、なるほど、一個の俊才が、高い理念をかかげ、組織と人を存分に動かし、正しい目的のためには手段を選ばない挙に出ることをあえてし、短い一生を激しくも献身的に生きぬいたことはたしかに美しい。しかしこのような革命の美学からこそ、途方もない悲劇が生じたことも、さまざまな歴史事例が示すように、忘れないほうがいいのである。中岡のような志士が維新の主体になっていたら、歴史はよほど悲惨なものになっていたのでは、と私などは思いたいのである。

（1990・4・1）

5　六〇年代の私記　ほか

▼小林信彦『1960年代日記』（ちくま文庫）**▼平井吉夫編『スターリン・ジョーク』**（河出文庫）**▼霍見芳浩『脱日本のすすめ』**（講談社文庫）

六〇年代を一口に「高度成長」時代という。しかし、それは振り返っての「歴史」意識であって、個人史の方からいえば、全然違ったニュアンスで語られて当然である。社会全体はもとより、まわりの者がはっきりとした目標をもちそれを着実に実現しつつある（ように見える）のに、自分はといえば闇のなかでもがいていつまでも出口が見えない時代、これが案外と六〇年代に「青春」を送った者たちに共通の感じではあるまいか。

六〇年代の小林信彦。『ヒッチコックマガジン』の編集長、のち『**地獄の読書録**』（ちくま文庫）にまとめられた「本邦新訳ミステリイの総まくり」評、映画評、エンターテイナーにかんする長篇評論、ラジオとテレビの企画・脚本・はては生出演等、活字とメディアの最前線で生きているのに、自分がめざす「小説」書きの方はままならない。時代と寝れば寝るほど、時代と自分史の乖離は大きくなる。この脅迫観念で六〇年代を生きた。

この「日記」（抄）では、「作家になるのには才能がなく、映画雑文業者になるのには自尊心が強過ぎる」という「不安」から六〇年代が始まり、「60年代が始まるときには〈黄金の60年代〉といわれた――実はまったく<黄金>ではなかった――が、70年代には、呼び名はおろか、最小の展望さえもない」で終わっている（そして、皮肉なことに、時代との「添い寝」を振り返ったとき、初めて小説が売れ出す気配を見えるということになる）。

東京生まれの小林は、大阪生まれの筒井康隆より二歳年上で、何から何まで好対照をなす。小林は筒井にとって「不毛」な六〇年代に固執する作家である。筒井はどこまでも時代の最先端に生きようとする。しかし「現在」にだけ新しさがあって、「過去」に古さだけがあるというわけではない。小林には、「過去」へさかのぼっての新しさの発見がある。小林にそれを可能にさせたものが何なのか、この「日記」を読んでいるとその回答が透けて出てくる。

▼冗談でなくなったジョーク

東欧諸国の政治風刺ジョークの物凄さはよく知られている。そこから拾い集めた極め付けの『スターリン・ジョーク』の一節。

「資本主義はいかなる発展段階にあるか?」

「資本主義は絶望のふちに立っています」

「よろしい。では、社会主義はいかなる発展段階なのか?」

「社会主義は、資本主義の次の発展段階です」

これは、もうジョークではない。今日の現実そのままだからだ、といったら半分「嘘」になる。どうしてか。

編集平井は「抵抗の武器」としてのジョークという規定に疑問を呈する。

「政治ジョークなんて負け犬の遠ぼえ、支配者にとっては統治の風通しをよくするための適当な潤滑油あるいは緩衝器、人々がジョークをしゃべっているうちは体制は安泰、人々がジョークをやめたとき、本物の抵抗がはじまるのではないか」

政治ジョークを語ると首が危ないというのは、誇張された神話である。東欧の権力者たちは、こぞって新しいジョークを仕入れ、好んで披露する。しかも、政治風刺ジョークは「庶民の抵抗」といわれるが、この作り手も語り手も支配層になるべく落ちこぼれた知的な階層である。高度な知的操作を必要とするため、庶民の抵抗パターンとはなりにくいのである。それあるか、東ドイツのキャバレー（寄席）は、文化省の管轄下。ここで、日本のテレビがやったらただちに番組をおろされるようなジョークがぞくぞくと演じられているのである、と。

平井の説が真実に近いであろう。わが国の「落首」や「狂歌」でも事情は同じである。しかし、そうわきまえてしまうと、残念なことに、ジョークの「笑い」と効用が半減してしまうのもまた事実である。

▼「脱」日本人の日本論

『脱日本のすすめ』、表題は挑戦的だが、主張は簡単明瞭である。

国富んで、国民貧しい、この命題は半分正しいだけである。官僚富んで国と企業富まず、農民富んでサラリーマン富まずだからだ。国際活動なしに生きて行けない企業グループとこれに連なる消費者――「国際派」と、それに反対する農本主義にもとづく官僚と農民――「国内派」との対立を解決しなければ、日本は現在の日米摩擦、国際摩擦を抜けることが出来ず、孤立し、国家的危機に陥る、と霍見はいう。

この主張自体に取り立てての新鮮さはない。しかし。ニューヨーク市立大学のバリバリの経済学教授で、徹底した民主主義者の、歯に衣を着せない「日本」批判は、直線的でしかも示唆に富む。

日本に民主主義はない、政治家はいない、官僚統制があるばかりだ、マスコミの自己規制と国際音痴、高卒後は全くの思考停止をきたす学校教育の不毛等と並べると、自虐趣味もいいところだと反発されるのは落ちだが、なぜか憎めないのである。それは、霍見がこの上なく日本を愛していることが、隅々まで分かるからである。それも、人種偏見のない「人間」一般に繋がる日本をである。だから、中曽根のような愛国主義者と称して、さまざまな人種偏見を顧みない「日本」人を憎むのである。外国で成功した者にありがちな「日本はダメだ」式の議論を少なくすれば、ロンドン大学の森嶋通夫と『新・国富論』の大前研一とをたして割ったような霍見の今後がいっそう楽しみである。

（1990・5・1）

6 「笑い」の技術の衰弱 ほか

▼『柳田國男全集9』（ちくま文庫）▼吉本隆明『西行論』（講談社文芸文庫）▼田中芳樹『七都市物語』（ハヤカワ文庫）

文庫版・柳田國男全集（全三十二巻）が刊行中である。また、柳田の読者層がぐーんとふえる契機が与えられたことになる。うれしいかぎりである。どの巻を紹介してもよいが、「笑いの本願」「不幸なる芸術」の入った第9巻を取り上げてみよう。

柳田はいつも新しい、といえば嘘になる。しかし、古くならない、といえば嘘にはなるまい。なぜそうなのかを言いあてるのは、しかし、そんなに簡単ではない。

文芸評論史上における柳田の位置付けという魅力あるテーマは、まだ部分的にしか論じられてはいない。とりわけ、現代文芸との関係においては、断片的に、あるいは丸ごと利用することはあっても、ほとんどの場合、こっそりとなのである。

柳田は、「近代」になって、悲泣する文学、唸る文学、舌打ちする文学ばかりが喜ばれ、笑う文学、正確には「ヲコ（烏滸）」の文学が廃れた。これは、笑いの零落と関係がある。その明白な兆候は、「ヲコが馬鹿と変じ、馬鹿を愚者または白痴の別名のごとく、解する人の多くなってきたことである」、という。また、笑いの零落は、悪の技術の低下と関係がある、ともいう。平たく言えば、人間はみな兄弟であるべきであって、敵とみなしてこれに罠を掛けたり、馬鹿にしたりするのはヒューマニズムに反する、という通念が強化されたからである。

「前代の悪の技術は無邪気なる武辺咄と同じく、明るい色の着物を着て遊んでいる。敵が攻めて来て味方よりも強ければ、ペテンをもってへこませるのほかはない」。悪口（敵をコケ・ヲコにする）の、嘘の、つまりは笑いの技術を身につけなくてはならない理由もあるのだ。

今日、「笑い」にも、「悪」にも事欠かない。しかし、その技術が廃れた今、柳田が指摘したように、笑いと悪に「節制と限度」がなくなり、「毒と皿」の区別も出来ないようなひどい状態になっているというのは本当である。

▼言葉と〈信〉

文庫本の体裁に新機軸を付け加えたのは、講談社文芸文庫である。「作家案内」に加えて、「著書目録」を付けた。とりわけ、「目録」はありがたい。

その最近刊の一冊、吉本隆明『西行論』は、読みやすい本ではないが、「ひとりの人間」を述べる仕方の極北に位置しているといってよい。

吉本の関心は、なぜ西行は「出家遁世」したか、に集中している。その理由を探ることが、「西行とはなにものであったか」に答えることだというのである。吉本の言葉を借りればこういうことだ。

《たんなる〈信〉のひとは、同時代にたくさんいた。たんなる言葉のひとももまた同時代にたくさんいた。ただ〈信〉を言葉がどう扱ったかという特異な項目を時代に要請したのは、西行がはじめてだったのだ。じぶんの言葉がじぶんの信仰をどう扱うか、これは西行だけが、ひそかにじぶんに課した独自のテーマだったといっていい》

ここで「言葉」とは言うまでもなく「歌」のことである。西行の「歌」に西行の〈信〉の在り方を尋ねるというのが、吉本の行き方である。何も、特異なことはない。しかし、もっとも困難なことなのである。どうしてか。

西行とはなにものか。有力な北面の武士、佐藤憲清であった。しかし、それは、西行の「前身」ではあっても出家し（てなっ）た西行ではない。しかし、「法師」西行とはなにものか。「伝説」はいくつかのことを教えてくれる。よくある行き方は、真実（そうな）事跡に、「歌」をかぶせて傍証とするやり方である。ここでは、「歌」はあくまでも、西行の生き方において補完物にしかすぎない。

これに対して、吉本は「歌人—法師」西行とはなにものかを、歌の歴史と〈信〉の歴史（同時代史を含む）の交差において解明しようとする。その成果は、羨ましいほどに見事である。「西行論」を媒介に、歌論も更新され、宗教論も革新されるほどにである。

▼限りなく現実に近い未来小説

札幌で一番本が売れる書店の文庫本ベスト・ワン（九〇年三月下旬）は、田中芳樹『七都市物語』であった。田中は、SF・伝記・幻想ロマンと銘打って、赤川次郎、夢枕漠とはまた一味違った作品を量産している若手ベストセラー作家である。『**銀河英雄伝説**』（十巻・外伝四巻）、『創竜伝』（五巻）をはじめ、代表作は、コミック化、アニメ・ビデオ化されている点でも、赤川や夢枕とは違うキャラクターの作家であるといってよい。『七都市物語』も、大長篇の「始まり」であろう。

突如、地球の地軸が九十度転倒する。大破局が生じ、一〇〇億の地球人は死に絶える。しかし、月に避難していた二〇〇万人の地球人が、再建に乗り出す。地球が、月の衛星（植民地）になるのである。建設された都市が七つ、物語は、この都市間の「戦争と平和」である。主人公は、四人、すべて軍事的な「天才」だが、政治権力志向をもたない若者達である。むしろ、アンニュイといったほうがいい。

地球の破滅と復活の物語はおおいが、この作品の特徴を一言でいえば、荒唐無稽から遠いことであろう。手触りは、限りなく現実に近く、登場人物たちも等身大である。「平和と民主主義」の申し子たちの物語である。赤川と違うのは、したがって、舞台を地球規模にし、時代を未来にしただけだといってよいのである。どちらもよく売れていることの意味は、しかし、よく考えてみる必要があるだろう。

（1990・6・1）

7　ロシア革命の決算書　ほか

▼松田道雄『ロシアの革命』（河出文庫）**▼曽野綾子『永遠の前の一瞬』**（新潮文庫）**▼村上元三『加田三七捕物帖』**（徳間文庫）

松田は、人も知るように、医者と文筆家のいずれにおいても大きな仕事をしている。その松田が、旧版「あとがき」に、「リタイアード・ドクターがこんな本をかかなければならなくなったのは、マルクス主義を本職としている学者たちが『ロシアの革命』をかかなかったせいだ。この本をかいたあとで感じるのは被害感だけだ」と吐き捨てるように記した。二十年たってなお、松田のこの「不運」感は癒されていないといってよい。

ゴルバチョフの「ペレストロイカ」を契機に爆発した東欧世界の激動は、社会主義（革命）はすでに過去の遺物にしかすぎないという意識を生み出している。しかし、社会主義を「聖化」するのが誤っているように、社会主義を汚物を棄てるように始末できると考えるのも間違いなのである。

松田は、ロシア革命をめぐる革命家群像を色彩鮮やかに描く。登場するのは、レーニンの一統ばかりではない。革命史から消されていった人間たちにこそ熱い思いをぶつける。しかし、主題は、革命はなぜ成功したか、なぜ、レーニンは権力を掌握したかである。

家族もちの労働者が、余暇にだけ手仕事みたいにやっていては革命はできない。革命は革命にいっさいをささげた革命家によってしかできない。しかも、そういう職業革命家の党は軍隊と同じ中央集権的な組織でなければ、敵権力との戦いに勝利できない。こう考えるレーニンは、党の形成と、党による権力獲得を、あらゆるものに優先させた。だからこそ、革命はなった、と松田はいう。しかし、それゆえにこそ、共産党のための社会にならざるをえなかったのだ、と静かにつぶやくのである。

この静かなつぶやきの中には、松田が若き日重大な影響を受けた二〇年代のマルクス主義学生運動と、痛苦の思いで眺めた六〇年代末の全共闘運動が、消しようもなくこめられている。まるで、鎮魂歌をきくような思いにかられる。

▼説得力ある思考の生理

世にエッセイストという種族がいる。また、あらゆる分野の人が、エッセイを書く。しかし、これぞと思う人は稀である。知的で、けれんみなく、しかも文章の響きがよい人は本当に稀である。曽野綾子は、そんな稀なひとりである。

曽野というと、眉をひそめる人がいる。名前をいっただけで、ああ、という人がいる。「知的」な女の方に多いが、「進歩的」な男にも少なくない。きまって、その著作を手に取ったことがない人ばかりである。残念である。**『ほんとうの話』**（新潮社）もそうであったが、『永遠の前の一瞬』を一読してつよく感じるのは、思考が出てくる前の生理とでもいうべきものに説得力があることである。

自由が確保されているかぎり、外的状況が変わったからといって、そうそう人間の本質は変わるものではない。しかし同時に、国家が全体主義になり、ある種の恐怖政治を行なえば、人間はころりと変わることも本当である。戦争中にも私も体験したところだが、非国民だといわれるのが恐さに「国策にそった」生活をしていると、次第に、戦うことに心から意義を感じるようになる。曽野は、どんなつまらない個人主義でも、どんな偉大な全体主義よりもいいものだ、というのだ。鮎川信夫は、だれもが疑問の余地なく賛成するような事柄でも（だからこそ）、百人中九十九人賛成したら、ひとりでも反対する当然の理由があるといった。こういう心の生理のむき具合は、貴重であり、そして、たいへん困難なのである。デモクラシイの時代にこそ大切にすべきなのである。

▼国家意識や道義が変わっても

捕物帳というジャンルの探偵物（推理小説）がある。たいていは、読みきり連作で、舞台は江戸である。**岡本綺堂『半七捕物帳』**の第一作が原型で、大正七年に出た。その後、右門、平次、顎十郎等、数々の名捕物張が登場したが、綺堂の原型をいちばんとどめているのは、村上元三の「加田三七捕物そば屋」シリーズであろう。

村上が、敗戦の虚脱と混迷のなかで戦後最初に書いたのが、「捕物蕎麦」であった。三七シリーズである。旧幕時代は定廻り同心を勤め、明治維新後、湯島天神下でそば屋を開き、頼まれもしないのに私立探偵のような仕事をやるというのが三七である。もちろんワトソン役がいる。もと手先に使っていたそば職人の幸助である。それに、きっぷのいい女房もいなくてはならない。自慢のお民がいる。『加田三七捕物帖』は、旧幕時代の懐古談と、明治開花期のものからなっているが、特徴的なのは、男色、近親相姦、異常な（にみえる）組合せの男女の性的葛藤を主題にした事件が多いことである。モラルの崩壊、をである。しかし、三七は、その異常さから生じる「惨劇」に、大鉈をふるう審判者としてではなく、じっと聞き入る観察者のように振る舞うのである。

幕末期から開化期にかける時代変動を、岡本は第一次世界大戦の激動をタブらせて、村上は第二次世界大戦の激変を重ねて、しかも、時代が変わっても、生き方も人情も少しも変わらない（かのような）江戸下町の人情話という筋立てで語っている。

国家意識や道義が変わっても、変わらないもの、変えたくないものがあるのだという、作者の低いつぶやきが聞こえてくるようだ。

（1990・7・1）

8 今の「戦後」史 ほか

▼正村公宏『戦後史 上下』（ちくま文庫）**▼山田風太郎『神曲崩壊』**（朝日文庫）**▼池波正太郎編『鬼平犯科帳の世界』**（文春文庫）

四百字詰めで二千枚を超すこの大著を読むと、激変した戦後過程で「連続してきた」ものの意義が鮮やかに浮かび上がってくる。つまりは、現在、戦後史を書くのはなぜなのかが分かるのである。

戦後民主主義の出発は、米軍占領下の非民主的な力で始められた。社会主義、共産主義は、民主主義の実現ではなく、民主主義の「超越」をめざした。――著者正村が戦後史を書く基本思考は、この二つの命題に集約されるといってもよい。したがって、敗戦直後の「民主主義と経済再建」は、赤色革命阻止の基本スローガンであったということを忘れないほうがいい、と正村は繰り返しいうのである。

正村は、戦後政治と経済のいずれにおいても、再軍備を含めて保守（自民党）の基本路線におおよそ肯定的な評価を与えている。再軍備を志向する力でさえ、基本的に、戦前の軍国主義復活をめざしていないというのである。これに対して、民主主義や社会主義を標榜する革新（特にマルクス主義勢力）の思考と行動には否定的である。重要な転換期には常に時代錯誤に基づく失敗を繰り返してきたという。

「社会主義」の敗北と資本主義の成功という今日の現状を一瞥すれば、このような視点は平凡ですらある。しかし、正村の特徴は、この保守主義と見紛うばかりの視点を、反保守の立場から展開するところにある。自己懐疑の精神、つまり学的精神に貫かれているのである。

それにしても、格好の著書をえたものである。経済（学）の理論と現状の双方に詳しく、マルクス主義の理論と実際にも通暁しており、世界史のなかの日本という基本認識を忘れずに、しかも戦後史を書ける、という人はとうぶん現われてこないだろう。

▼笑う「地獄」めぐり

数年前、偶然、山田風太郎**『人間臨終図巻』**（徳間書店）を読んで、びっくりさせられた。上下二巻に、有名無名、十五歳から百二十歳まで、四七三名の「臨終図」が臨場感鮮やかに描きだされているのである。これは、いわば真面目な実録である。これに対して、同時期に書かれた本書は、**ダンテ『神曲』**をもじった、笑劇風の「死後図」である。それに登場人物も、みな有名人ばかりである。生きている人も含まれている（黒澤明や勝新太郎）。

一九××年二月三十日正午、核戦争が始まり、地球は消滅する。私（作家）は、たまたま『神曲』を読んでいたため、唯一の生き残りとして、ダンテの導きで、かの箴言集のラ・ロシュフコー公爵をガイド役、怪僧ラスプーチンを馭者に、地獄めぐりを始めることになる。

六つの地獄がある。「飢餓」「飽食」「酩酊」「愛欲」「嫉妬」「憤激」。最初の「飢餓の地獄」が一番面白い。子規、漱石、啄木、荷風、尾崎放哉、辻潤、乃木将軍、河上肇……俊寛と登場する。パターンは、病気、貧困、けち、等々の理由で、食物も喉を通らない瀕死の者たちが、おおいに食物にこだわって死ぬというものである。「饅頭は食つたと雁に言伝えよ」「煮て食ふはた焼いて食ふか春の魚」、これは虫の息のもので漱石が呟いた自作俳句である。

「私たちよりあとで人間が考えだしたあらゆる思想の中で、地獄はない、という思想ほど地獄的なものはない、と考えている」と、山田はダンテに語らせる。「地獄」とは、死とはなにか、したがって、生とはなにかを考えさせる不可避の契機をもつ意味を、山田は楽屋口をのぞくような軽いタッチで描いて見せるのである。

▼池波「平蔵」の世界『鬼兵犯科帳の世界』

五月三日、池波正太郎が死んだ。六十七歳であった。

三大シリーズ『**鬼平犯科帳**』『**剣客商売**』『**仕掛人・藤枝梅安**』をはじめ、小説はもとよりよかった。しかし、テレビ化されたものは、特に好きだった。主役も、脇役もよく映えた。活劇も情事も新鮮でドキドキさせられた。一言でいえば、それは人情芝居ということになる。しかし、人情といっても、決しておもねっての、べたべたしたものではない。池波は、大衆小説を「エンターテイメント」、人情を「連帯感」と呼べば、何となく高級で新しく聞こえるが、と苦笑している。

出色は、言うまでもなく、『鬼平犯科帳』である。文庫本で、十九冊になる。平蔵は、実在の人間の一生の何倍も活躍したことになる。

本書は、昨年、「オール讀物」七月臨時増刊号を改編したものである。この年五月に初めて絵の個展を開いたことなどを考えあわせてみると、池波はひそやかに、身辺整理をしていたのか、といってみたくなる。

火付盗賊改方長官(かしら)長谷川平蔵は歴史上実在の人物である。松平定信の寛政の改革の時この役に据えられて、五カ月ほど一時任を離れたことがあるが、四十二歳から死まで、計八年間この任にあたった。しかし、「鬼平」は、純然たる池波の想像の産物である。「盗」(つとめ)とは、盗まれて難儀する者に手をださない、人を殺傷しない、女をてごめにしない、という三カ条を守る本格盗みのことである。この反対語「畜生ばたらき」とともに、池波の造語なのである。

本書は、池波が作り上げた世界の「虚と実」を、登場人物のデータバンク、用語解説、襲われた店の種別、食物屋案内等へとたんねんにたどって、読者の関心をさらに喚起するという仕掛けに満ちた作りになっている。盗賊の名ひとつにさえ、登場する作品世界を一瞬のうちに紡ぎだし魅力があることが、納得させられる。

（1990・8・1）

9 漱石の「通俗」と「孤高」をつなぐ　ほか

▼『漱石日記』『漱石書簡集』（岩波文庫）▼夢枕獏『倒れて本望』（光文社）▼林屋辰三郎『町衆』（中公文庫）

漱石の作品を読み始める動機は、「漱石」であるからだ、という経験をもった読者はかなりいるに違いない。「漱石」とは、「文豪」あるいは「国民的文学者」というほどの意味である。もっとも、もう一人の「文豪」たる森鷗外は、「鷗外」であるという理由で読まれるということはそれほどあるわけではないことから推して、漱石では、世俗的評価以上の何かが読者を招きよせている、と考えるのが妥当だろう。

しかし、江藤淳も指摘しているように、一九三〇年までの文壇の漱石観は、世俗的評価とは裏腹に、「文章のうまい通俗作家」（正宗白鳥）というようなものであった。「芸術家の純潔」などとはほど遠い、「習俗と歩調が合ひ易い」俗人の文学ということだろう。たしかに、最晩年の大正五年の日記さえ、「倫理的にして始めて芸術的なり。真に芸術的なるものはかならず倫理なり」という、文字通り取れば、修身の教科書に出てくるような言葉がある。同時期、芥川龍之介と久米正雄という最も若い「友人」にあてた手紙でも、二人の作品の「倫理観」がよい心持ちのするものだと誉めている。

しかし、このような「文人」を排して「世俗」につく「漱石」と、「周囲の低俗に自己を対比して、自身を疑ふはげしい孤高の悩み」（吉本隆明）を生きた「漱石」が、一人の漱石のなかに同在して何の不思議もないのである。

この新編集の「日記」と「書簡集」をつぶさに読んで新たに感じたのは、「狂的」な発言と思われる言葉をいくぶん「通俗」に、「通俗」と思われる言葉をいくぶん「孤高」に引き付けて読むべきだということであった。そうすると、留学時代の「孤高」な漱石が意外とまめにひとづきあいを行なっていたことが分かる。京都大学に招聘されたとき「己れの如何に偉大なるかを試す」ために、盟友、近所近辺はもとより妻子や親族もあてにしないと披瀝した（狩野亨吉宛書簡）ことと、朝日新聞に入社のおり、報酬等の条件闘争で示した世俗的手腕とは、すっと漱石において結びつくことが理解できるのである。ごく平凡だが、漱石はそのつど新しい。

▼十六万から千枚の間

四十歳を直前にして、平成二年六月から三年八月まで、新規の仕事を断る、と宣言した超売れっこ作家がいる。雑誌の連載を月に四百五十枚抱え、単行本化されない原稿が四千枚あるという。勉強したいのに時間がない。思い通りに書けない。それがくやしい。情とありあわせの知識でやってきたが、それが限界にきた（『本の雑誌』90・6）、というのである。夢枕獏。『**上弦の月を喰べる獅子**』で、日本SF大賞を受賞したばかりである。

その最初のエッセイ集『倒れて本望』は、ひとまとめにして言うと、大学に入ったとき、小説をやってゆこうと考え、卒業してからは、小説で喰ってゆこうと決心した青年の、苦くて甘いサクセスストーリーとでもよびうるものである。そのおどろおどろしい作風とは正反対の実に率直でいじらしいほどの青年ぶりが窺えて、面白い。

年収十六万から出発した。釣りと山登りとプロレスが好きな青年は、アルバイトで補いながら、三十でやっと人間一人がなんとか生活できるようになる。昭和五十三年の「SF大会」で始めて招待され、小松左京、筒井康隆、星新一と同じプロの席に座る（その興奮が手に取るように書かれてある）。

昭和六十年には、月産四百枚を超えたが、自分のペースとしては月百五十～二百枚があっていると語り、しかし作家として店を広げた以上、ヒマラヤの最高峰に登るのに匹敵する、月千枚に挑戦してやろうじゃないか、といってみたりする。それで、「倒れて本望」なのである。

▼日本の「市民」のロマン

六〇年代末、家族と農村からの解放なしに、したがって、都市と市民の自立なしに自由を人間は獲得できないと痛烈にアジテーションして、大学闘争の炎に油を注いだのは、**羽仁五郎『都市の論理』**であった。

七〇年代末から八〇年代を通して、「無縁・公界・楽」を鍵概念に、日本史を貫く「自由と平和」の隠れた主体を「発見」して、歴史理解に新たな光を投じたのは網野善彦である。

六〇年代、「自主・自立・自治」を理想とした京都の「市民」形成史を、「町衆」に焦点をあてて鮮やかに論じたのは、林屋辰三郎『町衆』である。

ともに、歴史「科学」よりも、歴史の「ロマン」（物語）に重心を置くようにして、日本的「市民」「非農民」の原型を素描しようとする魅力ある試みである。

林屋は、八坂と北野の二つの社を中心に開けた、祇園と西陣を中核として発達した京都の形成史を「京戸」「京童」「町衆」「町人」とつなげてゆき、「町衆」が点から、「公家衆」を含む面への拡大をたどって自立し、没落にいたる過程を鮮やかに跡づけてゆくのである。

「町衆」の頂点を、応仁の大乱後、「祇園会」復活が町衆を主体に実現してゆく過程のなかにみる林屋は、その後「旦那衆」の手に町の政治が握られてゆくことによって、「町衆」が封建権力に組み込まれてゆき、「町人」となることで、ついに、西鶴によってその野辺送りがされるまでを追ってゆく。

もとより、林屋が真に物語りたいのは、「歴史」の哀歌の類ではない。「革新」と伝統が渾然一体となった現代京都にいたる水脈なのである。

（1990・9・1）

10 壺中の天地を閲する　ほか

▼司馬遼太郎『街道を行く27』（朝日文庫）**▼開高健『人とこの世界』**（中公文庫）**▼南伸坊『ハリガミ考現学』**（ちくま文庫）

司馬遼太郎が小説を発表しなくなって十年近くなる。淋しいかぎりである。しかし、連載二十年になる「街道をゆく」はなお健在である。古代から現代まで入れ子状に凝縮された小宇宙が、つぎつぎに現われるこのシリーズの二十七冊目は、「因幡・伯耆のみち、檮原街道」。司馬薬籠中の世界である。司馬は、壺中の天地を特に好む。出世作『**梟の城**』は伊賀の地から始まる。そして、この「壺中」からの出入口、峠が特別な意味をもつ。峠は、隔絶点であり、かつ接合点なのである。異境をつなぐ峠を接しての、時間と空間の移動の見事さを、司馬は堪能させてくれるのである。「街道をゆく」は、だから、「峠をつなぐ」でもあるのだ。

因幡（鳥取県）へは作州（岡山県）の黒尾峠から入る。鳥取城跡は見たくない、と司馬は吐き捨てるように言う。池田氏が、江戸三百年、百姓の米をむさぼるだけで、後世に何らの励ましも与えるようなことをしていないからである。これに対して、小藩ながら、山中鹿之助の弟子から身を起こし、領国経営はもとより外国貿易にも歩を進めた、亀井茲矩《これのり》の居城のあった鹿野に心がはやるのだ（亀井氏は、後に津和野へ移っている）。

檮原《ゆすはら》は、高知のチベットといわれるが、伊予（愛媛県）に接する「独立国」である。坂本竜馬をはじめとする多くの志士が、この国の峠を越え雄飛した。檮原街道は脱藩の道でもあった。物、人、情報が、この険しい道をくぐり抜けてはるかな地に運ばれてゆく。

鹿野や檮原という「壺中の天地」は、長く時間をかけて静かに蓄積されたエネルギーが、歴史上の一地点で、突如のように、爆発する発源地なのである。爆発して、静まる。そして、何の変哲もない過疎地に変じてしまうのである。「街道をゆく」は、時間の堆積のなかで消えてしまった、この「発源地」の発見の旅でもある。

▼「人」に淫する

三島由紀夫を「一に批評家、二に劇作家、三に小説家」と言い切ったのは、開高健である。開高の書評、人物評は、小説家から独立しても十分に生き続ける生命力をもつ、と断言してもよい。開高の人物論は、あれもいいこれもいい式のものではない。その人の「固有性」をずばり抜き出しての贅言《ぜいげん》なのである。十二人の作家・詩人・画家との対談を軸に編まれた本書で、しかし、対談は、ただの刺身のつま、幕間劇の扱いをうけるにすぎない。本論は、作品を介しての人物論なのである。動かしがたい評言のいくつかを引いてみよう。

広津和郎は、カミュ『異邦人』をめぐる論争で、相手の中村光夫の論文を、娘に読ませて反論した。今西錦司は、ウマの私小説、サルの私小説をめんめんと書いている。

文学作品では、たいてい非情は感情の小児麻痺、自由は白痴として現われる。しかし、深沢七郎『笛吹川』は青血にまみれ尽くした物語であるにもかかわらず、形容詞ぬき、死ぬき、内的独白ぬき、自意識ぬきで、しなやかさと剛健のリアリティーに達している。

島尾敏雄の連作小説には、徹底した愚痴と狂気が微風もなく暴風もなく、疾走もなく閃光もなく、ただそれのみが低い声で語り継がれていく。まるで呪文である。

語りのうまさは、言うまでもないが、人物の内側に入って胃の腑を抜き取ってくる呼吸の妙味を、ぜひ堪能してもらいたいものである。

「考現学」は、考古学に対してのものである。もじったものである、といったほうが分かりやすい。十分にいかがわしいが、「現代モードの発生論」と、いかめしく言うことも出来る。

南伸坊は、「人類の芸術的感受性と科学的観察の力とを混合させる」（**尾辻克彦『東京路上探検記』新潮社**）べく、一九八六年に結成された「路上観察学会」の重要メンバーである、等といえば、ますますいかがわしい。

▼細部にこだわる

ハリガミ考現学の「創始者」で、第一人者の南は、その卓抜なイラストと文章を駆使して、「ごく普通で、おそらくは誰も注意してみないようなハリガミの、ほんのちょっとした所に、ヘンナ感じ、奇妙なコダワリが現われたりするような、いわばタンタンとした中のオモシロサのようなもんに」目覚めさせるのである。

たとえば。「全ゲート閉鎖中　内側へは入れません」という東京都港湾局のハリガミがある。ところが、このハリガミは、南が住むマンションから海側ではなく、陸側にあるゲートに貼られてあるのである。高波が襲い、このハリガミが現われ、確認されるとき、南たちの退避を「防ぐ」ためのゲートが閉まっているということになる。一見すると、何の変哲もないハリガミだが、南の「生死」にかかわるのだ。それで、「ズイブン」と題が付されるわけである。

全編こんな調子のハリガミとその「考証」が開陳される。一目瞭然であるが、容易に真似の出来ない芸なのである。細部にこだわる精神がなければ叶わないのである。

（1990・10・1）

11 「青春」を生きる　ほか

▼三浦綾子『わが青春に出会った本』（新潮文庫）**▼柄谷行人『マルクスその可能性の中心』**（講談社学術文庫）**▼種村季弘『詐欺師の楽園』**（河出文庫）

伊藤整は、**「青春について」**のなかで、健康な肉体の力、美貌、勇気、才能、異性の友などという、青春の最も輝かしい伴侶とみなされているものを、ツマラヌモノである、と断じた。そして、そのよう甘美なイメージを与える「青春」の醜さと空しさに耐える時に、本当の青春の力が必要になる、といいそえた。「青春」の不在こそが、青春を希求するというのである。

谷沢永一は、たしかに、「青春」の「所有」を誇る奴はツマラヌチンであるが、同時に、それを排撃する奴もツマラヌチンなのだ、というのが伊藤の真意であると解説し、伊藤とともに、「青春」の不在に耐える力を与えるのは「よき友」に他ならない、と述べる。

本書が語るように、三浦綾子に「青春」は不在だった。しかし、三浦は「青春」をツマラヌモノと排撃しなかった。そして、どこまでも青春を希求し、ついに青春の真の「伴侶」を獲得する。本書はその「よき友」に出会うまでの、書物を介した魂の遍歴である。

ヘルマン・ヘッセ『デミヤン』から『聖書』まで、取り上げられた本は、すべて教科書に載るような、いわゆる「青春」の本である。そして、その本について語る内容にも、特異なものはない。読む動機、読後感もごくありふれたものといってよい。むしろ、その率直さ平凡さに驚くほどである。しかし、この本を読み切ると、「青春」の不在とつまらなさを肌身で感じながらも、「青春」を排撃せず、いまだ自分がなにものでもない宙吊り状態に耐え抜き、「よき友」前川正に出会うことができた意味

――まさに、三浦が青春の最大の恵みを獲得した意味――が説明しようもなく分かるのである。

▼「思想」を生きる

「マルクスその可能性の中心」、「歴史について――武田泰淳」、「階級について――漱石試論Ⅰ」、「文学について――漱石試論Ⅱ」の四編からなる本書が単行本化されたのは七八年であり、表題作は、七四年に発表された。

いくぶん六〇年代から七〇年代のマルクス主義思想の動向に精通した者ならば、「マルクスその可能性の中心」がどのような思想的系譜の上に書かれたのかについては、一目瞭然であろう。柄谷の背後には、直接的に、ルイ・アルチュセールがいる。小林秀雄のマルクス論が挟まり、吉本隆明の『言語にとって美とはなにか』がある。しかし、その書かれているところを分解して諸要素に分ければ、ほとんど柄谷固有のものがなにも残らなくなるということを強く意識して書かれた本書を一読したとき、私は、わたしたちの時代の〈思想家〉に初めて出会ったという衝撃を受けた。しかも、私と同じ歳なのである。衝撃は、言うまでもなく、痛棒の類であった。

全部他者の〈言葉〉から成っている本書は、しかし、文字どおり、柄谷のオリジナルな思考なのである。何も新しいものを付け加えないで、なおオリジナルである、とはどういうことか。思考「テキスト」――柄谷の場合は、マルクスの資本論――の読み換え、組み換えによって、別な「読み」を発見することである。

マルクスの資本論とは、古典経済学のテクストに対する「読み」であり、その読解の方法こそマルクスの「思想」である、と柄谷はいう。そして、資本論を読む独特な読み方こそ柄谷の「思想」なのである。構造主義をくぐり抜けたマルクス主義は、古典的なマルクス主義の埋葬であるとともに、マルクスの思考の可能性を新たに展開するステップでもある。その中心に、他でもない柄谷が立っていたのである。

▼「詐欺」を生きる

経済活動は、合法的な詐欺行為である。革命家は詐欺師である。美しい未来社会を描いて、しゃにむにその「絵」にむかって空しく人々を走らせるからである。小説家も、牧師も、否、なにがしかの教育的働きをもつすべての活動は、詐欺師的側面を含まざるをえない。嘘は泥棒の始まりである。ならば、人間は詐欺師になるべく生まれるのである、といえなくもない。

しかし、詐欺師になる人は稀である。なぜ人は詐欺師にならないのか。正確にいうと、なれないのか。これは、とても難しい問題である。

種村の『詐欺師の楽園』に登場する十二人の詐欺師は、稀代である（もっとも、「モナ・リザ泥棒」事件に巻き込まれたアポリネールを詐欺師と呼びうるかどうか?）。詐欺師中の詐欺師である。だから、常人が稀代の詐欺師になれない理由はよく分かる。

女性と見紛う美貌を武器に、ルイ十五世の政治的陰謀の一翼を担って、ヨーロッパの政界に暗躍し、四十二歳でその羽根をもぎ取られてからは、「女装」の剣士として世間の耳目を集めた、デオン・ド・ボーモンのような生き方は、誰にも出来ない。あるいは、植民地アンゴラの利権をわが手にするために、「本物」のポルトガル紙幣を刷らせ、結果としてアンゴラの経済的「自立」に寄与したアルヴェス・レイスのような生き方、もである。

「知的」であることが「人間的」であるなら、詐欺師とは、最も進化した「人間」ということになる。人間と人間の関係を巧みにぬって歩く詐欺師の絢爛たる世界を紹介する種村の手つきにも、進化した

「人間」の趣があって、眉につばして聞く楽しみを堪能することになる。

(1990・11・1)

12 屈折の楽しみ ほか

▼井伏鱒二『川釣り』（岩波文庫）▼丸谷才一『鳥の歌』（福武文庫）▼小川和久『情報フィールドノート』（講談社文庫）

ぜひ文庫本に入れてもらいたい本があった。福田蘭童『志賀先生の台所』と井伏鱒二『川釣り』である。今度、その願いが半分かなった。ちなみに志賀先生とは志賀直哉のことである。

あらためて『川釣り』を読んでみると、そこにも福田蘭童が不適なつらがまえで登場していることに気が付いた。井伏も、「ヒャラーリヒャラリーコ……」（笛吹童子）の作曲者福田も、ともに釣りの名手である。文章の名手である。

井伏の釣りエッセイは、十分に生々しい。釣りの先生である佐藤垢石に「釣り竿を持つには、まず邪念があってはいけない。自分は山川草木の一部分であれと念じなくてはいけない」と叱咤されるが、それとはまったく逆に「邪念」ばかりなのである。

この「邪念」が高じると、いくぶん恐ろしいことになる。モーパッサンの短篇「あな」（自分の釣りの穴場を占領した相手を突き落とす男が、裁判で無罪を言い渡される）、を紹介しながら、井伏は、モーパッサンは釣りが好きな人であったに違いない、と語る。井伏の釣り好きも同じで、釣りとなると理も非もなくなってしまうのである。だから、出てくる話も、屈折した釣り師の想いがほとんどである。子細に生々しくて、暗い。しかし、面白いのである。比類ないほどにである。その面白さをどう伝えたらよいか。

ユーモアというには重すぎる。ニヒリズムほどには乾き切っていない。徹底的に個人的だが、すっと誰の胸にも入ってゆき屈した思いが語られる。しかし、こだわりとも違う。

こういう屈折を随筆で描き切るのは至難である。有名な「白毛」の話は、実の所、こしらえものだと、井伏は開高健に告白した。しかし、この作者を簡単に信用しないほうがいい。この『川釣り』の面白さは、あえていえば、フィクションでもノンフィクションでも同じことだ、という語りが生み出すものだからだ。創作か実話かの縫い目もない話っぷりなのである。

▼怨霊の効用

『太平記』について、丸谷はこういう。「戦乱」ばかりを物語っているのに、なぜに「太平」なのか。御霊信仰に基づくからだ。つまりは、怨霊たちを慰撫するために書かれたのであり、講釈されたのである。楠木正成が最大のヒーローとなったのはなぜか。怨みを呑んで憤死した正成に感動して、その御霊神を恐れてのことだ。民衆の潜在意識的な供養心からである。そして、怨霊の活躍を詳しく書いた本ができたら、怨霊はきっと気分をよくし穏やかに振る舞うはずだ、というのが『太平記』の作者の狙いでもあった、と。

丸谷は、『忠臣蔵とは何か』（八四年）で、徳川綱吉の時代、生類憐みの令に対する民衆の怨嗟の声と、時代の転換を望む声に支えられて、怨霊が跋扈する曾我狂言や忠臣蔵が登場し、喝采を浴びたのだ、と主張した。王殺しのカーニバルの一種として、忠臣蔵を読もうとしたわけである。きわめて説得的な試みであった。エッセイ集『鳥の歌』は、その主張を補強するものである。論争あり、逸脱あり、たいそう面白い。

御霊信仰の導入は、読者、観客に関心をひきつけて、創作の構造を読み解くもうひとつの大きな試みを用意するものでもある。そして、この視点は、私小説嫌いの丸谷の年来の立場を補強しさえする。

丸谷にとっては、いいことずくめの視点なのだ。

しかし、ちょっと残念なことがある。丸谷は、江戸時代までは、御霊信仰でおしとおす。ところが、近代になると、それを否定的な意識とだけ結びつけてしまうのである。だが、科学と技術が支配する現代にこそ、たんに荒唐無稽では済まされない御霊信仰の支配があるのだ。いうまでもなく、文学はそれを主要な主題にできなければならないのだ。

▼軍事を読む

「情報」過多の時代といわれる。本当かしら。小川和久『情報フィールドノート』を一読すれば、同種の情報ばかりが飛びかっているが、まともな情報は本当に少ないことが分かる。

小川は、民間最初の軍事アナリストとして脚光を浴び始めた、売れっ子のジャーナリストである。陸上自衛隊少年工科学校・航空学校卒業という特異なキャリアも、注目される一因となっている。

日本にまともな軍事研究が少ない、と小川はいう。そこから「情報」に歪みが生じる。政策に一貫性がなく、いつまでも、アメリカの属国なみの行動しか出来ない、と。日本の政治家、知識人、国民はことごとく遅れている式の言い方は気になる。しかし、指摘された個々のケースは、きわめて示唆に富むものである。

この「ノート」の面白さは、「平和国家の原理原則」というような大上段の提唱などにあるのではなく、「日本が軍事大国ではない」「自衛隊は開かれた組織である」「ゴルバチョフのペレストロイカは成功する」という、一見して首を傾げたくなるような命題を鮮やかに解説してみせるところにある。

デタントとペレストロイカで東西問題に風穴が開いた。次は、南北問題である。とりわけアジアのなかで日本の進路が試される。小川は日本について楽観も失望もしない。進路はあると明示する。しかし、たんなる現実主義者とも違う。おおぼらに等しい「想像力」の効用を説くイデアリストでもある。

（1990・12・1）

本書で取りあげた主な本の索引(著者別・五十音順)

ア行

カ行

サ行

タ行

ナ行

ハ行

マ行

ヤ行

ラ行

ワ行

[著者紹介]
鷲田小彌太（わしだ・こやた）
1942年北海道札幌市生まれ。1966年大阪大学文学部哲学科卒業。1972年大阪大学大学院文学研究科哲学・哲学史専攻博士課程修了。三重短期大学教授を経て、現在、札幌大学教授。哲学・倫理学を担当。評論活動、エッセイ、人生書等の執筆も精力的に行なっている。著書彩流社刊「鷲田小彌太《人間哲学》コレクション」（既刊7巻）ほか多数。

本文DTP制作………勝澤節子

鷲田小彌太書評集成Ⅰ[1983～1990]
甦る1980年代

発行日❖2011年6月30日　初版第1刷

著者
鷲田小彌太

発行者
杉山尚次

発行所
株式会社言視舎
東京都千代田区富士見2-2-2 〒102-0071
電話03-3234-5997　FAX 03-3234-5957
http://www.s-pn.jp/

装丁
山田英春

印刷・製本
㈱厚徳社

ISBN978-4-905369-04-2 C0395

言視舎関連書

978-4-905369-00-4

うまく書きたい
あなたのための
文章のそうじ術

書く力は「捨てるテクニック」です。元新聞記者の著者が、プロの技術・現場の知恵を惜しげもなく公開。企画書、レポート、小論文……最短距離の表現が求められる時代に、徹底して削る技術。

片岡義博著　　四六判並製　定価1300円＋税

言視ブックス

978-4-905369-01-1

作家は教えてくれない小説のコツ
驚くほどきちんと書ける技術

読む人より書きたい人が多い時代に待望の基本技術書。作家先生はゼッタイに教えてくれない小説の基本を、文学賞下読み人が技術として丁寧に解説。賞のウラのウラまで知り尽くした著者が教える、だれも書かなかったノウハウ。

後木砂男著　　A 5判並製　定価1500円＋税

シナリオ教室シリーズ

978-4-905369-03-5

１億人の超短編シナリオ実践添削教室

短歌・俳句感覚でシナリオを始めよう。600字書ければ、何でも書ける！どこを直せばもっと良くなるかを実例を挙げて手取り足取り指導。これをつかむと、どんなシナリオでもすらすら書けてしまうキーワードでの構成。

柏田道夫著　　A5判並製　定価1600円＋税

シナリオ教室シリーズ

978-4-905369-02-8

いきなりドラマを面白くするシナリオ錬金術
ちょっとのコツでスラスラ書ける33のテクニック

なかなかシナリオが面白くならない……才能がない?そんなことはありません、コツがちょっと足りないだけです。シナリオ・センターの人気講師がそのコツをずばり指導！ シナリオのコツ・技が見てわかるイラスト満載！

浅田直亮著　　A5判並製　定価1600円＋税

978-4-905369-05-9

編集者＝小川哲生の本
わたしはこんな本を作ってきた

自らが編集した、渡辺京二、村瀬学、石牟礼道子、田川建三、清水眞砂子、小浜逸郎、勢古浩爾らの著書265冊の１冊１冊に添えられた編集者による「解説」を集成。読者にとって未公開だった幻のブックガイドがここに出現する。

小川哲生著／村瀬学編　　A5判並製　定価2000円＋税